· 教育家成长丛书 ·

崔其升
与自主教育

CUIQISHENG YU ZIZHU JIAOYU

中国教育报刊社·人民教育家研究院 组编

崔其升 著

北京师范大学出版集团
BEIJING NORMAL UNIVERSITY PUBLISHING GROUP
北京师范大学出版社

图书在版编目（CIP）数据

崔其升与自主教育/崔其升著；中国教育报刊社人民教育家研究院组编. —北京：北京师范大学出版社，2016.4（2018.4重印）
（教育家成长丛书）
ISBN 978-7-303-19484-1

Ⅰ.①崔… Ⅱ.①崔… ②中… Ⅲ.①中学教育－教学研究
Ⅳ.①G632.0

中国版本图书馆 CIP 数据核字（2015）第 211464 号

营 销 中 心 电 话　010-58802181 58802123
北师大出版社高等教育教材网　http://gaojiao.bnup.com
电 子 信 箱　gaojiao@bnupg.com

出版发行：北京师范大学出版社　www.bnup.com
　　　　　北京市海淀区新街口外大街 19 号
　　　　　邮政编码：100875
印　　刷：三河市兴达印务有限公司
经　　销：全国新华书店
开　　本：787 mm×1092 mm　1/16
印　　张：16.75
字　　数：300 千字
版　　次：2016 年 4 月第 1 版
印　　次：2018 年 4 月第 2 次印刷
定　　价：36.00 元

策划编辑：倪　花　　　　责任编辑：鲍红玉
美术编辑：焦　丽　　　　装帧设计：焦　丽
责任校对：陈　民　　　　责任印制：陈　涛

教育家成长丛书

编 委 会

总 序

　　教育是国家发展的基石，教师是基石的奠基者。古人云："国将兴，必贵师重傅。"兴国必先强教，强教必先重师。党中央、国务院高度重视教师队伍建设。2013年教师节，习近平总书记在给全国广大教师的慰问信中指出："百年大计，教育为本。教师是立教之本、兴教之源，承担着让每个孩子健康成长、办好人民满意教育的重任。"2014年，在第30个教师节前夕，习总书记到北京师范大学视察并发表重要讲话，指出："一个人遇到好老师是人生的幸运，一个学校拥有好老师是学校的光荣，一个民族源源不断涌现出一批又一批好老师则是民族的希望。"《国家中长期教育改革和发展规划纲要（2010—2020年）》也明确提出，"有好的教师，才有好的教育"，要"努力造就一支师德高尚、业务精湛、结构合理、充满活力的高素质专业化教师队伍"。"倡导教育家办学"，要创造有利条件，鼓励教师和校长在实践中大胆探索，创新教育思想、教育模式和教育方法，形成教学特色和办学风格，造就一批教育家。"两个一百年"奋斗目标的实现、中华民族伟大复兴中国梦的实现，归根到底靠人才、靠教育，而支撑起教育光荣梦想的，是千百万的教师。

　　时代呼唤好老师。有一流的教师，才有一流的教育；有一流的教育，才有一流的国家。出名师、育英才、成伟业，是时代赋予我们教育战线的神圣使命。"大学者，非有大楼之谓也，有大师之谓也。"好学校、好教育的最重要标准，就是要有好老师。一所学校、一个地区乃至一个国家，如果教师有理想、有爱心、有学识、有高超的教育艺术，那么硬件设施即使有些简陋，家长、学生也会心向往之。教师是中国梦的奠基者。教师的重要使命，就是为每个孩子播种梦想、点燃梦想，并帮助他们实现梦想。每一间平凡的教室，每一节朴实的课堂，都不仅是知识的传递，更是人类文明精神的接续、人生梦想的起航。正是有亿万个孩子梦想的放飞、绽放，中国梦才更加光彩夺目。如果说中国梦最坚实的土壤是在学校，那么教师就是最伟大的"筑梦师"，他们用默默无闻、孜孜不倦的智慧劳动，让每一颗年轻的心灵都与中国梦激情相拥。

倡导教育家办学，造就一批好老师，首先要尊重、珍惜我们的本土智慧、本土创造。教育家不是凭空产生的，而是扎根于自己的民族文化土壤，同时吸收一切人类文明成果，从而创造出独特而生动的教育实践、教育智慧和教育文明。五千年源远流长的中华文明，不但形成了有我们民族特色的教育理论话语体系，而且涌现出了千千万万优秀的教育家，有被推崇为"大成至圣先师""万世师表"的孔子，有"匹夫而为百世师，一言而为天下法"的韩愈，有"捧着一颗心来，不带半根草去"的人民教育家陶行知，等等。改革开放 30 多年来，随着教育改革的不断深入，教育战线涌现出了一大批杰出教师。他们痴情教育事业，坚守理想信念和教育良知，在三尺讲台上默默耕耘、刻苦钻研，同时以敢为天下先的精神大胆创新，不断进取、不断超越，形成了各具特色的教育思想和教学风格。正是他们的成功探索和实践，创造了具有中国风格的教育经验，丰富了具有中国特色的教育理论宝库。原由教育部师范教育司组织编写，现由中国教育报刊社人民教育家研究院具体组织编写的《教育家成长丛书》，就是要向这些可贵的本土创造性的教育经验致敬。

当前，教育领域综合改革正在深入推进，考试招生制度改革的大幕已经拉开，立德树人、培育和践行社会主义核心价值观成为大中小学教育的头等任务。可以预见，中国教育将发生深刻的变革，将从"中国制造"向"中国创造"转变。"没有革命的理论，就没有革命的运动。"没有适合中国土壤、具有中国智慧的教育理论，就不可能为未来的中国教育改革提供有效的指导。我们的教育要向"中国创造"飞跃，必然要首先创造属于我们自己的教育理论，而不是"言必称希腊"或者老是贩卖欧美的教育理论。170多年前，美国思想家、诗人爱默生发表了著名演说《美国学者》，号召美国知识界："我们依赖旁人的日子，我们师从他国的长期学徒期时代即将结束。在我们周围，有成百上千万的青年正在走向生活，他们不能老是依赖外国学识的残余来获得营养。"由此，美国迈入精神立国阶段。

如今，我们也面临与爱默生同样的情形。随着我国GDP已从世界第二向第一迈进，我们的经济崛起已成为事实，但在道德文明、文化精神等方面，我们还需急起直追。没有文明的崛起，经济崛起就难以持续。当务之急，是我们需要化解内心深处的文化自卑情结、摆脱对他国文明的精神依附，自觉养成强烈的"中国意识"、独立的中国文化品格，并由此去俯视世界，去改造本土实践，去创造属于我们自己的精神养料——这在教育界显得尤为紧迫。《教育家成长丛书》，就旨在把我们本土教育实践中蕴含的中国智慧提炼出来，从而形成具有时代意义的中国特色的教育话语体系，再以此去关照、引领、改造中国的教育实践，为伟大的教育改革提供经验、理论支持，也为未来的教育家提供丰富、可资借鉴的精神养料。

让我们为中国教育的伟大未来一起努力吧！

2015年3月9日

前 言

见证着中国基础教育半个世纪的春华秋实，代表着中国基础教育教学成果最高成就的"首届基础教育国家级教学成果奖"中，闪耀着李吉林、窦桂梅、吴正宪、张思明、洪宗礼、唐江澎、邱学华、于永正、孙双金、薄俊生、龚春燕等一大批优秀教师的名字，而上述这些中小学教师的杰出代表恰恰都是《人民教育》"名师人生"栏目中最受读者喜爱的名师，都是《教育家成长丛书》的作者。

《教育家成长丛书》（以下简称《丛书》），是在第 20 个教师节前夕，"为了研究、总结、宣传和推广我国众多优秀中小学教师的先进教育思想和鲜活的宝贵的教育教学经验，培养造就一大批德才兼备的优秀教师和杰出的教育家，促进教师队伍整体素质的提高，根据教育部党组安排，由师范教育司组织编写"的一套凝聚着一大批教育家成长智慧的大型教育丛书。

《丛书》自 2006 年问世以来，不但得到国务院和教育部领导同志的高度重视，而且先后印刷多次尚不能满足广大读者的需求。这其中的奥秘何在？

当你翻开《丛书》，每一部著作都讲述着一位教育家成长的故事。这些著作主要从"成长历程""思想概述""课堂实录"和"社会反响"等方面全景式反映其教育思想、教育智慧、专业精神和专业人格的形成过程和教学实践过程，这是教育家成长的基本素质所在。

当你沿着教育家成长的足迹走近他们的时候，你会融进这些带有"草根色彩",扎根中华教育实践大地,充满田野芳香的真实感人的教育故事中。

当你从《丛书》中,这些当年和自己一样的普通教师,成长为今天受人尊敬的教育家的成长过程中受到启迪,当你触摸着自己的爱心,把学生的成长和祖国的未来紧紧连在一起的时候,你会真切地感受到教育家离我们并不遥远。

当你用整个身心蘸着自己的生活积累去品味《丛书》中的每一部著作的"成长历程"时,在其浓缩着一位位名师在不断学习、不断超越自我、不断超越学科教学的求索足迹中,你会读懂"教育是事业,其意义在于奉献"的丰富内涵。

当你研读《丛书》中的每一部著作的"思想概述",和每一位名师展开心灵对话的时候,都会深深地感受到,一个教师对教育独立的理解与执著的追求有多么重要。从思想成就一位普通的教师成长为受人尊敬的教育家的过程中,你会读懂"教育是科学,其价值在于求真"的深刻含义。透过《丛书》,你会看到一代代教师用爱与智慧塑造民族未来的教育理想。

随着我们从"知识核心时代"走向"核心素养时代",教师教育教学活动的视野已拓展到人的生存与发展的方方面面。作为一名教师,要结合自己的教学实践去感悟"教育理念是指导教育行为的思想观念和精神追求",应该把爱化为自己的教育行为,让爱充盈课堂、触摸到一个个灵动的生命,让爱产生智慧,让爱与智慧在学生心中留下岁月抹不去的美好回忆,让教育者和受教育者都感受到教育的幸福,这是《丛书》给我们的启示,也应是每位教师应有的胸怀和视野。

时代呼唤教育家。为了进一步把我们本土教育实践中蕴含的中国智慧提炼出来,从而形成具有时代意义的中国特色的教育话语体系,以此去关照、引领、创新中国的教育实践并在更大范围加以推广,《教育家成长丛书》将由中国教育报刊社人民教育家研究院继续组织编写,希望能够在更广大教师的心田中播种教育家成长的智慧,从而出更多的名师、育更多的英才、成就中华民族复兴的伟业,这是时代赋予广大教育工作者的神圣使命。如果广大教师能在每位教育家成长、探索教育智慧的过程中受到启迪,形成自己的教育智慧,则是我们编辑这套丛书的初衷。

《教育家成长丛书》
编委会
2015 年 3 月

目 录
CONTENTS

崔其升与自主教育

我的绚丽成长之路

我挚爱的自主教育

我和师生在课堂

众说杜郎口

附　录

我的绚丽成长之路

一、领导激励我成长

金秋的杜郎口中学，天高气爽，到处洋溢着和谐发展的蓬勃生机。2011年9月16日，中共中央政治局委员、国务院副总理刘延东，在省委书记、省人大常委会主任姜异康，省委副书记、省长姜大明等陪同下，来杜郎口中学进行调研。

刘延东十分关心教育问题，刚刚抵达聊城，就风尘仆仆地来到杜郎口中学，亲切看望了学校广大师生。

在初一（三）班教室里，两名学生朗诵了题为《山那边是海》的诗歌，同学们纷纷进行点评。刘延东认真倾听着同学们的点评，不时流露出赞赏的微笑。"奶奶您好，请问您在青少年时期为实现梦想做了哪些努力？""青少年时期就要好好学习，掌握知识，培养良好的身体和品德，为未来做好准备。"刘延东和同学们亲切地做着交流。她对同学们说："去年我们召开了全国教育工作大会，发布了《国家中长期教育改革和发展规划纲要（2010—2020年）》，胡锦涛总书记和温家宝总理分别做了重要讲话。同学们都是农村的孩子，但有这么好的环境，这么好的老师，大家的学习很努力，我非常高兴。希望同学们珍惜机会，好好学习，掌握本领，将来做一个合格的建设者和接班人。"

随后，刘延东又来到初三（一）班教室。同学们正在学习《爱莲说》，他们通过创作各种节目表达对古代诗词的理解，锻炼口头表达能力和创新能力。刘延东对这种创新式的教学形式十分赞赏，她对大家说："百年大计，教育为本。现在国家把教育放在优先发展的位置，因为祖国的未来和希望寄托在你们青少年身上。希望同学们努力学习，养成良好的品德，掌握扎实的知识，锻炼自己的能力，做一个德、智、体、美全面发展的学生，更好地建设家乡、建设祖国。"

调研中，刘延东对杜郎口中学全新的课堂教学模式给予充分肯定。她说："杜郎口中学的教学工作全部围绕促进学生全面发展展开，不仅使学生掌握了知识，还锻炼提高了表达能力、学习能力、自信能力、实践能力。希望你们继续坚持，不断总结经验，为现代化建设培养全面发展的人才。"临行前，刘延东向全校教职工送上节日的亲切问候，她希望大家认真学习领会胡锦涛总书记在教师节的重要讲话精神，学为人师、行为世范，不断提高教学水平，真正做教书育人的模范。

二、实现理想第一步

我的家在杜郎口镇的崔何村，1975 年我升上初中，成了杜郎口中学的一名学生，从这个关系上说，杜郎口中学是我的母校，在学校里，我的成绩属于中上游。1977 年升入高中，我在高一（二）班，教我的数学老师是一位叫刘其鹏的老师，这个老师与别的老师有所不同，他经常提问学生，有时干脆让学生上台当老师，替他讲解数学习题。有一天上午第二节是数学几何课，刘老师走进教室，先在黑板上画了三个三角形，写上了一些已知条件，然后他转过身来说道："我让崔其升同学上来给大家讲一讲如何求证这道数学题。"我怔了一下，有些猝不及防，慢慢地走上讲台，接过刘老师递过来的大木头三角尺，一步一步地讲解起来。用了大约 5 分钟时间我就顺利地求证了这道几何题。刘老师表扬了我，说我讲得不错，也就是这 5 分钟给我的启发很大！第一，我认识到了预习的重要性，那道题我之所以能顺利地解出，是因为我前一天晚上预习了，如果没有预习，站在讲台上那是要出汗的。我现在为什么这么重视学生的预习，把它搬到课堂上成为三大模块的其中一个，就是因为我从那时起就认识到了预习的重要性。第二，我认识到了讲台的重要性。在学生的心目中，讲台是很神圣的地方，那本是老师才有资格站的地方，可我却站在了那里，并且领略到了它的魅力。站在讲台上是紧张的也是兴奋的，更是能获得自信的，从此我喜欢上了数学，成绩一直名列前茅。更重要的是，第三，我确定了我一生的奋斗目标，我也要像刘老师那样成为一名光荣的人民教师，让更多的孩子能上台讲演，获得自信，建立起健全的人格。我想这短短的 5 分钟就像是蝴蝶效应中蝴蝶扇动的翅膀。

1979 年 7 月，我参加了全国高考，得知考分过了茌平师范学校的分数线，我一点也没有犹豫，义无反顾地报了茌平师范学校，实现了我人生理想的第一步，当时我的确很高兴。1981 年，我师范毕业后就在杜郎口西街小学当了一名数学老师，在教学过程中，我就试着叫学生上讲台回答问题，或者叫他们讲比较简单的数学题。我教了近十年小学数学，成绩可以说是出色的。1990 年到 1997 年 4 月，我到杜郎口联合校当业务校长，更大范围地指导各个小学实施自主探究的学习方法，产生了很好的效果。

三、受命于危机之时

1997年4月28日，上级调我到杜郎口中学当校长，可以说是受命于危机之时。当时的杜郎口中学面临着管理混乱和教学质量低下的双重困难。教职工行为懒散，不服管理，师生关系紧张，教师情绪浮动。老师教学管理也是混乱到了极点，该上课的时候依然在那里打牌、下棋，班干部请好几趟都请不去。1998年春，一个曾有60名学生的班级，中考前只剩下11名学生。全校每年升入重点高中的学生寥寥无几，社会影响每况愈下，家长们抱怨声四起。前几任校长因学校难管无奈调职。

上任伊始，我便下定决心治理学校无矩可守及有矩不守的现象，踌躇满志地立规矩、建制度，奖优惩差。我制订"四看"方案，要求每个人严于律己，规定学生看老师，老师看班主任，班主任看领导班子，领导班子看校长。"四看"方案刚开始实施，我家院子里就被扔进了几块砖头，有块砖头砸烂玻璃，直飞屋里。之后，攻

给中层领导讲核心价值观

击我的小字报被贴在镇政府门口，检举信被送到局领导办公室，上任的第一个月，有36人去告我……我至今仍忘不了当时上中学的女儿带上小刀，骑着自行车挨个电线杆刮诽谤我的小字报……

由于有人举报我，教育局纪检组派人调查真伪，才知道所谓不准老师休产假，是多名女老师扎堆生孩子时，为完成教学任务，我请求她们休满三个月来上班；至于借买椅子名义，亏空公款更是无稽之谈。成为"被告"的我不改初衷，宁愿让人"拉下马"，也不能中止学校的发展。改革一定要下定决心，绝不能一遇到困难就放弃，如果是非不分、奖惩不明，就不可能建立长久而稳固的教育教学秩序；如果不讲原则地求和息事，只能求得一时的稳定，而无法获得长远的发展。

经过调查，教育局还了我一个清白。他们不但没有处理我，反而将个别虚情告状者调出学校，保证了各项规章制度的顺利实施。

杜郎口中学教学质量差，老师和学生缺乏信心，成为制约学校发展的一大问题。当时的杜郎口中学，缺这缺那，最缺的是自信。长期生活在"我不行"的环境中，师生处于受压抑的状态，积极性得不到充分发挥，一切都是被动应付，教育质量上不去是很自然的事情。我排除干扰，卧薪尝胆，艰苦奋斗，从重建教学秩序开始，把涣散的人心慢慢凝聚起来，找回了老师和学生早已丢失的自信。

四、经得起诱惑

教师节期间发奖金，50%是给校长的，我想到最辛苦的就是老师，作为校长千万不要跟老师计较这点小利益，我就把我的奖金拿出来买成茶叶、月饼或者当成奖金发给老师。有的老师说："在学校里贡献最大的就是你。"我的理解就是：一个学校"成在老师，败在校长"。失败不是因为校长的业务水平不行，往往是败在校长的人品上。有利益的时候自己站得比谁都高，自己的关系户在校人数是老师的几倍，学校的工作怎么会上去呢？

在这里我还得罪了我的一个同学。我刚来这里当校长的时候，我的同学在厨房当司务长，过了两个月他到办公室里找我："老同学，我买了个影碟机送给你。"他一说这个引起了我的警惕，我就让总务处的老师去检查他做的馒头够不够量。一检查他做的馒头还不如街头营利的馒头房做的大，于是我硬是把他的司务长给撤掉了，在那几年里他走到哪里就骂到我哪里。但是我不后悔，我维护的是老师、同学的利益。后来有个人来找我，说："崔校长，你能不能把你们的餐厅承包给我，我一年给你2万块钱。"我想他不说这个还好，一说我还真就不承包给他了。

前段时间来了一个人，想承包我们的学术中心，提着一个方便袋，上面放着两包茶叶，下面厚厚的、鼓鼓的，当时我就意识到了这里面有东西，吓得我赶紧躲了出去，让李校长陪着他谈。当时陪他来的还有我的一个朋友，在中间帮着拉线。他给我打电话，问我去哪儿了，说给我拿的10万块钱送这里了。10万块，要我的命呀，10万块是小数吗？以后这位会20万、50万地赚回来。竞标时，那位老板也在场，一共有四家公司参与竞标，结果一位要价最低、和我没有任何关系的一家建筑公司中标了，而另外三家都和我有关系，其中的一个还是我表弟的亲戚，他前一天打了六个电话我都没接，因为我知道他要搞小动作，我对这样的事情非常敏感。

以前学校来过卖文具的，看见没有别人在办公室，就从口袋里掏出一块手表，说："校长，我给你带了一份纪念品。"我马上就感觉到他卖的东西有问题，就问他卖什么，他说卖钢笔，我试了一下笔跟他说，他这个连5块钱也不值啊，他让我买上三五十支，我说不行。我问他怎么来的，他说打车来的，我从兜里掏出50块钱给他，让他怎么来的怎么回去。这种事情发生过很多次，杜郎口有今天不是偶然的。

我前几年在学校里一年能听1 000多节课，办公室有时候一个月都不进一次。不仅是因为我愿意跟老师们打成一片，更是因为电话太多，亲戚朋友都往这打电话，有事还不能在电话里说，非要见面说，这会影响学校的工作。挂历，本来5块钱的东西非要卖38块。很多人说我死脑筋，说我不会办事，说我钻死牛角尖，我甘愿钻这个死牛角尖。我要是做人灵活了，杜郎口就没有了今天。

五、教学改革路漫漫

一年的"治乱打邪"后，杜郎口中学有了比较安定的"政治局面"。

面对应试教学、传统教学的缺陷，也是为了改变杜郎口中学连年在全县倒数的落后局面，我带领杜郎口中学的老师们从1998年8月开始教学改革。制约教学质量

畅想教育梦

高低的有两个主要因素：一是教师，二是学生。如何使二者发挥最大效能，使课堂焕发出生命的活力？我们首先开设业务论坛，促进教学理念转轨。

（一）开设业务论坛，转变教学理念

业务论坛，教师是教育者，又是受教育者，人人登台演讲，结合实际，谈体会，说感受，论观点，找办法，析案例，收获颇多。通过论坛，我们解决了如下问题。

1. 师生在课堂中的角色定位

教师是组织者、策划者、引导者、调控者。

学生是探究者、体验者、合作者、表演者。

2. 新型师生关系

陶行知曾说："真教育是心心相印的活动。"教育者必须融入教育对象中，避免师生在精神上的分离。

尊重是办好教育的前提。第一，教师要尊重学生的人格。师生之间的知识水平、生活条件、家庭背景、社会经验、人生体验等可能存在着不同，但人格是平等的，要相互友爱，相互信任，相互帮助。第二，教师要尊重学生之间的差异。学生之间是有差异的，差异表现在众多方面，个性差异、学习差异、品质差异、条件差异等，

作为教师，应承认差异，并立足现实，在尊重的基础上改差变优，促优求进，切不可粗暴或戴有色眼镜待人。第三，教师要尊重学生的情感。师生交流是心灵的呼唤，教师的工作是滋润心灵，让每个心灵都得到安慰，让学生真情流露，能给老师说知心话，师生之间平等友善，亲师信道，处处流淌着亲情与关爱。第四，教师要尊重学生的个性。不仅要因材施教，更主要的是宽容学生们的"与众不同"，尊重学生的心灵自由和精神世界的独特性，鼓励学生发疑、质疑、析疑、解疑，让学生敢于挑战课本、教师、权威，相信每个学生都有发展的潜能，教师要创造各种条件引发学生创造力和潜能的开发，使每个学生都有机会在他天赋所及的领域最充分地发展自己的才能。

平等、民主是发挥学生主体性的保障。首先，把学习的主动权还给学生，善于激发和调动学生学习的积极性，让学生有自主学习的时间和空间。相信学生、发动学生、组织学生、发展学生。教学不是一味地教，而是正确、恰当地组织学生的学习活动，教师要为学生创设人人参与的教学情景，发挥学生自主学习的主体性。其次，鼓励并尊重学生独立思考的权利，这符合学生求知的心理，并能尊重个性，因而有利于把学生推到主动学习的位置，唤起学生学习的主动性、自尊性、创造性，每一个学习者都可以根据不同的知识基础和生活经验，对所学的内容有不同的体验、认识、选择、评价、重组和整合，真正把知识变为自己的一种能力。再次，认可并鼓励学生合作，毕竟自我认识是有限的，资源共享，你有一个观点，他有一个观点，我有一个观点，互相交换，可以有多个观点；也可以争辩，在争辩中可以开发思维，精力集中，动用多种器官联合表达，争辩可以引向深入，争辩可以使真理更加明辨，争辩可以向他人学习更多的知识与技能，争辩可以使自己的学习态度更加认真、严肃、科学。最后，教师要善于提供同学表达的场景与舞台，每个学生都有强烈的表达欲，都渴望得到老师、同学的认可，都愿意成为本班不可缺少的主角，"给我一次机会，我还您一份惊喜"，表达了同学们表现自己的想法。"我参与，我快乐；我自信，我成长"，在参与中快乐，在快乐中幸福，在幸福中成长。变苦学为乐学，变厌学为愿学，这就是我们的教学观。

（二）出台新的课堂评价标准

1999 年秋，为解决"学生不爱学、学不懂"的问题，我校对教师上课、备课、业务学习等方面有了新的规定。

上课要求：①课堂气氛：a. 微笑授课；b. 学生积极主动、情绪高涨、勇于自我表现。②活动形式：形式多样、情趣浓厚、寓教于乐；能体现学生动脑、动手、动耳、动口，培养学生的创新意识、实践能力。③学生活动量：学生活动35分钟以上（优），30分钟以上（良），29分钟以下（一般）。④教师基本功：a. 板书条理，能把本节课的主要知识点归纳在黑板上，版面设计美观科学；b. 讲普通话。

备课要求：杜绝抄袭教学参考及现成的教案，主要把上课的措施显现出来，体现以学生为主体，活动的形式多样，反映出学生的创新意识、实践能力。

业务理论学习要求：笔记每周一篇，不准抄袭，要写上课的心得体会、经验总结，写学生在课堂中的表现。

为了改变传统课堂的面貌，为了使教师们掌握教改的内涵，校领导提出了学生课堂表现"生龙活虎，欢呼雀跃，争问抢答，喜笑颜开"的课堂评价标准。

2002年9月，对课堂的要求：①师生必须使用普通话。②课堂气氛和谐、民主，学生敢问，敢说，敢爬黑板，敢下桌讨论。形成一种积极主动、争先恐后、紧张活泼的学习氛围，读、说、议、评、写贯穿始终。③不集体（集中）背答案、做练习题。④拓展、挖掘、拔高，重视能力培养。⑤学生活动人次多，密度大，人人有份。⑥课堂效率高，效果好，达标率高。

2004年8月，对课堂结构的要求：①预习交流，确定目标（5分钟）。②分配任务，立体教学（2分钟）。③完成任务，合作探究（6分钟）。④展现拔高，师生互动（18分钟）。⑤穿插巩固，全面掌握（8分钟）。⑥达标测评，检查验收（6分钟）。

2005年3月，对教改的提升意见：课堂上要关注学生的心灵撞击、灵感生发，关注学生的成长、憧憬、盼望，关注学生最美好的、最有诗情画意的东西。

课堂评价标准，关系到什么样的课堂是最佳课堂，什么样的课堂是最差课堂，具有导向作用。也可以说，这是教师教学的风向标、指南针。我们出台新的评价标准，是在论坛达成共识的前提下逐渐形成的，得到了老师们的认可，达到了水到渠成的效果。

（三）多层面开展课堂推动

一是领导班子上观摩课。

二是骨干教师上示范课。

三是普通教师上达标课。

四是较弱教师上过关课。

五是整改教师上提高课。

（四）"10＋35"的时间形式

老师在一节课45分钟内，尽量减少知识性语言，或者说完全不涉及对教材内容的陈述，活动时间不允许超过10分钟，其余时间让学生参与活动。从形式上看，只是把一节课的时间重新分配了一下，可教学理念有一个质的变化。课堂中，学生在明确了自己的学习任务后，在教学活动中发挥主观能动性，学习热情、学习动机、学习毅力等学习动力全由学生个人主宰，教师所承担的任务是对教学的设计、组织，对学生的启发、引导、解疑、监控、调节、配合评价。

"10＋35"时间形式的课堂教学必须体现以下几方面特点。

1. 学生在参与中学习

让学生感受参与的快乐。比如：课堂上小主持人组织课堂，本节课的学习目标、任务、知识点、重点、难点、考点，以及解答、评价、批改、板书等全由学生完成。学具的制作，观察实验中的视觉、听觉、嗅觉、触觉、运动知觉以至于人自身内部知觉等，都让每个学生亲自实践、体验、感悟。课堂中培养学生勇敢表现、主动积极的性格，取消统一要求、统一标准，不用同一把尺子去衡量每一名学生，要让不同层次的学生都有发言权，都有锻炼的机会。重视学生的参与率，让更多的人参与提问、讨论、练习。课堂教学中评选朗读秀、写作秀、小勇士、小斗士、小闯将、常胜将军、创新健将、奇思异想智多星等称号。

2. 学生快乐地学习

"激励，唤醒，鼓励"是教师组织课堂的三大法宝，要培养学生浓厚的学习兴趣和求知欲望，营造生动活泼的课堂气氛，这三点无疑是首要条件。课堂上老师要善于利用学生的好奇心，引导学生挖掘各科教材的兴趣点，使学生形成比较稳定的学习动机，把抽象的知识转化为可操作的实践化知识，各学科都有可操作的知识内容，关键是让学生动手操作，通过实践活动，让学生理解、记忆、运用。课堂结构形式多样化，如情感激励法，唤起注意法，自我发现法，讨论辨析法，竞赛评比法，小品表演法，分组结对法，擂台比武法等。

3. 学生使用正确有效的学习方法

学习过程中每个学生必须做到五个字，即"读、思、问、议、评"。读：学生会读书。读时做到不多字，不丢字，不读错音，不破句，不断句，不认识的字自己会查字典，会正确地运用标点符号，准确表达语气。思：会思考。边读书，边思考每一句话。每段话是否明白，不懂的地方用笔画出。问：对自己不理解的句子或词语会质疑。议：讨论时会说出自己的见解。评：会评价别人和自己的发言，哪些是对，哪些是错，能加以区别。

4. 注意培养学生良好的学习习惯

培养学生"会听，勤思，敢说，善问"的习惯。会听：上课时专心听课，细心听同学们的发言，边听边思，精力集中。勤思：积极思考提出的问题和同学们的解答情况，要在学习过程中边操作边思考，边观察边思考。敢说：上课要大胆发言，敢说话，敢大声说话，敢于反驳别人乃至老师的意见。善问：没听懂的内容和在练习中遇到的不会的问题，要善于问。

（五）多层次对课堂把关

一是校委调度课。对各学科进行不定时抽听课，以便了解各学科的进展情况。二是学科的促进课。每天学科或单听或集体听课，促进每个教师的发展。三是年级的督促课。对本年级稍弱教师，年级主任请骨干教师一起听课、加强指导，确保每个教师提升。四是班主任的坐班保底课。我校班主任不仅管理本班学生，还对本班的教师进行教学管理，并记入考核中，所以，班主任对促进教师的上课技能起一定作用。五是考评组的考核课。学校考评组负责对教师的考核，每学期至少两次对每个教师听课打分并记入考核。

（六）结对子工程

教师的教学思想、业务水平、专业知识、课堂技能是有差异的，转化的快慢也不可能同步，对一种新生事物的接受是有过程的，甚至是一种痛苦，为尽快使教改全面开花，我们使骨干教师与薄弱教师结为帮扶对子，提出了"工作的价值在于创新，只有创新才能求变，只有变化，才能提高，进步是最大的成绩"的工作口号。

（七）取消讲台，搬走讲桌

教室不设讲台、讲桌，从形式上看，没有老师专门说教的场所，可是从内容上看，这是质的飞跃，教师是学生中的首席，和学生平等对话，心灵相约，使每一个学生都有心理的安全感，创设和谐情境。教师再也不是真理的垄断者、是非的仲裁者，更不是一锤定音的"最高指示"。教师乐于以朋友的身份在课堂上与学生展开同志式的平等对话、讨论、争论，有的还要向学生虚心学习。让每一个学生都有舒展的心灵，思考的大脑，让感情融会感情，让思想碰撞思想，让学生体验到和谐课堂的平等、自由、民主、尊重、信任、友善、理解、宽容、亲情和关爱，同时也感受到激励、鞭策、鼓舞、感化和召唤，形成积极的、丰富的人生态度与情感体验。

（八）取消作业，增设预习笔记和双色纠错本

作业看似是一种巩固性训练，但更多的作用是教师教后的一种补偿，是教的一种延续，除有加重学生负担之嫌外，更多的是知识的矫正、梳理，课上不会课下补，说白了是一种教师传授后的消化，不利于学生的自主性、自觉性的形成。因为作业是统一要求，也没有针对性。增设预习笔记，让学生自主探究，把有体会、有价值的内容记录下来，催发同学的主动性、自觉性，养成主动出击、独立思考的习惯，为学会学习打下坚实的基础，也通过收集信息，整理重组，形成自己的知识网络，为展示课自我表现做准备。增设双色纠错本，学生根据对知识的掌握情况，有针对性地进行整理，一般在课堂上完成。疑难的解答，有时是自己进一步探索发现的，有时是同学在讲解辨析中发现的，有时是由对子帮扶完成的，也有时是请教师帮助达成的。

（九）主题班会，专题校会

每周例行的班会，一个最主要的内容是同学们交流学习体会。说学习的方法，针对不同学科特点有各自的绝招；谈成功的快乐，由被动到主动，由接受到尝试，由试一试到争相抢答，由包办到主体，由自主到自由；谈学习体验的兴趣，小品、相声、唱歌、舞蹈、辩论、课本剧、测量、实验、实地社会调查，"八仙过海，各显神通""百花齐放，百家争鸣"，课堂无对错，参与便是最好。

专题校会，其重要内容是师生围绕课堂改革这一主题展开，教师代表、学生代表各抒己见，没有名次，只有掌声。人人是主角，个个是专家，课堂是个大熔炉，每位教师、每位学生都要通过锻造，成为一个不可缺少的角色，在教改洗礼中，唤起自主、自信、自立、自强的主人翁意识，在学习中感受快乐，在成功中成熟。

（十）建立互访互学机制

初一新招的学生，开始的两周，不是尽快进入初一上课状态，而是要到初二、初三各班中去体验和感受，看他们是怎样学习的，怎样参与表达的，怎样争先恐后地抓机会的。平时，各班经常派代表到其他班级"访问"，学一技之长，优势共享，互相学习，互相交流，共同成长。教师之间时时交流，互相听评课，互相纠正，互相提高。

六、做适合学生发展的教育

"课堂模式的革命性变革，教育创新的原创性典范，素质教育的希望之路。"这是中国教育学会第六届常务副会长郭振有先生给杜郎口中学的题词。

"杜郎口中学的教育，符合《国家中长期教育改革和发展规划纲要（2010—2020年)》精神，是素质教育的成功体现。"这是国务委员刘延东同志对杜郎口中学的评价。

杜郎口中学受到全国近百家媒体的报道，获得各级荣誉五十多项。

到目前为止，杜郎口中学已接待来自国内外的专家学者100多万人次。

我认为，杜郎口中学成功的根本原因就是"做适合学生发展的教育"。

（一）激发学生学习动力，做适合学生发展的教育

2012年，在沈阳的一所学校，六年级期中考试的试卷上有这么一则故事，现在我仍牢记于心，并且引发了我对这所学校未来发展的思考。故事是这样的：

一天，齐总正在会议室召开董事会，突然间，儿子小玉打来电话，"爸爸，爸爸，快来救我！""儿子，你出什么事了？""爸爸，我在高速路上出车祸了。""出人

在全国教育研究方法学术研讨会上谈自主教育

命了没有?"没有。""报警了没有?""没有。""与人家沟通了没有?""也没有。""儿子,那你在那里都干什么了?""我在这里等着爸爸来。"齐总立马通知下属"如果小玉再打电话来,告诉他我已经离开了公司。"齐总也把自己的手机关机了。晚上7点,齐总回到家,看到了坐在沙发上满脸愤怒的儿子小玉,齐总温和地问孩子:"上午的事情解决了没有?"小玉站起来用手指着爸爸恶狠狠地说:"你还是我的爸爸吗,你的董事会比你的儿子重要!你的工厂比儿子重要!你赚的利润比儿子重要!"齐总依然温和地对儿子说:"儿子,今天老爸也遇到了一件天大的难事,百思不得其解,我也在等着一个人来——等着你的爷爷来。"但是,小玉的爷爷已经去世十多年了。

这几年我一直在想,现在大多数人口中所说的教学改革,高效的改革,其实我并不赞成。我们的课堂到底是为了什么,是为了要做对一道道题目,使这一节课的达标率达到百分之百吗?"升学"——我不否认也不回避,最近这几年,我对这个问题也不断地进行深入思考和探究。记得十年前,有一位记者曾问我:"你认为这样的课堂和历史上的杜郎口中学以及周边学校的教学有什么不一样?"我认为,课堂应该是针对每一个人，尤其是弱势群体，是基于人的一种生命活动，而不是本节课所说的教学目标、学习内容和需要完成的学习任务以及达标率，当然完成这些并没有错。如果学生大脑想、眼睛看、手头做，课堂中的时间、空间的对接都是为了巩固知识的教学活动，我觉得这是一种错位。也或者说，课堂如果不是为了完成对人的一种生命尊重、心理研究和科学切入的教学活动，那课堂都是不合格的。

比如：养鸡，可以产生高利润，没有错；养猪，可以发家致富，也没错。但是，如果养鸡、喂猪使用激素的时候，这些鸡肉和猪肉上了餐桌，人们吃了伤害身体，这就失去了美好的初衷。我曾经预言：如果课堂仅仅是为知识、为做题、为考试、为升学，这样的教学是没有未来的。从大的方面来讲，影响整个国家、整个民族的命运；从小的方面来讲，影响到一个个学生、一个个生命存在的质量。

有一年，我到陕西的某县考察，到达宾馆后局长告诉我："如果我们这里不出大事，我就去银川机场接你。"我问局长："出什么事情了？"他说："前几天一个高二的学生因为学习成绩不好，完不成老师交给的任务，每次任课的老师重则将其推出教室，轻则讲台旁边罚站。这一行为使得这名学生无地自容，自尊心受到了极大的伤害，打算告别人世。白天找了一根绳子，半夜趁学生入睡、值班老师离开后，他偷偷摸摸地跑出来将绳子拴在门梁上上吊自杀了。"我听了之后，感到非常震惊，原来那些新闻中出现的报道真的就发生在我们的周围。

我们这里曾经来过一位江西分管教育的副局长，他说："崔校长，我们那里是以高考成绩知名的，在全省甚至全国都有名气，现在我为什么来杜郎口中学，因为我们已经深刻地感受到升学的教育不是长久的教育。"他还给我举了一个他们区一名外地生自杀的例子：有外县一名读高二的优秀生，在原来他们县里那所学校周考、月考、期中考、期末考、升级考都是第一名，后来慕名来到这个高考知名的好学校，发现来这里之前的起点和现状有很大的反差，一考、二考、三考成绩在中等水平偏下，表扬、表彰和奖励都与自己无关，心里产生了巨大的失落感，如同从天上掉到了地上。一天晚上，晚自习后一个人久久没有离开教室，当学校的所有灯光都熄灭，他打开了一扇窗户，跃身跳下，自杀而亡。当他母亲知道自己唯一的儿子死后，也跳楼自杀了。

最近这几年，我一直在思考：我们教育教学的最高理念是什么？我在杜郎口中学提出了"同情、善良"，出发点是让这些孩子在40分钟的课堂上，能听到自己心灵的呐喊，他们在课堂中激情澎湃、热血沸腾、斗志昂扬、信心十足，而这全部得益于自己的发现发明、自己的超越。当自己被众人所聚焦、所期待、所评价，他的内心是一种什么样的感觉？这节课上有什么样的震撼？有什么样的触动？是成功的愉悦，是发现问题的喜悦，还是默默无闻，一周都没有自己展示的失落？如果只是一个旁观者，一个被遗忘在角落的人，或是一个可有可无，甚至做作业没有完成、回答问题没有答对，经常受到老师指责、同学污蔑的人，他在学校里的生活还有什么兴趣？他的生命价值还有什么体现？

　　毕业绝不是仅仅走出校门，走向社会，它只是生命过程中的一个小小的节点而已。每个人的生命都经历了从出生到完结的过程，那么，我们的学生在学校里十几年的生命过程又是如何度过的呢？为什么杜郎口中学十年前就实施"10＋35"的课堂形式，45分钟的课堂老师充其量只有十分钟，学生的时间要大于35分钟？为什么后来又实行了"0＋45"？我对教师角色的解读：示范者和样板者。老师站到台前要挥洒自如、落落大方，从上到下顺理成章，交出自己的答卷，给同学们欣赏、示范，给学生做一个样本。老师在自己的板块处要流利地把对教材的把握和认识书写出来，让同学们观看，让同学们领会到老师之所以是老师，是因为老师是我们这个集体学习的领头者；可是现实中，老师都认为自己是一个个首长，一个个专家，一个个备受尊敬的师长，一个个和学生不能平起平坐的人。于是，课堂中大多是老师出问题、学生做解答，老师出题目、学生写过程，现在应该反过来，学生提问题、老师做解答，以自己的真才实学、自己的光辉形象，以个人专业、独到的见解，以个人学业中丰硕的成果引领学生，让同学心知肚明，甚至默默感叹。一节课虽然短暂，但是我们的生命就是一分钟一分钟、一节课一节课组成的，谁能想到哪一个孩子以后能考入清华或者升入北大，谁现在都不能预言。

　　有人问学生，你们的理想是什么？学生说要做科学家，要做教授，要成为诺贝尔获得者，这些都只是口头说说而已。孩子想什么，想下一次答卷要得满分的很少，也绝不是杜郎口的老百姓平时教育孩子所说的，"孩子好好学习，我们祖祖辈辈在这几亩地上劳作，下的气力最大，留的汗水最多，我们的收入却最少，农民真不容易！我们农村是孩子考上名牌大学就能改变家门，从此我们便成为社会的上层人物。"全国道德模范田秀英曾来我校做报告，她的孩子烧伤，在济南的医院里花尽了所有积蓄，并且负债累累，后来还因为伤势过重当场休克。院长劝说田某把孩子抱回家，但是作为世界上最伟大的人——母亲，是多么期盼孩子能活着，毕竟是自己的骨肉。她就把孩子抱在怀里，一声声地呼唤她的儿子，说来也怪，三分钟过去，五分钟过去，孩子在娘的怀抱里呼出了长长的一口气，奇迹般地活了过来，这样的事情有好几次。自己从未遇到过的困难以及经济压力使她见到人就下跪乞讨，我当时在观众席上听报告时眼泪哗哗往下流，看看周围的老师同学们没有一个不掉泪的。等田秀英妈妈讲完后，好几十个孩子抢着话筒要发言，抢到话筒的同学一个个都感慨万分，声泪俱下地讲述自己的家庭背景，例如："我的妈妈身体残疾，却抚养我们姊妹好几个""我妈妈精神有问题，供养我上学不容易，今天听了这场报告我发誓立志……"当天下午学校又以班级为单位写了听后感言，都感觉震撼人心，催人泪下。

学生的成长其实是历练的过程，绝对不是靠文字与制度的约束。例如：学习中学生守则，班主任召开专题班主任会，学校里搞大型的报告会，甚至找学生代表在报告厅发言等，这些都不能起到真正的作用，因为这些形式都是手段，不是目的。学生进取真正的根源在于学生内心发生变化后的驱动力。

何为学生的学习动力？他们在开放的课堂书写华丽人生的篇章，在民主的课堂里交流出不同凡响的观点。人为什么而生？当吃、穿、住、行完全解决的时候，他追求的是人的一种尊严，一种形象，一种地位，以及自己存在的价值，在众人面前自己是佼佼者。某种意义上讲，这样的课堂，能激发学生内心的斗志，激活他们在众人面前不甘落后的勇气和自信，所以，我在杜郎口中学给老师们讲，现在不是原来的"10＋35"，一定要从根本上来剖析，打破学段限制。

淄博成立的杜郎口小学，一年级的孩子登台当老师，老师在一边，把阵地、战场、舞台、聚焦全部让给孩子，让每个孩子尽情发挥自己的才智，把自己的创造力、自豪感、超越他人的荣耀感释放出来。2013年暑假，全区统考，一至四年级，招的都是中等以下的孩子，在全区的考试中，杜郎口小学每个年级比其他学校要高十几分，二十几分，甚至三十几分。有的人说自己挂念着教学成绩，也是没办法啊！大家一定要相信，当一个学生在开放的环境中，好的欲望、激情，甚至即兴的灵感得到迸发，精力集中，情感混合，争抢竞争，在这样的场合下，我就不信学生学不好，考不上好的学校。老师在讲台呱呱地讲，学生在下面心不在焉，甚至睡大觉，考得上名牌学校才怪呢。

一个人一辈子为尊严而战，这是天性。我想，突破了我们所里的教学思想、教学原则、教学原理的理念是符合人性的。尽我最大力量，让学生在这种环境下，显示出自己的伟大，展示出自己的创造，彰显出自己的唯一，发现自己的能力，学有所成，学有所悟，学有所长，让自己的人生更荣耀，让自己的精彩得到更多的掌声，让自己的成果更让别人认同与崇拜，这就是人性。把人性最大化，也就让孩子得到了质的飞跃。

我们提出"无师课堂"，不是老师不能进入课堂。我们要改变传统教学理念，我们要在平等友好、共享民主、和谐快乐的氛围中组织学生自己上课。当学生自己研究问题的时候，其他人纷纷上台争抢发言：我是怎么把握的，我是怎么理解的，我提交自己不同的见解等。老师不是讲给学生听，而是听学生怎么讲，看学生与学生如何一起分享学习成果，这才是真正的"学高为师"。我认为，要相信学生，发动学生，依赖学生，最后达到发展学生的目的，就一定要消灭老师们滔滔不绝的、给予式、强加式的讲授式教学。当学生有机会展示自己的形象、表达自己的观点、推荐自己的成果时，他们才能真正开心；当他们把自己的成果书写、表达、演讲出来，把自己的成果背诵展示出来，让他们感到自己很聪明，自己的"专利"得到了大家的认可时，他们才越来越有学习的内驱力。人只有被欣赏、被重用，才能得到莫大的心灵安慰。让每个孩子的所写、所讲、所做、所为、所辩、所论、所练、所创，都得到同学、老师的认同，他们的内心才会快乐。其实，人的幸福、追求、尊严、自强、自信，人的创造力的发掘等，都来源于此。

（二）培养学生学习智慧，做适合学生发展的教育

最近这几年，除了把学习中表达演讲、展示、书写、辩论、创作的机会还给学生以外，更重要的是要他们有真才实学。要他们争抢机会、不甘人后，抢到机会走到讲台上，能不能把自己对文本对教材的上挂下联、左顾右盼、拓展延伸、视野的开阔、站高望远、举重若轻讲出来呢？

针对教材我又提出新的要求，现在才刚刚开启，就是这个学期提出的八字方针："思考、研究、分析、发现"，要求更高了。这八个字是什么意思，我的确看到过同学们能够脱稿，站在讲台上能够把本文、知识结构洋洋洒洒背诵出来，出口成章，非常自如。怎么做到的？知其然不知其所以然。老师一声令下：同学们继续这个问题，"哗啦"同学们像在同一起跑线上一样，声音洪亮，歪头斜脑地背诵起来。后来

我想这些都是一种浅层次的，要分析、剖析、思考、碰撞，不断地厘清脉络，做到记忆有方。

有一次，我和菏泽的九位老师第一次在餐厅吃饭，我说各位把姓名报一下吧。十几分钟吃完饭后，有的人想离开，我说不能离开，我要点名：王×，男，个子高高的；杜××，男；姓李的两个人：李××、李××；有两个人的名字有重叠：×秀秀、×媛媛；有两个带"芬"字的名字：刘×芬、孔×芬；还有一个姓姜，我们省委书记姓姜：姜××。有的说："老崔你的脑袋瓜好用啊！"我告诉大家，不是好用，而是在任何方面都是思考、研究、分析、发现，找到一定的规律，将无形变有形，有结构，有特征，有线路。济南的庞老板来到杜郎口中学，在门口看到学校名字"杜郎口中学"，站在那里两分钟没有说话，然后说："崔校长，我发现，杜：全国名酒河南杜康，郎：四川泸州的二郎镇产郎酒，口：安徽省口子窖，这三个酒的第一个字就是杜郎口。"这也是思考、研究、分析、发现的结果。

后来我一直坚信，学生学不好在于它的表面化，深入不进去。我曾经对我们学校的常主任说："你是政史地三个学科的主任，什么时候把历史学得比语文还细化、分析深刻到位，你就学好了。时间、地点、人物、过程、经历、高潮、结局、意义全都把握起来，一个自然段有几句话，这几句话衔接是时间方面、位置方面、性质方面还是层次方面，要动脑筋思考。研究事物的本质，抓住线索找规律，拿出特点找到结构，一定要深入，打破我们的教学计划、教学进度。"我曾经设想，一个汉字我们上三节课，其实上十节课我们也上不完。到现在，杜郎口中学还没有一个老师有这样的胆量、这样的气魄上这样的课。所谓解字，即这个字怎么说，可以和哪个字组词。崔氏，有个杜郎口中学的崔其升在搞教学改革，他是从哪一年搞的，到现在教学改革成果是什么？崔其升何许人也？研究他，只是我这个"崔其升"也得研究半个月吧！

千万要在另一句话上转变过来，另一句话是什么？就是"由量变到质变"，这句话有它的客观性，同时也有它的在做事当中的蒙蔽性。我的学校一定要从量变到质变。徐利老师去全国28个省区讲过课，一道题上出五节课来，一道题把七年级和八年级的知识线索联系起来，把这道题后续发展的脉络方向、四面八方的辐射拓展的知识联系起来。马航失联后的预测不是靠仪器得到的，它是靠数据分析出来的。越解读越觉得没有东西，越解读的透，学的深，学的熟，还越觉得这些东西难不住自己，从而提高理解领悟能力。前两天，张校长集合起领导班子说，今后杜郎口中学再发展要扩而大之，连根拔起，立体结构，要注重层面的开阔，这样去搞课堂。不能再像以前三节课学一篇课文，这节课学三个例题，下节课学四个例题。学生知道了内在结构，掌握了规律，理解了方式方法、技巧特点，他的把握、发明发现、梳理、构建才最厉害。他学到的已不只是知识，而是智慧，是一个人的方法、一个人的思维、一个人的思想、一个人的高度。

2015年3月，我校举办了中层领导的校级现场会，有一篇课文是朱自清的《春》，我就是要看有什么层次性，怎么着手，怎么铺开，最后怎么收尾。一个孩子在台上演讲、解读，我要看看他是如何把握《春》的，从哪个脉络、哪个层次、哪个角度、哪个意义，从哪个可捕捉到的细节，告诉我们春天来了。把这个生长的过程剖析透彻，把握住整个课文的线索、信息源。然后告诉老师他能背诵，他背诵给别人听，这个背诵已经不是浅层次意义上的背诵，而是有根有源、有厚度、有支撑、有思路。我相信这孩子今天背得过，五年后也仍然能够倒背如流。因为在他心里已经有了根系、有了痕迹、有了烙印，这篇文章是在心灵里发芽了的《春》。为了这个目标，我们在不断地思考、研究、分析、发现，鼓励学生提交自己的专利，提交自己的感悟，使学生内化、消化、融化、领悟、理解，把握住内在的结构。

我们的课堂，就是要实现"你有方法，我有思考；你有成果，我有专利"，就是要在这个互动共享中碰撞出火花，大家共享这个过程。智慧的开发绝不能以文本为教材、为唯一，要更辐射、更广阔、更博大。上一次，孙海军主任的《马说》课，课堂上学生提到了关于马的成语几十个，如"一马当先、万马奔腾、马到成功"；有关马的格言警句，如"一言既出、驷马难追"等；有关马的诗歌；有关马的歇后语；有关马的生理构造……那节课也包括后面很多课，都是由教材中的点辐射成面，又由面辐射成立体的，在时间上、空间上蔓延开来。孩子们下课时说的"时间有限，精彩无限"这句话，显示出了孩子们的意犹未尽，我好几次都热泪盈眶。我看到了孩子们的博大精深，看到了学生的资料查询贯穿古今中外，看到了学生没有老师手把手做成教案的指导，他们也能发挥自如。

学生的创造力无穷无尽，解析杜甫的一首诗，从这首诗中的诗句能看出什么物理现象？学以致用非常重要。在淄博陈老师的数学课上问"9＋6＝?"，他给学生提示，可以用凑十法。6变成1和5，1和9加起来得10，出来就是15。同学板书、同学讲解都是这种方式。老师非常高兴，都做对了！又向下一道题过渡，我赶快跑过去叫停，陈老师很纳闷"怎么叫停了"？我说这个题还没有完结，陈老师反问"怎么没有完结？同学都等于15"，我说我自己在下边想到还有一个9变成5和4，4和后面的6一合，又是凑十法，这是第二个方式。陈老师说"我备课时没备"，我说千万不能备课只固定在某一道题上，要在方式方法上让学生有深度、高度、宽度，要思考，要生成。后来我有惊喜了，学生出20道题不用书本。平时学生为什么做不到，是他平时的思维方式，受到的学习思想没有到位而已。六个人一个小组，一个小孩子坐着一个小凳子，一个凳子四条腿，我说算一下这个小组的小凳子一共有几条腿？我的铅笔盒里有三支铅笔，他的铅笔盒里有六支铅笔，一共有几支，谁比谁多几支，谁比谁少几支？数学课本有多少页，语文课本有多少页，它两个相差多少页，一共多少页？抬头一望有多少块天花板？一行是多少，一共多少行？有几个灯，一个灯有几根灯管，一共几根灯管……我就在想课堂是什么？绝对不是老师呈现在多媒体上的、写在黑板上的那几道题，而是思维的一种空间，是一种高远的眼光，能够看见得多，想到得多，思考得多，组成得多，现在基本上形成了这个状态。

几年前，孙秀梅在报告厅上过一节课，叫《对生命的尊重》。我说这节课上得不成功，她说怎么不成功？学生演讲、学生表达、学生创作的作品、三句半、顺口溜等都有。我说如果这里提到广东省佛山市小月月事件，几岁的孩子被车碾压，受伤害，过去十几个人，视而不见。我们中国人的道德底线已被埋没，对生命的尊重怎么讲？因为这个事件引发了孩子的热议，引发了孩子向社会呼吁：从我做起，从我家做起，从班级做起，那还只是我们课本的知识课吗？

语文课《范进中举》，一般讲范进受科举制度的迫害，只取功名，不知道生产劳动，淡漠了自己对家庭的责任，对他进行如此地批判、批驳。我说范进还有值得你我他学习的非常优秀的品质：他从小立志考举人，一而再再而三，考取了没有？没有。放弃了没有？没有。他顶着多大的压力和心灵的折磨，最后一事不优，不做二事，不达目的绝不罢休，就在这样的条件下，这样的挫折中挺直了身、攥紧了拳头、咬紧了牙关，最后得胜，实现了自己的最终目的。面对困难、挫折，他能够抗争，敢于面对这些问题，这是多么优良的品质。所以课堂的东西有正有反，有黑也有白。能不能辩证、举一反三，这再也不是一种体式，而是一种思维、一种思路、一种思想、一种高度、一种觉悟、一种胸怀、一种眼光、一种品位。现在的我，几何题、物理题什么都不会了，都忘记了，但是我在思考问题上，我就不达目的不罢休，第一条线路不通就寻求第二条线路，要灵活。

都说杜郎口中学的馒头好吃，谁做的？2002年我做出来的。那时候，我就在厨房里，挽起袖子洗好手，在后厨待了三天没出来，第一锅不行，第三锅还失败，蒸到第十锅还是达不到效果。终于到了十六次，成功了。春夏秋冬，不同的季节不同的配方，研究出了酵母粉和面粉的使用比例，到现在，淄博、河南都运用这样的方式，水利局副局长来我们学校，后来他托关系让我把这个方子给他发过去，这是什么？所以说考试不回避，升学更重视。但是只为那些东西，而不为人生，不为一个人的思维，不为人的一种开阔，不为人的一种意志力的教学，是非常局限的，所以一定要学以致用。以前，徐利课堂上拿了一个大杆子绑上一根绳子，这是干什么？他是用投下来的影，来度量两个河沟的距离。作文课取消，为什么？因为平时的作文课叫作假课，叫作难课。每上一节课文，一篇古文课，学生谈感受，现场即兴写作文。也许做不出大篇的文章，小片段也可，但要有自己的构思，有自己的对重点的把握。一个孩子的脑子能背下几百道例题、练习题，那么他做题、解题、答卷不成问题。包括小学，如果真正把课本练习题牢记于心，那么在这高度的基础上，就能够自发地出题。李荣成在淄博小学援教，小孩子一节课做不到三十道题，我给你判零分。一开始他对这事非常为难和不解，后来实现了，他高兴地对我说："校长，你真有胆量！一个孩子一节课做四十道题不成问题。"一年级二年级，1＋1，1＋3，2＋6……这样的题还用抄课本吗？还用抄练习本吗？还用多媒体给他打出来？会出题，一题多出，一题多解，这是什么？这是创造性，这是多元性，这是灵活性，这是超水平，这是应用型、智慧型的课堂。

前段时间，东阿县教育局局长、副局长带一些校长和骨干教师来我校参观，我这样跟他们说，老师不能对学生下命令，而是能让学生欣赏自己、感受自己、认同自己。我也经常对杜郎口中学的老师们说，以后不要再说"三三六"中的第一个"三"是大容量、立体式、快节奏，第二个"三"是预习课、展示课、反馈课，"六"是六个环节。不说还好，一说就死了。而应该是这样：李保国老师你说一说三角形这节课的教材，例题是什么样的。我画五个三角形，你能不能画二十个，你能不能把自己的能耐显示出来；杨桂红老师教英语的，倒数第十篇课文是什么，要倒背如流；常燕老师教政治，课文里某一个章节内容是什么，说了几个问题，列举了几个实例，和你的生活经历有没有相关之处，如果这个问题不能解决，老师一味地想做课堂的司令，学生不会崇拜你，这是原因；有人说，同学们我们今天都开口说话，都尽情发言，它的结构是什么，列举了几个事例，你的人生经历与所学知识的对接，你的感触有多深。老师如果不把这个提交，一味地当课堂总司令，一味地当掌柜，学生不会崇拜你，这也是关键；也有的老师上课说"同学们咱们今天都开口说话，都尽情发言"，这不是要求某一个人，这是要求全体同学，这是第二点关于课堂内涵的理解，要深刻、有思想、有见解、有智慧，这些能力跟做人做事、命运以及今后走向社会所承担的工作都有一定的关联。

（三）健全学生高尚人格，做适合学生发展的教育

教育教学与学校教育工作的目的到底是什么。知识是载体，课堂是媒介，这些不可缺少，但不是绝对的、唯一的，只是定格、定位，通过这种方式让学生成就了所必须具备的健全人格。为什么我一再主张课堂的时间、空间、机会、自由自主、当家做主、主人翁地位以及主角都归于学生，刚才我讲的是动力，在动力之上的是一个人的责任感。到什么时候杜郎口的改革比较成功？当孩子不再在老师的嘱托下、家长的要求下以及任何人对他的指挥下，把学习当成了自己在学生阶段一个重要的职责，"这点活我承担""这点活我思考""这点活我自学""这点活我思考、研究、分析、发现""这点活我查资料""这点活我查案例对证"，跟其他同学比一比，我能不能把握住事情内在的规律和本质，我能不能由此及彼，辐射出更多的知识，或者进行创作，生成了更多的作品。

真正意义上的大家名师是把学生培育成独立自主的人。李炳婷主任曾经问过我："你对教育教学最推崇的是什么？"四个字："独立自主。"老师越是在课堂中放不下，把时间、空间不让给学生，学生就会依靠依赖、等待、不操心、不用功，这点形成的危害远甚于重点大学录取了他！升学率是第几，与此相比反倒显得不太重要了。一个人的责任感很重要，在做一件事情的时候，对这件事情定位的高度、制订的目标以及计划的落实、措施的对接等这些方面都可以体现出责任感。

曾经某个地方邀请我去当局长，或者去济南当校长，我哪里都不去。杜郎口中学巴掌大的一片小天地，到现在我还没有成就它，离我理想中的教学目标相差甚远，所以我不能走。

一个人的责任感是人奋斗的无穷无尽的动力，有遇到困难和挫折永不言败的斗志，这才是教育的本质。课堂中我们就要这样培养学生，不能在老师的嘱托下，不能在任何人的监管下学习，要走向独立，走向自主。不用举手，当有答案、有想法、有思路的时候要抢着说，形成一个争问抢答、不甘人后的竞争格局，本来人生就是一场竞争，优者胜，劣者败；课堂中要脱稿，不支持为了脱稿钻死角，死记硬背，它是对教材融合、内化、消化、纲举目张、了如于心、心知肚明，这并不是难事，自己在承担当中付出了代价和心血，有了自己的赫赫战功。

我特别推崇两个词：超越、卓越。先超越，然后形成卓越。人生要有追求，甘愿平俗的你，即使是高学历也是平庸之辈，即使学历低有犟劲，一旦落到别人后面自己就内疚、汗颜，抽自己的嘴巴，这样的人不会示弱，也不会落到别人后面。学历不是人的资历，个人的奋斗、努力、吃苦、耐劳、顽强、斗志拼搏，这些千金不换！课堂就是要孩子形成这些品质，如果这些形成不了，我在这里没有完成任务，在杜郎口中学没有达到我的教学目的，将是我一生的遗憾。

学生站在黑板前，我不看学生是否对文稿倒背如流、上挂下联，是否对知识拓展地丰富多彩，我要看这个孩子的精神状态，气质是否轩昂、眼睛是否放光、举止是否大方，以及在现场投射出来的非凡品格、素养等。刚开始的时候，老师们说管学生的这些方面干吗，试卷上又不考。满分的试卷也比不上孩子的自信勇气、落落大方、出口成章、思路清晰、层次分明，这些与教学成绩是正向的，是吻合的，对教学成绩的增长有帮助。当一个学生声情并茂地讲话，让大家感动、感慨，让在场的各位心灵有所震撼，我就想这个孩子对内容的意义、对知识的领悟理解已经达到了一种很高的境界，如果他表达不出来、演讲不出来、投射不出来，就达不到教育的高度。

我相信，过上几年，老师们会真正地理解，学生的形象、气质、言谈举止、相貌表情、肢体语言运用得体自如一定会打动对方的情感，这才是课堂。一个不以个人形象素质为增长点的课堂，是一个知识型、没有竞争力量的课堂，不会为学校赢得长远发展。所以，我现在对课堂上的定位已经超越了这一节课这道题多少同学做对，多少同学做错，这些我不得不看，但是我已经不把第一位定位于此，我就看是否倒背如流，肢体语言是否运用，语言是否抑扬顿挫、气势澎湃，眼睛是否放光，面容表情是否精彩动人、感人至深，个人形象是否有穿透力，对大家是否有感染力。

当然我也告诉大家，我们现在才刚刚起步，今后的定位就是如此。今后我在转课堂时，我就看学生的眼睛是否会说话，学生的形象是否让人尊重，是否打动人心，就看这些，如果达到这种高度，那么他已经超越了在纸面上所写的 $1+1=2$，不仅仅停留在字面上，而是融化于心、流于血脉。

人这一生什么最重要，争口气，不甘心失败，没有创造不出的奇迹，差就差在甘于平俗，不上进，不进取，自我满足的阿Q精神会害死人。"天生我材必有用"应该改为"天生我才必有为"，要有大为，要有自己的创举。杜郎口中学的老师们会想到今天吗？徐利老师，一个中师毕业的老师，曾经两次到澳门讲课，在山东省评上特级教师、山东省教学能手，教育部表彰的优秀班主任、优秀老师，敢想吗？杜郎口中学的老师做到了。杜郎口中学普普通通的老师敢想一次性被14位陕西师大研究生聘为导师吗？前两年我提出"无师课堂"，老师们都摇头，没有一个敢想。我一直想带着老师们到淄博学校的一年级去看看，那儿的孩子一进门就搂着你的腿，争着抢着把课文背诵出来，数学题连着背诵四道，不听不准走。我到那里就这样，我经常躲着走。这时候把家庭作业取消，把学习成果汇报给爸爸妈妈：我今天学到了什么，我展示展示，你们听一听。反过来家长会感到开心，看到孩子这样的进步而感到无比的荣耀。

杜郎口中学已经八年没有作业，作业在哪里？作业就在黑板上，黑板就是练习题、作业题、小考试、过关题、查缺补漏的整改题，练就行。黑板的作用有甚于白板，更超越多媒体。因为学习的过程、自我的感受与领悟、创作才是最有用的，其他的所谓翻转课堂，所谓白板，都是别人做出来的，让你模仿，这些东西不能说不管用，真正的学习是一种感悟、顿悟、醒悟的学习。

做适合学生发展的教育，为学生的终身发展奠基，是我对教育的不懈追求。

我挚爱的自主教育

一、低效教育呼唤自主教育

我到杜郎口中学走马上任的第一天就进教室听课，我知道，课堂是教育的主阵地。每天听七八节课，自己分析，调查老师，询问学生，我对杜郎口中学的教育教学有了比较全面的认识。

（一）教学现状分析

教师讲，学生听，一言堂，满堂灌，教师是课堂的主宰者，学生是被动的接受者，教师要按自己编制好的计划，设计好的教案，在单位时间内完成教学任务。有的教师更形象地把教学比喻成种田撒种，只要把种子不折不扣地撒到田里，也便完成了任务，至于温度、湿度、土壤结构、施肥等全然不顾。课堂上灌，课下压，多布置作业，题海战术，再加上体罚，成为教师的看家本领，学生成为教学的道具，成为被灌输的空荡荡的容器，成为学习的机器、考试的机器、成绩的分数单、录取的通知书。

首先，应试教育倾向严重，忽视学生的健康成长。偏重知识的传授、考试科目、升学分数，忽视学生的主动探究、合作交流、身心体验、创新求异、能力培养。给学生带来身体、心理双重压力。"背不完的概念、做不完的习题"导致学习时间过长，枯燥乏味的背记、繁重的课业负担。巨大的考试压力让学生身心不堪重负，影响了身心健康。

其次，智能开发受限。一味地传授，忽视学生主体作用，无视学生的积极、主动性，无视学生的个性特点和差异，使学生成为学校加工的统一模式的标准件。

最后，价值取向不端。教师无视学生的尊严、思想、情感，学生的精神受压抑，自己不相信自己，"自我物化"，不敢向老师提出问题或意见，迷信书本，膜拜权威，少于独立思考，没有创新探索精神，唯书、唯师、唯试，对知识照抄照搬、复制、模仿，成为知识的奴隶。

（二）师道尊严，遏制了学生的自主创新能力

师生之间等级森严，泾渭分明，学生对教师绝对服从，不敢越雷池一步。

首先，体罚现象时有发生。学生或者是在学习上不认真听讲、完不成作业、考试成绩不理想，或者是违反纪律、迟到、打仗、不及时打扫卫生、没按教师要求办理，就要被体罚。久而久之，学生的尊严感被剥夺得干干净净。

其次，学生是被动者。学生是听从者、顺从者、服从者、培养的学生是没有独立性、毫无主见的工具。

最后，面向部分学生，全体学生得不到尊重。一般来说，教师都喜欢学习好的同学，致使好的越来越好，差的越来越差。好学生得到教师的重视，上课被提问的次数多，下课谈话的机会多，考试后因成绩高表扬多，教师与家长的沟通多，差同学是不得志者，学习跟不上，老师除了批评，便是体罚，又因平常小动作多，还要受到教师的讽刺挖苦，是老师的出气筒，得不到安慰与关怀，好多学生破罐子破摔，有的半途而废，一走了之。

（三）教师主宰，限制了学生的自主性

教师不仅仅是课堂的主宰者，更是学生心灵的封闭者，思维的禁锢者，智慧的摧残者。

首先，剥夺了学生自主学习的权利。整节课，教师讲、学生听，教师板书、学生抄，教师让读则读，让写则写，让画则画，一切按老师的设计预想就范，什么好奇心、求知欲、表达权、表现欲皆被压制。自主性、自觉性、主体性、创造性无从谈起。

其次，独立人格得不到尊重。课堂上没有学生发表独自见解的环境，没有宽松和谐的教学气氛，学生是教师见解的复述者，冥思苦想地去猜老师设计好的标准答案，不敢向书本、向名家、向老师、向一切"权威"说不。

最后，背记式成为学生学习的主要方式。学生死记硬背，依着葫芦画瓢，背公式、背条目、背口诀、背步骤、背结果，练的是背功，比的是记功，没有感受，没有体验，没有归纳，不去找特征，不去发现规律，不去解剖，更不去联系生活实际，为做题而做题，为考试而学习。

（四）教学的片面性，不能培养全面发展的人才

在教学过程中，只重视认知过程，没有注重情感过程，忽视学生心理素质的培养。学生在学会做事、学会生活、学会生存诸方面存在严重缺陷。多数教师把教学实践当作知识的传授、技能的训练，没有做到人格引领，心灵感染，智慧启迪。

二、表现欲、成就感、认同心是学生自主学习的动力

一切有生命的物体，皆有表现自己的愿望。草、苗、树；虎、狮、狼；鱼、龟、鲸；雁、鹰、雀。地上长的、走的、跑的，空中飞的，水里游的等，都有自我表现的能量。人是高级动物，具有强烈的表现欲望。学生何尝不是如此，他们都希望把自己的才华，自己的观察，自己的理解，自己的体会，自己的发现，自己的创意，自己的奇思妙想表现出来，接受他人的关注和评价。

同学们在课堂上多么想证明自己的存在啊！其实，课堂的最大效能就是提供学

谈落实学生的主体地位

生表达自己见解，表现自己作为，表演自己精彩的舞台和阵地，这样才能达到学生开口、开心、开窍！

我曾经与徐立峰老师到河南焦作做交流，徐老师在电影院用本地的一个班为一千多位教师上课，课堂上相信学生，发动学生，依靠学生，发挥学生，发展学生。同学们的争问抢答，相互间你方唱罢我登场，人人参与，个个亮相，知识解读，深度分析，不同观点，火花碰撞，吸收归纳，借鉴启迪。整节课，同学们热情饱满，斗志昂扬，既有知识的收获，也有深邃的感悟，更有学习的激情，表现自我的欲望。尤其下课时 30 名学生一字排开，齐声呼喊："听说市里的张局长也在这里听课，今后的课堂也如同今天的方式，我们是课堂的主人，我们也能做得更好！更更重要的是，我们激情四射，灵感迸发，身心投入，能力释放！"

我也曾与史金凤老师到黑龙江上课，史老师的一节语文课在礼堂举行，课上，史老师与大家约定："这节课我要用我们的杜郎口模式，主要看大家参与、表现、展示，大家的胆量、勇敢是第一位的，下课前的十分钟，如果谁还没有发言，我点名也要让他表现。"整节课每个学生像脱缰的野马，纵横在茫茫草原上，背诵、解说、剖析、歌唱、三句半、课本剧、创作……形式内容演绎的生动活泼，声情并茂，高潮迭起，掌声不停。下课了，组织者说散会，大家纷纷外出，我刚走几步，听到后面扑通一声，回过头一看，一位胖胖的高高的男生跪在史金凤老师跟前，双手搂住史老师的腿。我立即跑过去说："这位学生请站起来，有话好好说。"学生站起来说："我不想让史老师离开，我愿让她成为我们的一位老师，原来的课堂都是老师一人讲，在这节课上，以往从没发言的我，用一副对联总结这篇课文，同学们都投来了惊讶的目光，连下面听课的老师也给了我掌声，我又作了一首诗，还没抢到机会就下课了，这样的课堂我兴奋，觉得时间过得飞快。"

当下的课堂，教师是授课者，只注重了本节课知识的目标、重点、难点、考点、易错点，而忽略了学生的情感；学生是接受者，是听者，是被动者。课堂应是学生思、析、感、悟、讲、议、辨、写。一个人的动力是自我价值的体现，能力的释放，用自我的表现来证明自己的能量。课堂是擂台赛，是竞技场，是不甘人后立志的殿堂！

人活在世上，很大程度上是证明自我存在的价值。课堂是把每个学生的进取心、斗志唤醒的地方。每个人渴望有用武之地，大显身手，争胜好强，这原本是天性、人性、本性，课堂是把同学们的好奇心、表现欲、成就感激发显现。世界教科文组织对教育的注释：教育即解放，解放人的潜在能力，挖掘人的创造能力，促进人的全面发展。以人为本，关注生命，课堂上每个学生出头露面的机会多少是检验课堂的标准。从人性上衡量，自己是一个旁观者，是一个局外人，是一个可有可无的陪衬，必然导致向上的进取之心随时间的后续而泯灭。从某种意义上讲，课堂是催人奋进，让学生勇于拼搏，不甘落后，天生我材必有用，坚韧不拔永不言败的场所。古今中外多少名人，有了用武之地才光彩夺目，万世流芳。诸葛亮没有被刘备三顾茅庐也许永远寄于隆中一书生。姜尚不为周文王敬请，也许在河边垂钓以待残年。韩信没有萧何月下追回，不会有驰骋战场。官渡之战袁绍的谋士谋略若被纳用，哪有曹操以少胜多的战例……

一个人为自尊而生，为尊严而活。当学生在自己的课堂上被大家关注、聚焦，他多么期待对自我的认可；学习上有自己的发现、发明，由学到思，由思到析，由析到感，由感到悟，由悟到作，由作到用。别具一格，奇思妙想而备受人们的赞赏，同学们将会为之专心研究，预备准备，自学，查阅，逐渐形成责任感。何谓教育，运用可用的时间、场合，提供同学们表现反馈的机会，培养学生勇争上游的坚强意志，用心、下力、投入、执着。若如此，哪有不好好学的学生？哪有学不好的学生？哪有不成功的教育？

三、学生自主教育的深层次问题

近些年，来我校参观的人中，不乏教育局长、校长、分管学生工作的副校长、某科的主任。我也不断地被问到同一个话题："你们学校的学生德育管理是如何开展的？政教处在哪里？学生处在哪里？如何处理学生违纪？"我都会如实告诉他们：我们学校没有专门分管学生、纪律、德育工作的副校长，也没有学生处、政教处。

学生自主德育教育有更深层次的问题。

学生尤其是初高中学生，在校期间经常出些问题，男生居多，打架、偷窃、损坏公共财物、说脏话、泡网吧、谈恋爱、奇装异服、吸烟、聚众惹是生非、逃学、辍学……仔细观察分析，凡是问题多的学生，大多都是不爱学习、学习成绩差的同学，出现的问题花样翻新，防不胜防。如果我们不去深度研究，即使是学校体制配备齐全，若不是从根本上认识解决，也只是疲于奔命，不会杜绝。

原因何在？是学生在学习的动力上出了问题。学生对学习不感兴趣，甚至厌倦厌烦。人总是如此，当对一事不感兴致时，他的注意力转向别处。如何引发学生的学习激情，是解决当下学生德育管理的命门。一旦学生进入学习的活动中，达到要学、愿学、乐学、陶醉其中、乐此不疲，尤其对学习的文本通达深究，领悟吸收，融合内化，让文字中的精华要义成为自己的思想源泉，跳动的脉络与文本的真理共鸣，心灵的感动与作者情感互动，价值的取向与作者对应，认识观念与正向的理论理念合拍。教科书中，语文、英语、政治、历史、地理等，不只是科学知识，更是人生道德，修养的营养品，向书本求知，向书本问道，由书本增智，由书本铸魂。一位学生要把可利用的时间用在学习上，用劲、用力、用功，心力并用，沉迷其中，流连忘返，知识、道理、智慧、文明、礼仪、孝敬、高尚、恩义、忠诚、信用、公益、勤奋、励志、坚守、勇敢、有为、创新……

一个人道德的修养不只是要求的，更是自己感同身受认同的，要真正解决学生的德育问题，必须让学生专心于读书，迷恋学习。专于学问的同学不可能再去违反纪律；深入思考，感悟道理的同学，心有定力，明辨是非，积极向上，帮助他人，怎会再有打架斗殴违法乱纪的呢？

四、自主教育的工作理念

（一）工作就是人品

工作其实是人格的写照，是品行的一种反衬。工作就是人品，表现就是道德。把工作上升到一种做人、修养、品格，这算是抓住了根本。因为教师只有在做人上加强修炼，反复地去推敲、思考、提炼，形成高尚的道德功底，那么做事时就能把低俗的趣味消减殆尽，无怨无悔。没有功利的干扰，以苦为乐，以献为荣，想的是集体、是他人、是学生。人只有达到忘我、无我时，才有真功力，才能尽身心，才能为公益。

民主生活会上谈自主工作

私是万恶之源，判断一个人的品格怎么样？就看他是为私还是为公。怎么叫为私，我认为为公才是最大的为私。当你把自己的能力、气力、才智都奉献给工作时，全力以赴、任劳任怨，视工作为生命才能创造奇迹，做出非凡的业绩。我常想：所有的教师都能做出骄人的成绩，为什么没有达到辉煌。这就是"私"在作怪，无我达不到。心中有的只是我，认为操心是领导的事，单位是大家的事，学生只是我们的依托，下力投入不如轻松自在。好点、差点，工资照拿，先不要亏待自己再说，一切从我的好恶出发。什么人生观、价值观，不受约束，不受委屈。殊不知自己的价值是要用奉献衡量的。只有贡献，才能有光环。即使是人们日思梦想的好事：职称、奖金、荣誉、地位、权重等，个人说了不算，贡献大小说了才算。这么简单的道理，可是人们在表现中都忽略了这点。不能伸手求好事，只有在工作中出类拔萃，才能好事找人。

总体上讲，公道是第一位的。种瓜得瓜，种豆得豆，付出多大，收获多大。教师们应该静下心来，郑重地问一问自己，我是否把精力投入工作中去了？我是否挖掘自己潜力，超水平发挥自己的聪明才智了？我是否以主人的角色对工作去思考了？工作一年，有多少遗憾与教训？

（二）主动、积极、进取、向上

一个人的进步、发展，与客观关系不大，与主观关系很大。人生定位是重要的。找不足、寻差距才能谋发展。把眼睛盯在漏洞上、问题上、盲点上、差距上，永不满足，时刻警惕，眼光敏锐，不放过微小的差漏，精品意识时刻牢记在心。

一事不优，不做二事。这本身已超出做某一件事情，而成就了自己的品格。见到疏漏，心中怒火万丈。见差入仇，视差错如敌人，不共戴天，与之战斗。有这种品味，何愁不成功。人们往往对低级、低档、低俗熟视无睹，习以为常，丧失了敏锐感，缺乏战斗力。有的人还会自我安慰，以功盖过。当形势一片大好，有人指出问题时，会有若干理由对付，安于现状、敷衍了事、不求进取、满足自乐。

其实任何单位工作真的没有最好，只要留意就会发现蛛丝马迹。从会做事到会操心，真是不容易。当兵轻松，当将不易。教师们要有时刻为"帅"的战略眼光。事成于思、毁于随，要用眼睛去思考，用脑子去做事。任何事都没有难度，但留意、重视、操心、细致、精彩太难了。接受任务并做好是一般人；发现问题并立刻整改是杰出人才。再就是人要有谦虚的品质，优点让别人说，不足要自己找。成绩要储藏起来，差错要用放大镜去找，做第一是本分，做第二就有愧。严格是最大的关爱，经常对你提意见的人是恩人。越是对你关怀、越是给你找不足，促使你不断发展，这才是真正的深情厚谊。

（三）自我更新的意识

任何事物都是千变万化的，没有定性的章法，循规蹈矩要不得，固陈守旧害死人。时代在发展，事情在变化，某一时段、某一时刻的做法只适应当时情况，用发展的眼光来看待，用灵活的脑子来思考。只有如此，才会推陈出新，有生命的活力。世界上没有放之四海皆准的法则，更没有解决现实问题的灵丹妙药，最有效的办法就是对症下药。为此，要求我们教师在整个教育教学过程中善于分析，善于思考，善于发现，善于寻找，善于假设，善于想象，善于判断，善于推敲，善于沟通。敢于否定自我，善于否定自我，才能永葆工作生命绿树枝繁叶茂。

（四）自我强化学习

知识是无限的，而自己的认知是有限的。为使自己的知识储备更多些，让自己的思考有价值，我们要加强学习，广泛涉猎，吸收新鲜血液，做好积累沉淀。学习可以形式多样，在不同渠道中做有心之人。读书、看报、影视、广播、谈话、访问、写日记、写心得体会，博闻强记，见多识广，开阔视野，耳聪目明，真知灼见，只有自己的阅历丰富，知识功底厚重，思维敏捷，思考缜密，思想深刻，语如珠玑，自己的言行才能打动人、教育人。

五、自主教育的两个基本点

自主教育有两个基本点：一个是做真实的自我，让心灵得到宽慰；另一个是做充实的自我，让精神得到丰盈。

做真实的自我，时刻把自己的思、想、悟与学校的发展、学生的培养挂起钩来。人人是主人，个个是校长，我就是学校，学校就是我。千万不要三心二意，更不能离心离德。人最宝贵的品质就是忠诚。有自己的想法可以提，或是在会场或是在私下。把自己的想法道出，协商沟通。但一旦达成学校的工作方案，万不可根据自己的好恶而改变，于己、于公都是不利的。目前不能取得成绩的一个很大原因，就是做事不真实，表面合拍，内里脱节。导致自己心累，甚至成为一种精神压力。很大程度的不愉快是自己找的，是自己种下的祸根，自取不欢。我们是人民教师，就得光明磊落，铮骨金心，纯洁无瑕。与学校保持一致，是基本的工作准则，也是做人的操守。只有大家顺心如意，才能竭尽全力创造奇迹。

做充实的自我。生命，不仅仅是在世上活的寿限，更重要的是当你作为一个社会人的时候，有更大的奉献和贡献，绝不能虚度年华，浪费人生。要好好珍惜时间，好好历练，让生命迸射出耀眼的光芒。比如：写字要写好每一画；说话，要说好每一个字；写备课，要用心血来灌溉每一个观点；上一节课，要让学生感动、激动、被打动；做一次卫生，要一尘不染；穿一件衣服，要板板正正；行走一段路，要抬头挺胸。

和教师交流教学相长

六、自主教育之修身养性

（一）如何看待生命

古人说：人生天地间，如白驹过隙。所以对人生而言，几十年的事，谁也离不开生老病死。人来到世上这一遭，几十年，很短暂。等到 60 岁或 55 岁退下来，后面还有个二三十年，或三四十年，干什么呢？享受。享受的成本是什么呢？工作过的这二三十年，做过贡献，做过大的贡献或付出过辛勤的劳动。

人生在世，上有老，下有小，周边有兄弟姐妹，还有同事，更有陌生人。我认为，人活着是让更多人受益。对于孝敬，有浅层次，有深层次，有高层次，有低层次。浅层次的到爹娘那里：爹，你好，娘，我给你磕个头，嘴上的功夫；中层次呢，拎上东西，如蛋糕啊，当爹的爱喝的酒啊，新衣服啊，去看望，这是物质方面；高层次是什么呢？当儿女的有作为。现在这个社会跟 20 世纪六七十年代不一样，那时候肚子都吃不饱，现在谁还说这个。你知道当爹当娘的最期待、最盼望、最荣耀、最幸福的是什么吗？自己的儿女有作为！你想过什么是最大的幸福吗？后来我知道，人最大的幸福是被更多的人尊重。当被别人尊重的时候，那是一种内心的喜悦。

我经常说，一个人不能对人生不追求，不珍惜，不自我把握，甚至不自强。我在这个学校里，我这个校长是干什么的？我这个校长唯一的职责就是让手下这拨人的人生有价值、有意义、有地位、有尊严、有名望，让师生成长，让师生发展。

严格是最大的关爱。如身上有个瘤子，如果不把它切掉，出去一两年，人也许会死掉。花钱让大夫割瘤子，疼吗？很疼。做人德行上有毛病，行为上不检点，指出来的时候，大多数人不愿意，但是却是治病救人。杜郎口真正的意义就是让老师在这个价值观上有正确的认识，知道这就叫爱。这一点在杜郎口中学已经是畅通无阻。

家里小孩子如果不懂事，批评他，甚至打他几下，小孩子哭两声也就没事了，随后还是喊娘喊爹。有时成年人还不如小孩子。你在大会上批评他，你在某个场合说过他，你在总结会上点他的名，他就会记恨你。人应该明辨是非，通情达理。这话多朴实呀，但是八成的人一辈子做了糊涂人，做了糊涂事，但耳朵里只愿听好听的，夸奖的。我爹我娘现在 80 多岁了，到现在没表扬过我一个字，没夸过我一个字。如果有人能对你的错误恨之入骨，就想抓过来揍你两下子，这个人是最亲近的人；谁老是在你面前虚夸，说你这也好，那也好，不一定是好人，可是很多人还相信这个。

我这辈子怎么定的位呢？1989 年我查出有糖尿病。糖尿病我有所耳闻；终生病，一辈子好不了。我一说这个的时候，我亲人都落泪。我说我活不过 90、80、70 甚至 60 岁，也许会早一点离开人世。越这样我对生命越珍惜。你把今天看作一天，我看作两天。我想一天做的事让它等于五天。我不愿意离开人世，但是也没办法。所以我就拼命地干事业，干正事。我怀着对生命的真爱，来做杜郎口校长。一个人对生命这么挚爱，你还喝酒去吗？你还去游山玩水吗？我们活着就要干事，干更多的正事。

人累与不累，不单单是体力、劳动量上的问题，而是一种心情。当他做事，当他通过自己的能力做成一个事情，他还抱怨累吗？

我经常教育自己的孩子要早上班，晚回家，多做事，锻炼自己的能力，这实际上就是沾了大光、受了大益。

我在自己本子上写着：教学工作是载体，不是目的。现在很多人都把它当作目的，通过工作这个渠道，锻造自己，成长自己，让自己升腾、发展、壮大，人格高尚。你要摆正这个事，工作是成长，是自己难得的机会。谁多干就沾了大光。因为你锻炼的机会多。刘桂喜为什么成了她高中同班同学中唯一一个高级教师。在这里我敢保证，刘老师干的活比她的三个同学合起来干的都多。天道酬勤，有多少人在这件事上迷糊。我看到黑板上有被表扬的教师，也有被提醒的教师。我要是在被提醒的名单中，我回到小房子里，我会狠狠地揍自己。因为自己不争气，没骨气，这么多人中自己落后了，我真这样做过。有的老师看到自己的名字被提醒或者无所谓，或者骂娘。他不知道自己成长的重要，成长比黄金还贵重，成长是无价之宝，可是只有少之又少的人才把自己成长当作自己的人生意义。

我一直认为，一辈子选择很多单位的人，都是不成器的人。杜郎口这个地方是个农村。你知不知道，聘我的有谁？七年前在黑龙江，分管教育的副市长说："崔校长，我给你商量个事，你在那里是什么职务？"我说："是个中学校长。""多少人呀？""600来人。""这么点人，我告诉你，来我这里做局长行吗？不要在杜郎口干了。"我没有答应，因为我的根在杜郎口。我在聊城发言的时候说过，我生在杜郎口，喝的水是杜郎口的，吃的饭是杜郎口的，我成就的这个事是杜郎口的，只要我还没有退下来，我报答杜郎口，金山银山搬不走我。济南市天桥区一把手局长告诉我，让我到正处级学校任选学校。我说："谢谢局长，我在杜郎口做校长，我哪里也不去，你再另找贤人吧。"深圳一个有3万学生的学校，出200万年薪让我去。我说我是杜郎口的人，杜郎口的校长，我不缺吃，不缺穿，不去。我干了18年的杜郎口校长，我心中理想的课堂，连三分之一都没有实现，我要用命来努力。

视利益为命运的人，在我看来一文不值。不讲道义，不讲人格，外面让我讲课的人，只要一问我多少钱，我连去都不去。你这样做，就把我当作了物品，你买我呀？你以为我就为钱去的，不去。我讲了一场大家受益了，甚至有的人热泪盈眶。也许我不认识他，也许以后不再碰面。可是他在我心灵的触动下有所改变，我就知足了。

前些年，看到孩子们吃的馒头，又小又黄，在厨房里，我亲自做馒头。我配出的馒头，比馒头房里做得好吃。为什么？有句话是说，心诚则灵。奇迹不是天分，不是因缘，不是机会，奇迹是人的修养。

（二）层次高低，结果各异

什么是层次呢？每个小孩子在杜郎口毕业，都是演讲家。例如，看课堂，看学生的表现、精神状态，而不是看知识，这就是层次。课堂是战场，课堂是擂台赛。要把孩子的拼搏、竞争、积极向上、争强好胜的精神给他调教出来。当这个人是这种状态的时候，学习则是小菜一碟。人一辈子，活着就是一种精神，这就是层次。

人与人的差别就在于层次。人来到世上，一辈子不能平凡。做第一很正常，做第二就有愧。学生做不到，教师做不到，原因就是层次。"知之者不如好知者，好知者不如乐知者"，这就是层次。我来杜郎口中学的时候，前几任没做好，我没做好的话，死不瞑目。这时候敢说了，那时候不敢说。单局长特别认可杜郎口中学的模式。杜郎口中学现在问题是层次问题。层次不一样了，价值就不一样。好多事都做了，你做了，我也做了。差距在哪里呢？在于高度，吉利车和宝马车，好车卖200万，不好的卖2万，差就差在层次上、质量上。杜郎口中学开会，教师要坐前排，前排满了以后，坐后排，这就是层次。撒切尔夫人的父亲从小教育她，"孩子，一辈子要坐前排"。坐公交车，整个路途尽收眼底；在教室里，争强好胜，一辈子都受益。我每每看到杜郎口不尽如人意的时候，我告诉领导班子："学生的演讲、眼神、表情、不到位，还有的学生拿着试卷上去抄题，你是做什么的？"我对此感到很气愤。现在杜郎口中学的学生，如果学生在倒背如流，但方法、技巧出现偏差的时候，说句不好听的话，就地正法，零分，停课！没有做不到。当倒一的学生，上完课，茅塞顿开时，就没必要问第一、第二了。拿起这个题，就有种争第一的性格，我想有这种想法，这种干劲，还有谁会对杜郎口中学的教学效果提出异议呢？

"怎么还不吃饭啊？""我做完这道题就吃。""还不睡觉啊？""我做不完这道题就不会睡觉。"你看看这些孩子学习成绩好不好。这哪是课改，哪是学习成果啊，这是命啊。你知道我说的这是什么？这就是层次。现在有多少人，只论这节课的学习效果怎么样？达标人数是多少？这只是一个表面现象，内在的是一个人经过这样的熏陶，经过这样的锻炼，一个人的性情，形成什么样的习惯，形成什么样的章法，这才是教育。教育是命运，教育不是高考、不是中考，如果你不从规矩上出发，规则上落实，还追求这节课提高几个点，那是浅层次的。

（三）严己

严己意味着成功，意味着智慧和思想。我经常讲，我小的时候，村东边有一条赵牛河，二十几个同龄人，在水中潜水，看谁游得最远。我潜入水中后，憋得我再不喘气就要死了，到了这个地步的时候，我自己跟自己说，每个手再扒十次，心里数着数1、2、3、4……数到10的时候，从水下露出头一看，那些人离我3米、5米、10米、我得了第一。原来学校有一辆面包车，当时我技术不好，一次，心情也不好，开车时，在车的外手一侧，蹭掉一点漆，后来花了370元修复。回到院里，自己不让自己，伸开手掌对着自己的脸打了几下，恨自己，我爱人说："你傻啊，这么点事至于吗？"我说，人就得要有思想，就得挑战自己，谁挑战自己，不放任自己，这个人就是了不起的人，总有一天这个人会成大事。

我们学校有反思会，袁艳艳老师因为背诵不合格，自愿罚了一千元；张校长有时候一罚就上千，她成长的速度快啊。不懂事的人都是对自己高抬贵手的人。马家军的故事大家都了解，晚上在月亮下让队员跑步，他在旁边沟里学狼叫，狼一叫，吓得地队员拼命地跑等。很多类似的事都需要我们去思考，事物就是这样，越是在艰难困苦的环境下成长起来的，越抗打；越是在大棚里种出来的果菜，不经风雨，越脆弱。我们学校形成一个惯例，在这里开反思会，我在第几节课在哪方面出现了问题，立马交200元作为惩罚，我一直说学校并不是缺这些钱，是你自己对自己高抬贵手，一个人善于向自己开刀，这个人可就是了不起。

一个人活到老、学到老，没有完美，只有接近完美。门岗内的设施如果桌子有灰尘，值班老师当即就拿衬衣擦干净，之后再没有过这样那样的人为的错误发生。还是那句话，不是做不到，做是次要的，严格、规格、大智慧的、有眼光的人都是对自己非常负责任的人，对自己非常苛刻的人。

一次，叶圣陶先生的孩子，在叶圣陶写字的时候，递给他一支笔，让粗头在上，叶圣陶就说了，"我用细头写字，你作为晚辈，还让我自己掉头，真是不懂事啊"。所以说，严己是一种高尚、一种美德、一种智慧、一种思想，了不得。人这一辈子跟自己做殊死斗争，低级、下贱、消极的想法就会一点点地消除。

（四）从前来参观的人是客人，现在来的人是恩人

没有来参观的人，就没有杜郎口的今天。有很多次我开车去街上，看到外校的老师，都是主动带上他们，反正也是顺路。一次，周口的人来参观，我正好赶着出去，听到几个老师嘟嘟囔囔的，我就问："怎么了？老师有事啊？"他们几个说道："我们是回民，我们的要求很简单，几根黄瓜，几个煮鸡蛋，再加几杯白开水……"我当时就急了，立即给我们的老师打电话，让师傅们做这些菜，五分钟做好。当时他们问我："你是谁啊？"当听到我是校长的时候，立马留下了我的手机号，到现在过年过节，这些老师还给我发祝福短信。

沈阳辽中的李校长，第一次来到我办公室，正好当时杜郎口出了一本书，本来下午到的，结果到了晚上才到，于是我晚上开着车拿了两本书给李校长送去。还有一次来参观的火车本来是十一点半到，结果晚点了，到凌晨三点多才到。当时是寒冬腊月，我开车去车站接他们，当时车门关着，暖气开着还冻得直哆嗦呢，我一直等到他们到达，然后送他们到宾馆住下。

在河南讲座，晚上去厕所，没开灯，一不小心腿踢到了床腿上，我为了养足精神，赶紧睡，也没在意。第二天八百人大会，三个小时的交流，散会后我差点一头栽倒那里，我靠在小讲台上十几分钟才缓过劲来。在海南别人请吃海鲜，结果中毒，一晚上上了十几次厕所，当时我爱人说去医院检查，明天的演讲替我去。我说：我知道你会讲，人家会议上写的是崔其升座谈会，不是你，当时讲了两个半小时，讲完以后汗水湿透了衣服，衣服都贴在身上，直接就被抬着去了医院，又是输液又是吃药。这些都是在说要尊重他人，敬重他人。古人云：敬人者人恒敬之，爱人者人恒爱之，乐人之乐者人也乐其乐……这些也是说的这个道理。

（五）正义

我在这里做校长，一定要把最优秀的推举、弘扬出来，敬重他，发展他。我刚才听李荣成在这里表述的不错，他说自己要德无德，要能无能，要才无才，要人无人，像这样的人在其他单位能提拔成领导吗？你就是修上一辈子也不可能。人既憨厚又不会说话，也不会做眼前事，也不会意思校长。但是在杜郎口中学这个单位里，我就特别看重厚道的、勤快的。冯玉森老师、庞延平老师、刘峰、尹茂强这些都是

倾听外校师生听课感受

老实人，性格内向，不爱说话，不善言谈，这些人在这个单位上就是做好人，为单位出自己的一臂之力，我要让好人有好报。我特别不喜欢送礼，因为职称评定、提拔、荣誉称号就送礼，在这个单位里这是根本没有的事情。你若是送礼，职称评定、提拔根本没有你的资格。同时，有错误的绝对不能放过，要求改正，做到优者举，违者更。优秀的被推崇，不好的要改正，这就是正义。

别的单位都是下级给上级送礼，这个单位是上级给下级送礼。后勤上的人，几年之后也要拿到绩效工资，后勤人员上进的和前勤老师一样奖励，只是稍微少点。春节的时候给老师发几百元的奖金、超市的购物卡，这些钱我用我的讲课费买。我把家里的东西拿给食堂的人，让食堂的人吃得好一点、高兴一点，他们就会给老师、学生做饭好一点。也有我的亲戚来找，想在学校开个小卖部，或者找点活干，但是干活能和别人一样干吗？十元钱的活敢给我要二十元。后来我得出一个结论，越是关系近就越糟蹋人，关键是不出好心，就想着在这里当个一官半职，好利用职务之便谋取私利。前两天一个表叔是做门窗的，知道我们这里盖楼，就给我打电话，我说我介绍你去可以，但是要和其他人一样竞争投标，我是个介绍人，但我不是一个主导人。

和我关系近的人在这个单位里一定要干好，干不好别人罚 10 元，他就要罚 20 元。在建后大楼的时候，茌平一个有名的建筑商找到我说："崔校长，我是第一次见你，但是我弟弟和你很熟，我给你拿了两包茶叶。"两包茶叶本可以拿在手里，但是我一看用袋子装着，我就知道不对，我就说我还有事情，让李校长来和你谈。我刚躲到另一个房间里，就给我打电话，问我在哪，我说我在高速路口呢，其实我就在隔壁。实际上他给我拿了十万元现金，十万元足可以把我送到监狱里面去。后来通过投标是聊城的一家建筑公司盖这座楼，茌平的这个建筑商比聊城的高出 260 万，聊城的这家公司我并不认识。这就是正义。

在淄博小学，我一般不在那吃饭，每次去，邵校长就嘱咐食堂做这个菜那个菜，我特别反感这些，后来我要么就在家里带点东西吃，或者是到那里自己买上几根油条，一包豆浆，只要能吃饱肚子就行。和闫校长在一个小饭店吃饭，饭店名称叫忆苦思甜，我就喜欢在那吃饭。我一上大饭店就头疼，虽然花你的钱，但是比花自己的钱还心疼。

前两天到外面去上课，两顿饭就是两包方便面，别管教育局长请客还是校长请客，我都不去。耽误别人的时间，我怕麻烦、花钱多。后来那位局长一开会就会说，崔校长晚上一包方便面。早上一包方便面，这样的事情还有很多。

（六）精细

不能以事论事。刚才电灯不亮，现在亮了，这是换电灯这么简单的事情吗？这是领导没有善于发现问题的眼睛，没有责任心，不追求高品质。学生的剩菜剩饭，其实不是剩的饭菜，这是对劳动成果、对父母的血汗钱不珍惜。我也说过，站队其实也是课堂，在操场上横看、竖看、斜看都是一条线。做事要讲规矩，说到做到有信用。只要这些做好了，课堂就成了。一个实习的老师穿着短裤，我说今天立马换上裤子，否则没有资格在这里。这不是穿什么裤子的事情，这是个人形象的问题。你要有"你就是杜郎口，杜郎口就是你"的理念。为什么每周都要检查教职工宿舍，并进行拍照。徐利老师家庭收拾得干净利落，王老师家庭脏乱差，若是问问王老师去哪里讲过课，一个地方也没有去过。徐利曾经去过澳门两次，差就差在不精细、不严谨。

最后以一个小故事结束。一个中国大陆留学生，谈了个女朋友。一天遇到红绿灯，本来是红灯，但是路上没有一辆车，所以就牵着女朋友的手赶快过马路。等过完马路女朋友不乐意了："你怎么闯红灯啊！"他自己就狡辩："又没有车。"但是女朋友说道："这是规则啊！你连红灯都敢闯，以后我嫁给你我感觉不安全，你不会遵守章法。"所以他女朋友就和他分手了。三年以后，他回到中国大陆，又找了个女朋友，也是逛街遇到红绿灯，这个男的在这方面吃过大亏，所以不敢越雷池一步，不闯红灯，可是女朋友不乐意了，说他是胆小鬼，不会变通，窝囊，跟着一辈子受气，所以也分手了。大家想想：为什么国外厕所墙上写着"中国人小便入池。"这是我们中华民族的一大巨耻。在今后，包括杜郎口小学，一定要做到人走桌净，要收拾得干净利落、有条理。好多事情你不能就事论事，有时候不是在于这件事情，而是事情背后人的素养问题。

七、自主超越是最幸福的人生

　　人生的意义是什么？也许很多的人没有想过，去哪是哪，当一天和尚撞一天钟，满足于现状，前有人后有人，知足常乐者大有人在，当下社会发展到了吃穿住都不愁的地步，思考人生者寥寥无几。我认为，人生就得要奋斗，就得要努力，就得要争取，就得要珍惜，就得要创新，就得要永不满足，造就奇迹。只有创造奇迹，才会实现自我价值，实现自我价值是人生最愉快、最幸福的。

　　人生最重要的阶段是工作的三十多年。工作前的二十多年为工作准备，哪怕是硕士生、博士生，毕业后不也是为一份工作吗？工作就是为更多人服务，做出贡献。人生的价值就是让自己的存在对他人有益处，多多益善，人生的长度不能自控，可人生的厚度往往操控在自己手中。珍惜时间、努力进取就是对生命最大的珍爱和尊重。只有自己工作的业绩辉煌，才算是懂得生命的价值。做得好是本分，做得差是羞辱，来世上一遭，一定可点可圈，不埋没自己的才干，不浪费自己的大好时光，不限制自己的发展，有所作为，爱更多的人，为更多的人做事。爱人者，人恒爱之；乐人乐者，人亦乐其乐；忧人忧者，人亦忧其忧。人最大的崇高就是严苛自我，能成其大，不成其小，能利人多，不利人少。人生之贵：扎实，踏实，真实！心诚则灵，无私则刚，专于工作，攻坚者难，以苦为乐，多做为荣，不争利，不争名，只

在课堂上与学生交流学习方法

争自己做的事更加极致圆满。不自见，故明；不自是，故彰；不自伐，故有功；不自矜，故长。人生的过程，是一个不断修养的过程，活到老学到老，修身养性，忘私为公。上士忘名，中士立名，下士窃名。至人无己，神人无功，圣人无名。求自己的完善，众人皆以奢靡为荣，吾心独以俭素为美！自己的发展，自己的超越，不求职称评定，不求受奖得名，心地纯正，意念向善，动机清雅，力量无穷，人生之难，难在不能超脱自我的名利，心中为他，行中助他，天下皆知取之为取，而莫知与之为取；价值观的树立何等重要！成绩让他人说，不足要自己找；有实力才有尊严，为公才可能为私，公平是最大的战斗力，创新是永不竭的动力，他律被动，自律才主动。

我们最大的特色是老师们经过十几年的磨炼打造，大家的心灵得到洗礼，大家的觉悟得到提升，大家的公益思想得到空前的强化铸造，大家的奋发有为有了真实的写照。

五年前没有了考勤约束，每次新学期、节假日开学，老师们都提前到校。哪位老师因公因私外出请假，同学科的老师都争着代课。自当学生的楷模，来得早、走得晚。老师在学生课间操时都跟着做操。学生文本展示，教师抢前把自己推出以示标杆。学生写黑板，老师有自己的专板亮相比赛。反思会上老师揭盖子自我反思批评，利己利人。双休日老师又来到学校备课、充电，时时记录课堂的得失，及时整理修改求完整。2012年暑假，所有教师都把自己的专著出版，几乎所有教师到过全国十几个省份讲座出课！

八、自主卓越是领导之魂

　　一个单位，一所学校，成在大家，败在领导。何谓领导？领导不是职务，更不是地位权势，而是与大家同工作共成长中表现出的人格、业务、利益观。人格魅力是领导的象征，杜郎口中学发展的十七年，与此关系甚大，领导不是特殊人物，是大家中的一员。从1997年4月28日始，到今或再到永远，领导是一位普通的教师，他们的工作量从没丝毫减量，很多时候，如有的老师因身体住医院，有的老师因工作调动，新分老师不能胜任等，领导在原有整人工作量的基础上敢于担当，年级主任崔其同曾做两个班的班主任、三个班的语文教师，英语主任杨桂红曾做三个班的英语教师，学科主任高俊英曾担任十二个班的政治课，只要学校有特殊情况，领导都能冲出来顶着上，我曾上过语文、几何、代数、物理、历史几个学科的课。前些年由于经济困难，星期天、节假日，领导成员牺牲休息时间铺路砖、修院墙、修房顶、制车棚，没领过任何报酬。我曾说："领导同志跟着我，没有例外，没有优厚待遇，只有累、有苦、有难、有操心、有委屈。可是最后真正得到的是有人格、有德行、有人品、有风格、有觉悟、有修养、有作为、有思路、有智慧、有品位，也许没远见的人会告退，真正有眼光的人、有气节的人、有胸怀的人会留下来，并能随自己的成长而无怨无悔，辛苦着，成长着，付出着，收获着，疲倦着，愉快着，超越着，幸福着。"

　　业务是一位领导的本钱、领导的身教，自身正，上有所好，众必甚焉，领导是专业型的，教师队伍才会逐渐强大，领导言传身教比建立规章制度更重要。我校领导个个都是业务精英，人人都是学科骨干，他们都能在全校上观摩课，用事实说话，用现场教育人，他们都是课堂的行家能手，听课评课恰到好处，把握脉络，对症下药，他们都是一个月一轮次课堂职级的佼佼者，中学特级、高级职称唯他们莫属，各层次评价，尤其教师评判、学生评教，外来参观者的问卷，领导皆经得起考验，一身硬功夫，一手好武艺，打铁自身硬，火车跑得快不快，火车头是关键，来学校听课参观者达 100 万人次，报告、座谈、结队，领导当先，深受大家好评。学校的教改由粗到精，由表及里，由形式到内涵，不断完善，不断改变，这期间已形成惯例，领导们用课堂、用案例、用论文、用作品做标杆，指导引导大家前行，我也曾大胆说过，一所学校，如果领导是排头兵、是领头羊、是标杆、是旗手，那么，教改已成功大半，领导要么是促进者，要么是阻碍者，阻碍者大有人在。

虽然学校被人戏称为清水衙门，但也有"利益"之争。奖金、职务、荣誉称号等一直是焦点热点问题，这些是双刃剑，正当了是促进，否则乱了窝。这些年来，我们都能正确对待，从没因领导身份多吃多占，领导的任免是人人参与竞聘、述职竞聘，老师们投票、现场揭晓，奖金的发放是层层验证，大家同意而发放，职级评定把相关材料公布于众，现场量化，当即决定，荣誉称号完全依托教学，优先入选，公示全校，从没暗箱操作、厚此薄彼，从而出现了讲正气、讲工作、讲贡献的格局。

九、自主评价是第一动力

评价贵在真，不偏不倚，真实服人；评价贵在兑现，兑现奖励，兑现处罚，钉子入木，一针见血。评价最怕笼统，不到人不到事，优秀的得不到奖励，低劣的得不到纠正。我们秉持"公正、尖锐、奖优、罚劣"八字原则，几年如一日，针对课堂，形成一贯制，不走过场，做实而具成效。

（一）自评

反思会上，教师自觉自评，有经验分享、新的尝试、新的方式措施、取得的效果、达到的高度。有教训，自我反思、批评，要么是用心不到，要么是投入不足，要么是重视不够，要么是理念出错，几乎每次反思会优者奖，劣者罚。近五年来，形成自律，教师们把握自己出现的不足、差错、失误等自我惩罚，降职务的，降职称的，自我罚款的。尤其难能可贵的是老师们都已明白了做人的道理，给自己指不足者是恩人，自己出现的问题，现场自我处理者是一种格局，自我认识，自我惩罚，自我觉悟，自我反省才是一种智慧。以一周为一周期制作的反思板，结合一周工作、经验、教训、措施，人人写板，全员参展，既有自我反思，也能借鉴，以进步成长为自己的价值观，提升发展已成为常态。

（二）班主任评

班主任工作不只是对本班学生的管理，主要是对本班科任老师的教学管理，选聘教师，听课评课，组织学生评教，组织本班的公开课，给课堂打分，写出评课意见，每位班主任把对教师的评价每天记录列在对应的板栏上，有优点、不足、得分、名次、建议等。班主任工作很大程度上是对本班教师上课工作的管理。

（三）年级主任的评价

年级主任工作更多的是课堂管理，每天至少听四节课，听课后进行评价，一是对上课教师的评价，优点、缺点、打分、名次、建议；二是对相应的班主任的评价，班与班之间的对比，提醒反馈。最后把相关评价内容反馈到对应的液晶显示屏上。

（四）学科主任的评价

学科主任每周例行三节公开课，即优秀教师的观摩课，普通教师的研究课，薄弱教师的提高课。每天有听课转课，一周就能把本学科教师的课听评一轮，每天把对教师的听评课意见打在相应的电子屏上，公布于众，有相应的优缺点、有分数、有名次、有建议。

考评质检的评价。学校有教学的评价质检组织，业务校长任组长，民主推荐的业务骨干任成员，每天行走在课堂中。有点，坐下来听完整课；有面，转看一节课中上课情况。评价真实中肯，一听三评，对上课教师优缺点情况、得分、名次记录在案，对应的年级有学科量化记录。由此形成一个月一轮的教师课堂职级，中学特级、高级、一级、二级、三级，并分别有不同的职级工资。

十、自主教育之真善美

（一）领导不是职务，而是大家的标杆

学生有问题，原因在教师，教师有问题，原因在领导班子，班子有问题，原因在校长。

1. 工作领先

自从来杜郎口任校长，我们一直坚信：领导首先是一位好教师，工作量起码与教师相同。当老师休产假，或生病住院，或调出而新分教师没来时，领导要担两个或者一个半人的工作量，我就曾经代过语文、几何、代数、物理、历史课。

工作量不少只是基本要求，做好做优才是领导所为。学校的公开课、观摩课，首先由领导打头阵。所有领导班子在报告厅皆上观摩课，全校师生在场。学生评教，课堂量化考核，领导班子必须在本学科处前列。各项测评、考察，如备课、说课、论坛、语文经验交流，发表文章，出版专著，教学成绩，科研成果等，都应为学科的前三，否则自动辞职。

带领中层干部查找工作漏洞

自己不优秀，不合格，自己爱人不靠前也不称职。年级主任崔其同的妻子曾在一个月评比中，语文科倒一；后勤副校长李守明的妻子徐秀莲课堂不过关，曾给他们俩处分，以示警告。

2. 风格高尚

副校长张代英 2002 年秋刚做年级主任，正好与本校教师刘峰结婚，为把所带的年级带好，竟然下决心三年暂不要孩子。我十年如一日地把县里给我的奖金分文不取，全部奖给教师。每年评职称，评优秀，评各种荣誉，绝不因领导缘故搞小动作，甚至领导把应享的也让给教师。学生处主任孔猛曾把应属于自己的中一职称让给宋丽娟老师。

3. 敢于担当

各位领导要有担当意识，遇事遇难不推诿，各位领导都兼班主任，学生有问题首先认为是自己的问题，当学生吃饭剩饭菜时，领导在全体学生面前把剩下的饭菜吃掉，当学生宿舍整理不条理时，领导当着学生面亲自整理，当新生刚来学校，领导与学生一齐住宿舍楼，领导与学生一齐站队，到操场活动。教师的备课、说课、上课，领导都参与其中。教师的成长中皆有领导的心血，教师有过失，领导出来做检讨，首先承认是自己不负责而导致。

（二）教师要有作为，让人生更精彩

人生苦短，人生天地间，白驹过隙，忽然而已。每一个人都应珍视生命、努力工作、提升自我。

1. 珍惜工作

人人皆珍惜生命，可很少人懂干好工作才是珍惜生命。干好是本分，干差就有愧。18 个教学班，有 42 名教师来竞聘班主任。有的教师外出讲学，同学科教师争着去上课，多上几节课，也许身体劳苦，但自己的教学技能，所得的经验教学不大一样，教师们都认识到一生要挑战自我。志之难矣，不在胜人，而在胜己。干得多，最受益的是自己。自己的能力、水平、素养、锻炼、意志、坚强等都得到提升。人活着就是多贡献，让更多人受益，体现自我价值。自我申报公开课，多担当教学任务，自觉与学生沟通谈心、家访写信。当有来参观访问人员时，主动请缨，介绍经验，做交流。大家的心态变了，价值观变了，以自己的磨砺、锻炼、承担、修为、素养、进步，提升价值取向，人人当主人，个个是校长，视工作为生命，视学校胜家庭，视学生为亲人。

2. 成绩让别人说，不足要自己找

自知者英，自胜者雄。人生其实就是认识自我的过程，正己化人，与自己的过失斗争，敢于正视自己的不足，敢于改正自己的错误，不进步就不可能。人的一生就是修正自我的一生，见贤思齐，见不贤而自省。吾当三省吾身，教师每上完一节课，都有课后小结，课后一得，课后一失。教师自觉听课，寻师拜艺，借鉴吸收，自己的课邀领导同事来诊断，向外来参观者求教拜师。在杜郎口中学，外来专家不断上门来，不失时机地倾听、接纳，教师外出机会多，耳闻、眼看、脑动、心记，手做。近八年的一天两次反思会，更多的是建议，是自我反思、自我批评、自我纠正。从他律到自律不仅仅是一种方式，更是一种风格，是一种智慧，是一种觉悟，是一种形象，是一种习惯，是一种作风，是一种人格。

3. 品格提升才能更好地做好本职工作

爱国爱民先从孝敬开始，前些年有些教师外出讲学，对方赠送礼品，回来后先给孩子，我教育大家，百善孝为先，心中时刻惦念老人，把赠送的或自己购买的礼品送给老人，不仅仅是物质，更是亲情、孝道。一个不孝的人，不可能爱学生，爱他人。现在全校教职工都能孝亲。诚信是成功人士必备素养，言行一致，表里如一。时间守信，我们近十年都不再签到，因为全体人员都能提前到岗，没有一位迟到旷班现象。言语守信，对学校、对学生承诺的必信，教师说自己是学生学习的首席，皆能接受学生的考察，用事实说话。行为守信，班主任比学生起得早，与学生一齐列队做操，餐厅就餐，教师从不剩汤剩饭剩菜。人格守信，老师互相谦让、尊重，从不争名争利。自己吃常人不能吃的苦，受别人难受的难，从不叫苦喊冤。利益让给别人，委屈留给自己。

细节决定成败。每周学校有专门检查组到教师宿舍检查家庭卫生，及时通报。教师着装打扮学校有要求，私家车不干净要处治。办公室人走桌净，会议室开会人群中从不空一格。教师的发言全部都脱稿。校园有垃圾主动拾取放垃圾桶。

（三）课堂改革势在必行

1. 课堂为学生终身发展奠基

人生需要勤奋、独立、自主、自信、坚强、创新、协作等各种素养，绝不是只为知识，做题，考试，升学。课堂是一种渠道，是平台，是载体，培养磨砺学生各种能力才是目的。最近几年我们悟出：教师的最高师德是善良，善待学生，就是让学生在课堂上自由民主地发言展示，释放每个学生的潜能，解放学生的身心，让其天性得到发挥，营造氛围，创造机会，让学生尽情地彰显自我才干，接受众人检阅。进取、向上、要强、竞争本是学生的本性，教师最大的作用就是尊重、保护学生的本性，甚至启迪学生因受打击而泯灭的好奇心、争胜心，唤醒沉睡的巨人，让其恢复、萌发不甘人后的强大生命力，为之助力加油，学生的好强争胜，力争上游，产生强大的自信心是课堂的灵魂。

当学生因自己的讲、析、辨、竞、做等而备受大家认可时，心灵的触动、感动、激动、打动是课堂的主旨，因此而引发学生的自主性、自强心、能动力是教学的不二法门。学生情绪的高涨，心灵的呼唤，自动出击而引发的学习的自觉，做事的严谨，勤勉的态度，竞争的意识，扎实的作风，不达目的誓不罢休的人生价值，是多么珍贵、多么难得！

2. 激活思维，激发兴趣

学生具有强烈的表现欲望。每个人都愿意把自己的才华、观察、理解、体会、发现、创意、奇思妙想表现出来，接受他人的关注，接受他人的评价。

同学们在课堂上多么想证明自己的存在啊！其实，课堂的最大效能就是提供学生表达自己见解、表现自己作为、表演自己精彩的舞台和阵地，这样才能达到学生开口、开心、开窍！

1997 年 4 月 28 日，我由小学副校长来杜郎口中学当校长，我每每到教室里听课，睡觉的、做小动作的、心不在焉走神的大有人在，高年级的学习状况甚至还不如低年级的好些，我把这些"问题生"召集到办公室，问："你们是毕业年级，面临中考，怎么还睡觉？"他们的回答让我震惊："校长，我来学校是来学习的。在教室里应该好好学习，不应睡觉，可是老师讲的我一句话也不理解，不能自已，所以睡着了。"由此拉开了我们教改的序幕，课堂不看教师讲得多精彩，而看学生表现得是否主动，学生学习的天敌是依赖，教师教学的最大悲哀是包办！把学生学习的时间还给学生，把学生学习的空间还给学生，把学生学习的自主还给学生，把学生学习的成功还给学生，把学生学习的乐趣还给学生，学生才会把学习变成自己的事！

十一、自主教育，学生为本

（一）理念引领，以生为本

教育理念：以人为本，关注生命。

教学宗旨：快乐学习，幸福成长。

课堂主题：人人参与，个个展示，体验成功，享受快乐。

教学意图：激活思维，释放潜能；自主学习，个性发展。

培养目标：自主自信、自强不息的性格；勇敢有为、探索创新的精神；团结合作、服务奉献的品质。

教学要求：教是为了不需要教，由一个人的积极性，变为几十个人的积极性；把学习变成学生自己的事情。

教育目的：教育不是把已有的知识储蓄到学生的头脑里，而是把学生的创造力诱发出来，学知识是为了长智慧。

学生、教师、课堂的转轨：

学生：由接受知识的容器变为有自主人格的人；

　　　由对考试的准备变为对人生的理解；

　　　由对知识的背记变为规律的总结；

　　　由内向羞涩变为勇敢大方；

　　　由自私变为公益。

教师：由主演变为导演；

　　　由经验变为科研；

　　　由现成变为生成；

　　　由师长变为朋友；

叫停需整改课堂

由老师变为学生。

课堂：教师由传授者变成策划者；

一言堂变为百家鸣；

单纯知识型变为知识能力情感型；

唯一答案、标准答案变为多种解答；

整齐划一变为灵活多变；

精英式变为大众化；

死记硬背变成体验感悟；

听说读写深化为演、唱、画、作；

接受式变为探究式；

安分守己变为超市自选。

（二）创设环境，解放学生

世界教科文组织在《学会生存》中指出："教育即解放，解放人的潜在能力，挖掘人的创造能力，促进人的全面发展。"我校为了适应学生的发展，促进学生的发展，在教育教学的环境中做了一些改变。

1. 撤掉讲台，搬走讲桌

从 2003 年开始，为了发挥学生主体地位，让学生成为课堂的主人，规律让学生自己去发现，方法让学生自己去总结，思路让学生自己去探索，问题让学生自己去解决，撤掉讲台，搬掉讲桌。教师成为引导者，策划者，参与者，追问者，合作者；学生成为探究者，研讨者，体验者，表达者，创造者，成功者。

2. 取消插秧式课桌排放，变为以小组为单位对桌而坐

合作学习，学生之间强强、强弱、弱弱，师生之间和组别之间开展相互质疑、相互探究、相互融会、相互悦纳、相互补充、相互碰撞，达到百家争鸣，感染促进，双赢多赢。教师吸纳借鉴学生的见解、思路，使自己的专业知识水平提高。优生通过与对手切磋、"过招"增添新鲜血液，通过对弱生的帮扶，更能把握事物的本质规律，方法技巧进一步巩固、拓展。弱生通过优等生的帮助，迷茫变得清晰，疑虑变成具体真实，尤其是通过诸多层次的立体式接触，实现了优秀生的自尊，中等生的自强，薄弱生的自信，真可谓皆大欢喜、合作共赢。

3. 增加黑板，提高板面利用次数，短平快实现了课堂效益最大化

杜郎口中学各班教室的黑板多：前黑板，后黑板，北黑板，走廊黑板。有参观者说，该申请世界吉尼斯纪录。黑板是学生用笔来表达自己学习成果的平台，是建立自我反馈和知识训练及巩固的阵地，是产生自信、增强学习能力的神板。用山东省教科所原所长王积众的话说：不能把教室内外的"四面黑板"等同于学生的练习簿，它有三个作用：第一，通过黑板上的展示，学生基本上能够当堂完成作业，经过教师和学生的相互批改，做到了学习的及时反馈、知识的及时强化和巩固；第二，学生把自己的所见、所思、所想写到黑板上，起到了同学之间相互交流的作用，因而也就拓宽了学生彼此的知识面；第三，给学生提供了一个锻炼写字的机会。通过在黑板上书写，提高了学生的硬笔书法水平，有效地解决了人们普遍担心的计算机时代学生不会写汉字的问题。

4. 把时空还给学生

杜郎口中学的课堂把时间、空间还给了学生。杜郎口曾经制定课堂"10＋35""0＋45"的时间规定。在改革初期，老师讲，学生听；教师写，学生抄，学校不让讲就偷着讲，不让站到讲台上讲就在学生中间讲，甚至有的教师还派出哨兵来对付领导查课。于是校委就出台了"0＋45"，即课堂上凡知识性的不准教师讲，教师可

在"杜郎口中学十年课改成果展"上谈高效课堂

以以学生的身份参与到小组中进行讨论，发表自己的观点，是学生中的首席。到了2002年，老师们找到了新课程的感觉，进入了改革的角色，我们又提出了"10＋35"，即一节课中教师占用的时间等于或小于10分钟，学生占用的时间等于或大于35分钟。时间是检验学生是否是课堂主体的试金石。把空间给学生。学生为了学习可以随意走动，到黑板上写、画、作、练；可以下桌到另一个同学或老师那里请教，几个学生可以走出教室去排练课本剧。有的同学在黑板上讲题，全班的同学可以围过来，里三层、外三层，半圆形、圆弧形、方阵形皆可，同学们有创作、有发明，可以到教室的中心"小广场"的聚焦处演讲，发表意见。黑板上书写满了，同学们可以借用水泥地面权当黑板。课堂上学生无拘无束，没有清规戒律，更看不到教师的一统天下，有的只是学生们心灵相约、感情奔放。普通的学生要我学，优秀学生的我要学，杰出学生的要学我。可以毫不夸张地说，杜郎口的孩子们人人是优秀者，个个是杰出者。

5. 形式多样，自主发展

杜郎口中学的课堂上，只要有利于学生的学习，有利于学生的创造，有利于学生的发现，有利于学生的生成，我们都给予支持。我们坚持相信学生、发动学生、依靠学生、发展学生的教学原则，学生在课堂上自主发言，声音洪亮，生龙活虎，欢呼雀跃，争问抢答，你追我赶，讨论热烈，辩论激烈，笑逐颜开，热闹非凡；讲、析、问、辩、演、唱、画、作，课本剧编排，擂台赛，情感激励，自我发现。感动、生动、活泼、精彩成为课堂的主旋律，动态的课堂、成果的课堂、情感的课堂、快乐的课堂、精品的课堂、深化的课堂成为课堂的追求。学生动起来、课堂活起来、效果好起来成为课堂的特色。

6. 预习、展示、反馈成为特色课型

预习——明确学习目标、生成本课题的重难点并初步达成目标。我们坚持没有预习的课不准上，预习不好的课不能上。预习与否，预习效果如何，直接决定着展示课能否获得成功。基本操作步骤是：①师生共同明确预习目标；②教师提出预习要求和预习方法；③教师出示预习提纲，做好预习指导；④学生收集各种信息，做好双色笔记；⑤小组反馈预习疑难，师生共同解决。

展示——展示、交流预习模块的学习成果，进行知识的迁移运用和对感悟进行提炼提升。我们遵循这么一个展示原则：在预习过程中，学生都会的不展示，遇到困难比较大的，能培养学生创新能力的内容将是我们展示课重点的展示对象。有了预习课的充分准备，我们的展示课完全变成了学生的天地，变成了学生才能的展示舞台。在展示课上，教师分配完任务后，学生讲解，学生点评，学生反馈，展示是对预习的升华，是培养学生能力、展现学生才能、树立学生自信的有效途径。

反馈——反思和总结，对预设的学习目标进行回归性的检测，突出"弱势群体"，让他们说、谈、演、写。在每节反馈课上，注重体现：重点学生（弱势群体）和重点问题；让组中的同学进行帮扶；教师通过学生板演进行检测的同时，发现学生存在的问题，及时对学生因材施教。从而达到"兵教兵""兵练兵""兵强兵"。

（三）体制变革，机制保障

改革历经十几年，其中促进改革深化、成功的是体制的转变。

1. 班主任的把关课

班主任不仅是学生纪律、卫生、学习、文明礼貌等的管理者，更是班级教育教学的管理者。坐班听评课是班主任的基本工作，每周听评课在 5 人次以上，召集本班教师进行听评课，对共性问题进行研讨，调度相关教师进行整改，推出优秀教师示范课。年终对班主任的考核主要依据本班教师的教育教学工作。

2. 级部主任的反馈课

级部主任聘任班主任，每周在本年级听课 7 节以上，把教师的课堂情况及时地反馈给班主任、学科主任。级部主任通过对教师课堂的评价，分别对班主任进行量化，听的是教师的课，评价的是班主任，这样进一步促进了班主任对教师课堂的管理，强化了以班为单位的团体合作精神的形成。

3. 学科主任的科研课

2004 年以来，我们把教务处的职能转化为学科管理，因为教务处对教师的教育教学管理有心无力，于是学科主任承担全校本学科的教学管理工作。学科每周例行 3 节公开课，即优秀教师的示范课，一般教师的研究课，薄弱教师的提高课。除此之外，学科主任还主持三个方面的教研工作：一是学科内的业务论坛，针对共性问题，群策群力想办法找措施攻克；二是结合本学科特点创新课堂，打造自己的特色课；三是做好帮扶工作，优弱结成对子，制订以周为单位的提高计划，选好突破口进行提升。

4. 验评组的考核课

验评组是验收评估小组的简称，业务校长是组长，文理两科各有 4 名成员，每天听评课在 5 人次以上，利用每日上、下午课前的反思会，及时反馈教师课堂情况，每周把教师的上课情况对年级、学科进行量化评比。

四位一体地抓课堂，班主任抓好本班教师的课堂创新，级部主任抓班主任，学科抓本科教师，验评组抓年级、学科，人人都是管理者，个个都是科研者。

（四）强势推进，走向自主

教改工作难度大，涉及教师教学理念、行为、组织形式等诸多因素，没有学校的重大举措很难推进。

1. 层层带动，全面推行

领导班子的观摩课，骨干教师的示范课，普通教师的达标课，薄弱教师的过关课、整改课、跟踪课，每月一轮。

2. 一谈二警三停

一谈：第一次课堂不达标者，谈话，谈课堂要求，谈教师角色，谈学生表现，谈课堂程序，谈教改意图等。

听自主创新课

二警：第二次再不达标者，要在学科组会上予以警告。

三停：如果第三次还不达标，该教师停课一周，专门进修课堂技能，听课、学教改理论、业务主任做专题辅导等。

3. 加大课堂在考核中的比重

课堂教学占到百分考核中的 50 分，对课堂评价随时间推移略有改变，但主旨没有动摇，那就是课堂不看教师讲得多么精彩，而是看学生学得是否主动。

杜郎口中学多年来已构建起多样的课堂评价体系。

2006 年 2 月，杜郎口中学对课堂标准做了进一步说明。

（1）预习交流（5 分钟）。

"代表""结队""笔记展示"等。厘清预习内容中的要点，准备素材，尤其是小组负责人检查中下学生的把握情况，订正。"说""校""查""览""写"关注中下小组长作用等。

（2）确定目标（2 分钟）。

①学生提出；②教师修改，补充；③板书到黑板或写小黑板或直接亮小黑板或多媒体演示；④检查掌握情况。

（3）分组合作（8分钟）。

①师分配任务，细细加工，最好专题化为优。具体明确，提出要求（1分钟）；②学生以小组为单位完成。"代表"（优生），"对子"（优、差）。黑板板示、设计、独立读、写、构思、创意、单人、集体、下桌、出教室、（个体、双人、多人、桌上、桌外、生师、黑板、读、演、画、作、室内、室外、思路、作品、道具、教具、情感等）（5分钟）；③小组策划，准备展示的精彩，注意中下学生的参与（1～2分钟）；

（4）展现提升（15～18分钟）。

①以小组为单位，解答。黑板前讲解，学生中间分析（显要位置表现者为演员，其他学生为观众，畅谈心得、思路、步骤、体会），还可以有更多形式出现，如小品、歌曲、相声、快板、朗读、作画、美文。注意学生参与的面，优中差要有机会，根据学生的表现，适时鼓掌。②同学们表演完后，教师、学生可做点评，有的也可以反问、追问，让同学们深层次探究问题。③双质量必须保证，一是对知识的归纳、总结、特征、规律，还有进一步的启示、感悟、联系实际等。二是学生的语言、神态、动作、情感、书写等，这一环节是课堂的重点，也是艺术设计，享受快乐的一大环节，不管是备课，还是预习，以及课前与学生的沟通，再加上平时上课的精彩积累，以及对学生的场外指导等，都是非常必要的。

（5）穿插巩固（5分钟）。

①外组同学的掌握、讲、写、悟；②延伸、创新等。

（6）达标测评（5分钟）。

①基本问题；②拓展问题；③注重差生的检查。

2006年10月，杜郎口中学又制订了关于课堂评价问题的补充说明。

（1）对于文本的挖掘。

①学生对文本的理解是否深刻：有自己的认识，观点，能够分析，结合事例表述、板演、绘图、感受感悟，艺术形式表达、写作、制作、实验、多媒体、录音、辩论等；②寻求方法，发现规律，总结特征，概括重点；③举一反三，拓展演绎，深化提升，形成自己的人生观、价值观，情感流露。

（2）课堂形式。

①合作学习。兵教兵、兵练兵、兵强兵，弱生积极参与，气氛浓厚，人人踊跃；

②个体展示，分析、表达精辟，语言通达流畅，声音洪亮，无语病，尽可能到黑板前或聚焦处锻炼同学们的演讲、说理、辩论的能力，声情并茂，动人；③板面设计精彩、美观、规范，横平竖直，作图科学，重点突出，图文并茂；④点评恰当，突出要点，重在本质规律，被点评的同学要有表示，或口述或板演，要当即纠正其差错；⑤每节要有总结、反思、测评。

课堂评价标准，关系到什么样的课堂是最佳课堂，什么样的课堂是最差课堂，具有导向作用。

（3）保留师生的成长记录。

为把教师历程中的瞬间记录下来，在学校策划筹备下，我们开展了一些有意义的活动：

①教师每日写拓展记录，把教学中所见、所闻、所思、所感、所想都及时记录下来。

②教师们把课堂实录、教学随笔、论文、体会、备课、成果生成记录下来，现在我们与出版社合作分别出版了《课堂的哥白尼革命》《杜郎口课堂宝典》、校刊《自主·求真》等。

③每周录制有代表性的各科课堂光盘，记录下我们用心血凝成的轨迹。

④校报。每周师生共同撰稿的"探索·创新"周报，记录下师生的教学感言、师生心语，把开放课堂给我们带来的新气象及时报道出来。

⑤办公楼、教学楼、实验楼的走廊里没有伟人名言。代之而来的是学生、教师们的教改格言："我参与、我快乐、我自信、我成长。""我的课堂我做主，我的命运我把握"。

（五）下步发展"十忌"

某些课堂或多或少存在问题，下步的发展要做到"十忌"。

1. 课堂气氛沉默

根源：教师统得过死，不放手发动学生，时不时地自己站出来，越俎代庖，无意之中压制了学生，限制了学生，学生机会少，表达的愿望逐渐萎缩，变成了看客、旁观者。

解决办法：教师彻底解放学生，首先把话语权还给学生，创造一切机会让学生

领导激励孩子们成长

去说、大声说，只有敢说，才能引发学生主动去想，为了说得好、说得精彩，他们才会动脑思考。说白了，上课就是创设氛围，互相感染、互相激发、互相影响、互相碰撞，形成感动、生动、激动。

2. 提问

课堂是一个自由、互动、自我展示、汇报成果的舞台，而不是接受、点将、约束、压抑、等待。课堂最大的功能，就是培养学生的自信，学生的自信来自情不自禁的愿望，随心所欲，现场表达，精彩展示，张扬个性。

3. 回答看稿

课堂是学生能力成长的地方。看学生能力的高低，最明显地看学生的口语表达，脱稿能够训练学生的思维能力、逻辑能力、记忆能力、分析能力、争辩能力、说服能力，总之是生成智慧的具体标志与体现。全校齐动员，我们要强烈呼吁"不脱稿不讲话，要讲话必脱稿"。

4. 演讲口语

"口语"是一种交流中的疾病，每位教师都要把制止"口语"当作"课堂文明"来认识，根除口语人人有责，使表达语言流畅，声音洪亮，抑扬顿挫，肢体语言、面部表情深入其中。

5. 形式单调

形式单调的原因在于教师备课中没有涉及此项内容，尤其是有的老师成为课堂的主持者、把持者，学生的意愿被剥夺，灵性、特点被毁灭。同时间内生发不出若干种适合学生学习的形式。

6. 没有点评

激情要靠赞赏，主动取决认同。没有点评的课，就像收粮食的布袋底上开了口一样。点评能给人辨别方向，给人一种成功的归宿，能给人深邃的内涵。从某种意义上讲，点评、追问是一节课是否成功的标志。

7. 没有随意利用板面

板面是反馈、拓展、交流、展示的平台。板面的利用，应该成为一种自然、和谐、随意、及时、没有要求，不再是一种强制任务。愿写就写、想画就画、挥毫泼墨、尽情书写。

8. 无个体展示

一节课中，个体展示是亮点，是高潮，是形成自主自强、勇敢有为人格的重要途径。每节要设定重要篇幅对学生个体展示，以此来促成学生性格的铸就。每组有代表，好中差做好结合，体验个人价值，产生强大的表现欲。课堂的重要意义就是培养学生的主动意识。

9. 没有主见

学知识是为了形成自己的观点，用知识、事例、公式、定理、法则来表达自己的看法，切忌雷同、照抄、复述。一切课成功与否，看是否有不同的认识、思想、观点、方法。

10. 无准备，硬逼哑巴开口

预习、复习、练习、反思、梳理、素材、事例准备不充分，或者学生根本没有反应过来，让学生即时作答，学生无话可说、无词可讲，很是尴尬，这也是造成冷场、学生没有热情的主要原因。让学生有精彩发言，最好让学生先动笔，记录下将要回答的要点、提纲等。

（六）下步发展打算及设想

培养学生能力，实施素质教育，下步发展打算及设想主要包括以下几方面。

1. 自我学习

能够自主、自觉、自愿、自省、自理地学习，学习是自己的事情。

2. 敢作敢为

敢想、敢答、敢演、敢创，敢字当头，勇于表现。

3. 感知知识

运用知识迁移，尝试、体验、总结，归纳、分析、领会，学会搜集信息。

4. 整理笔记

记录要点、中心句、易错易混的难点，对自己有影响的内容，喜欢的格言警句等。

5. 联想拓展

社会生活、热点分析、经典再现、探索发现、人生感悟、科学推论等。

6. 作品呈现

通过对知识的理解、把握，自己创作，或编题，或解读，或应用，或课本剧编排，或诗歌、范文，或小品，或制作、发明等。

7. 交流合作

生生、生师、强强、强弱合作，通过网络等开展切磋、研究、借鉴、取舍、优化、补充、修改、锻炼。取长补短，共赢并进。

8. 善于表达

语言流畅、声情并茂，能够充分运用身体语言，书画美观、演艺精彩、感染人、教育人、影响人。

9. 方法科学

学会学习，用科学的方法论、辩证的哲学思想去把握知识的脉搏，目光远大，厚积薄发，思维敏锐，逻辑严密，学以致用，创新图强。

10. 铸就人格

形成正确的人生观、价值观，胸怀大志，爱党报国，落落大方，举止文明，做事严谨，学习得法。

十二、自主教育领导班子"五力"

中国教育学会原副会长郭振有来到学校听课后，用三句话进行了评点："课堂模式的革命性变革，创新教育的原创性典范，素质教育的成功之路"。山东省省委副书记用"112"来总结，第一个"1"即"抓住一个主题——素质"，第二个"1"即"激活学生的一个学习原动力——兴趣"；"2"指的是"素质教育与应试教育的和谐统一，老师的教和学生的学完美结合"。现在全国有影响力的四十多家媒体对杜郎口中学教学改革进行了报道。其实我们的课堂教学只是把学生学习的欲望和学习的动力激发起来，这不是一个新篇章，尤其是现在越来越多地谈到素质教育，那到底什么是素质教育？前段时间，我到天津参加全国初中课堂研讨会，在研讨会上有洋思、东芦、杜郎口中学的各两名教师上课，我们学校两位教师的课受到了各位专家及领导的赞赏和鼓励。中国教育学会第六届的副会长陶西平说："应试教育是力图在课堂上把问题解决掉，也就是没有问题的教育；而素质教育是让学生在课堂上发现问题、分析问题、解决问题，在解决问题过程中，又进一步去发现新问题。素质教育就是带领学生一步步地由旧问题到新问题，不断产生问题的教学过程。"我们山东省原教科所所长王积众用一句非常贴切的话来评价我们学校就是："杜郎口的课堂用一句话说就是由一个人的积极性变为几十个人的积极性。"一个人就是老师本人，几十个人就是老师和全体学生。让学生把学习变成自己的事情。

通过十几年的教学改革，越来越多的经历证明了学校管理的成败在于领导班子，因为我们学校和周边许多所学校在师资水平、办学条件、生源状况方面相比没有多大差异，所以在条件相当的情况下，成与败就在于领导班子的建设，对于领导班子我考虑到了以下五个方面。

（一）人格的感召力

我觉得人格的感召力和制度的感召力各占两个方面，人格这一方面对老师的影响力更大一些，在这一方面我深有体会。到目前为止，我从事校长职务已经有十多年的时间了，在这十几年来，为了给优秀教师节省出更多奖励资金，我在1999年第一个学会了电气焊，带领领导班子和教职工自己动手修整学校的一些硬件设施，仅这一项就为学校节省了五万多元资金。尤其是最近几年，县政府因为杜郎口中学教学成绩好，给我校发了奖励资金，按规定总数的50％给校长本人，但是我自己没有要过一分钱，总是将我的那部分再重新奖给那些优秀的领导和教师。我觉得校长是灵魂，领导班子是保障。教师是教学的第一实践人，要说有成就也是老师干得好。只要老师们在经济和精神方面有需求，学校就要提供一切保障，现在学校条件好了，老师们的工作服、工作餐问题都得到了很好的解决。

做校长十几年来，我从没到过像样的餐馆吃过一顿像样的饭。每次去茌平县开会，自己总是赶回家来吃饭，如果无法赶回家来，就在小地摊花两元钱吃点饭。每次招待完其他领导后，有剩余的水果我都要送到办公室给其他老师们发下去，让老师们从内心里感到校长的心里装着他们。实际上这十几年来，我就做了两件事，第一是对老师工作的严格要求，在工作质量面前不允许一个同志掉队。第二是让老师们有尊严地、幸福地生活。我们校长要创造条件，对那些优秀的老师进行物质的、精神的奖励。教师的发展由对物质的要求变为对精神的需求，就达到了一个很高的境界。以前，我们的老师干不上去，就找这样那样的客观理由。后来，老师反过来，自己工作失误了，他主动到有关领导那里去检讨。现在又发展到了老师一节课没上优秀，在反思会上，他站在全体老师面前进行自我反思、自我检讨，甚至掏钱自罚。这也就由他律变为了自律，老师的品位、境界、心胸得到了空前的提高。之所以现在学校老师们有如此境界，实际上就是在学校领导人格魅力的感召下形成的。

（二）行动的说服力

我一直告诉我们的领导班子成员，一定要有自己的本钱。我曾经提到"四有"，即"有品格、有本钱、有思路、有力度"，其中在这"四有"当中一个非常关键的因素就是"有本钱"。前几年，因为师资短缺，教师生病住院等，我本人曾经上过物理、几何、历史等六门课。只要缺人，我又没有外出开会，我就可以带这个班。实在忙不过来，学校领导讨论研究，我就再拿一部分钱来，在社会上招聘代课教师。2005年以前，我每年听课都在1 000次以上，我把自己的办公室挪到了学生的教室。现在张校长是全校教育教学第一责任人，是初三年级主任，是初三（二）班的班主任，是初三年级六个班的地理课教师，是学校评估验收小组的组长，每天工作十几个小时，从来没有叫过苦，喊过累。尤其更感人的是，2002年接手年级主任时刚刚结婚，她就做丈夫的思想工作，在三年的年级主任期间暂时不要孩子。一开始丈夫不答应，她就连续做了两周的思想工作，总算做通了。2006年她担任业务校长，怀孕十个月仍坚持查课听课，每上一个楼层都要休息两三次。眼看就要临产了，我劝她到医院检查检查，到家里休息休息，她不肯。后来一次在爬楼的时候身上来了血，学校赶紧派车匆匆忙忙把她送进医院。暑假休息了两个月，开学前五六天她打电话说她要来上班。我说产假应该是五个月，你现在还不到两个月，她说她在家里待不下去，一天不到学校就挂念。开学初，由于公公患了脑出血，婆婆不能离开，她只好临时找一个保姆，将只有两个月的孩子断了奶。后勤校长陈爱博，在县卫生局、教育局联合检查时，查出一处死角没有做好，检查组走后他给我写了一封信："第一，我的本职工作没有做好，请把我的后勤校长降为后勤主任；第二，在我的工资里每个月拿出200元作为我对自己的惩处。"我看后非常感动。现在除了我，我们全体领导班子成员都带一个教师的标准工作量的课。

身教胜于言教，让自己的行动去感染人、打动人，成为每个老师可以模仿的典范。我们又提出了领导班子成员必须是优秀教师，不是优秀教师的不能进入领导班子队伍中去。现在有五个领导班子成员走到教师岗位。他们有的是管理出了问题，有的是在做教师方面不够优秀，有的是自己的教学成绩远远落到了别人后面。

（三）对问题的洞察力

我觉得作为一个领导，问题意识能够树立起来是做好工作的一个大的前提。例如，我每次到课堂不管是坐下来听一整节课，还是只到班上听五分钟，我总能发现其中很多的问题。前两天，地理课教师李洁，在上多媒体课时，向阳面的窗帘没有拉上，屏幕画面不清晰。到另一个班去看，许洪英老师要求学生都在课桌上认真读课文。在传统教学课堂上这一点是没有疑义的，但是在我们的课堂里要求在同一课堂内对同一内容的理解可以利用不同的形式。有的愿意读就让他读，有的愿意写写画画就让他抄写，有的可以两个同学相互讨论。我们的原则要求就是在同一时间段内一定要运用不同的学习方式，不能单一。在有的课堂中，学生在发言时不能脱稿。我们要求学生的发言一定要站起来按自己的理解感悟脱口而出。有的老师不这样要求，让学生拿着自己的预习笔记念，这是不允许的。有的运用版面不充分，有的学生在交流中口语语病非常多，不流利，没有一定的顺序等。

作为一个领导，对问题发现的敏锐性和洞察力是做好工作的一个大的前提。有好多领导漫不经心，整天在这个环境里工作却发现不了问题。有一本书上说："人分为三类，普通的人发现不了问题，优秀的人能够经常发现问题，杰出的人能够解决问题。"一直到现在，在我的眼里、脑海里、心里，一直有不满足感。记得有一次《中国教师报》的记者采访我，"经过这十几年，你们从一个薄弱学校变成了今天全国名校，你对此如何评价？"我说，"如果按百分制来讲的话，我们的成绩仅仅是五十分，因为它的问题太多了。"实际上一个学校的成功，一个学校的发展，就是在不断地发现问题、分析问题并及时地解决问题。在这个过程中由弱变强。有一次我看到初一（二）班门牌上掉了一个螺丝钉，门牌变得有点倾斜，我就在这个教室旁边专门对这个问题召开了全校教师会议，对初一（二）班班主任同时也是年级主任提出了严肃批评。人与人之间的差距不在学历上，不在能力上，就在对问题发现的及时度、敏锐性上，所以这一点是非常关键、重要的。

（四）发展的引领力

杜郎口中学的发展是动态的，没有不变的规律。所以，作为一个校长，作为一个主任，在学校的发展过程当中一定要提出自己的策略，比如学校改革过程中提出的口号就是不断变化的。从1998年改革提出的"学生动起来，课堂活起来，效果好起来"到"动态的课堂，情感的课堂，成果的课堂"再到后来"快乐的课堂，精品的课堂，深化的课堂"。现在的课堂用八个字来表述，就是学生要"主动、生动、活泼、精彩"。在课堂上一定要让学生主动、生动、活泼、精彩地来学习。我给老师们说，如果用四个字来定位我们的课堂的话，就是"轻松、快乐"。这样，学习在课堂上才能非常自如和自主，没有压力。所以，学校在每个时期都要提出一些民主的、有说服力的策略规划，包括对老师的管理，我们设计了这么一个思路图，他律－自律－律他，由制度的管理和领导的制约转化为自觉行动，人人是学校的主人，要把自己视为学校的校长，不管你是初一的老师还是后勤的一名普通人员，你就是校长，要用校长的态度来做事，那就没有做不好的。在自律做好后，把自己的形象树立起来，然后达到律他，就是用自己的表现、事例来教育他人，激励他人。同时我们又提出了要把学校当作自己的家，把学生看作自己的亲人，要把工作视为自己的生命，要把奉献当作自己的义务。我作为一个领导，一定要随着时代的发展、学校的现状，及时地提出自己工作的规划、策略和谋略。

（五）决策的执行力

作为一个单位，不管它是大还是小，效果的好坏就在于决策者的思路和策略执行度。现在来我们学校里参观的好多同志在这里最大的感触就是，校长在一个区域里有一个思路，向有关的领导班子发布一条信息，有关领导班子成员就会及时地在老师这个层面里进行落实。今天晚上布置的任务明天必须要全部落实，同时在执行力度上，我曾提出一个"大于号"问题。要求我每布置一项工作，到副校长那里要完成11、12分，到中层领导那要达到13、14分，到最基层要达到14、15分。如果我们每人都按照这个思路和要求去教学，那么就没有做不到的事；反之，有关的制度、要求、意图如果得不到及时地落实，我们的工作就无法开展下去。从能做事到会操心，又是一个飞跃。所以我们追求高的品质，打造名牌学校，每个教职工都要在后三个字上下功夫，那就是说人人要"会操心"。现在我们一个很大的有利因素就是，我们每天有两次反思会，在每天的反思会上，我们把上半天存在的问题、出现的漏洞及时地提醒有关部门负责人，让他们能够在第一时间内按照信息及时地将出现的问题解决了。

十三、自主教育培养创新型人才

几年来，我们杜郎口中学在教育改革的实践中，不但注意培养学生的自主学习能力，而且注意培养学生的以自信、勇敢、乐观、坚韧为核心的创新精神。

学生自主学习的过程就是培养学生自信心和创新能力的过程。在杜郎口中学的课堂中，学生就是主人，是主角，课堂四十分钟都是围绕他们展开活动。学生们可以相互讨论问题，可以彼此提出质疑，可以拿起神圣的教鞭为自己的同学讲解自己的答题思维。根据理解教材内容的需要，他们还可以自编自演一些小节目，诸如朗诵自己的诗歌，可以唱歌、跳舞，还可以几个人合作演出小品。在课堂上，学生们

在教育发展战略论坛上讲杜郎口中学发展规划

真正做到了我参与，我快乐，我展示，我精彩，我自信，我成功。当众演讲对于没有训练过的学生来说是多么困难的事情，但对于杜郎口中学的学生们来说，却是驾轻就熟，游刃有余。李承楷是从河北省磁县转过来的一个学生，她的性格极其自卑和孤僻，她刚转过来的时候与杜郎口中学的其他学生格格不入，课堂上不发言，不板演，不合作，课外不交流，不活动，她的班主任老师为她制订了具体的帮扶计划。在一节英语课上，握住她的手，鼓励她站起来发言，同学们也都在为她鼓劲，她终于站起来了，教室顿时响起了一阵热烈的掌声，课后，这个学生饱含热泪激动地说："八年了，没有人给我掌声，今天我才知道，原来我也可以赢得掌声。"就是这样，李承楷同学冲破内心的藩篱，成了一个自信的孩子。这样的学习模式不仅激发学生学习的兴趣，而且能使他们发现一个崭新的自我，增强他们的自信心，树立起战胜困难的勇气，从而形成一个积极向上、勇于创新的健全的性格。

老师们在参与学生的自主学习过程中，注意培养学生克服困难的勇气和敢于创新的精神。学生自主学习的过程就是一个不断克服困难的过程，老师在学生遇到困难的时候不是站出来替学生解决困难，而是鼓励、引导、协助学生解决这个困难，老师就是解疑释惑的，但你说"替"学生解疑释惑，还是"帮"学生解疑释惑，一字之差体现了教师在教学理念上的天壤之别。"替"学生解疑释惑，锻炼的是老师的

大脑，"帮"学生解疑释惑，锻炼的才是学生的大脑。学生只有在自己动手动脑的情况下才会培养自己的学习能力。学生学习的天敌是依赖，老师教书的天敌是包办，只教学生学会了是低层次的教学方法，只有教会学生会学了，才是高档次的艺术。这是我们衡量一个老师是否合格的标准。学生是在老师的帮助下，实现自我突破，养成自己解决难题的习惯，在老师的帮助下，学生掌握了"渔"的本领，就不愁以后没有"鱼"吃。经过课堂的自主训练，杜郎口中学的学生对学习上的困难保持了适度的兴奋，就像飞鹰看见兔子那样的兴奋。朱中凯同学善于动脑，他利用家中荒废的小喇叭发明制作了功能录音机，这样勇于挑战困难的学生，继续求学则学业有成，以后走上社会则可以创出一番轰轰烈烈的事业来。

学生在参与学校管理和班级管理中得到了锻炼，杜郎口中学大胆地把学校的一些事物交给学生管理，学生自己组织课间操，不断推陈出新，每天都有一个学生在舞台上为全体师生表演节目。课外活动更是丰富多彩，诗歌朗诵会、政史地知识竞赛、乒乓球比赛、科技创新大赛等活动，都搞得有声有色，学生们从中得到了锻炼。庞丽丽同学是我校2004级八班的一名学生，她考入茌平一中后就马上参加军训，由于当时各班还没有来得及配备班干部，军官在管理学生时就比较费劲。庞丽丽同学不忍心她所在的班级处于混乱状态，就主动站出来自荐当班长，她大声对她的同学们说："我是杜郎口中学的毕业生，我要带领同学们在军训中取得最好的成绩。"七天的军训结束了，她带领的班级以绝对的优势取得了全校的第一名。

一个国家想跻身于世界先进行列，就必须是一个创新型的国家，而创新型的国家必须有创新型的人才去建设。什么是创新型的人才？一方面，要有良好的业务素质，掌握某个领域的技术技能；另一方面，要有良好的心理素质，自信乐观，积极向上，坚忍不拔，百折不挠。创新型的人才是具有健全性格的人，是情商大于智商的人。杜郎口中学培养出来的学生具有创新型人才的潜质，他们热爱挑战，自信勇敢，勇于探索，从这方面来说，杜郎口中学的素质教育改革，承载了更多社会的责任，更能够体现教育的本质，培养学生的创新精神是我们永远的追求！

十四、自主教育实现理念与管理的完美结合

经过十多年的探索与改革，杜郎口中学确立了"以生为本"的教学理念，学生从传统的教学中解放出来，成了课堂的主人。他们不但在学习上完全自主，而且学习的过程也是愉悦的，充满激情的，富有感染力的。如果把这些看作杜郎口中学教改的全部的话，那么只能说明你对杜郎口中学还不够了解。杜郎口中学在长期的实践中形成了有自己特色的行之有效的管理模式。正是因为我们实现了理念与模式的完美结合，才成就了杜郎口中学今天的辉煌。

（一）领导是标准

一个单位的领导就像一列火车的火车头，你是内燃机车的火车头，你就有内燃机车的速度，你是动车组的火车头，你就有动车组的速度。一位合格的领导，我认为要具备人格的感召力。古人云，良禽择木而栖，良将择主而事。同样，老师是崇高的职业，他们也愿意与其有人格魅力的领导共事，十几年来，我努力用人格的感召力去调动老师的工作热情。由于工作需要，我经常到县里开会，散会后总是赶回家吃饭，实在赶不回来，就在小地摊上吃点东西。有时候，前来参观的一些单位给捎来一些礼品，我都毫无保留地分给一线教师。我总认为，作为一校之长，应该让每个老师有尊严地、愉快地工作和生活。投之以桃，报之以李，现在老师都积极主动地工作，如果出现了失误，他就会主动到有关领导那里去检讨，或在反思会上自我反思，自我处罚。在校领导班子人格魅力的感召下，老师们的品位、境界也得到了空前提高。

（二）优秀是旗帜

每个单位都有好中差之分，教师队伍也是如此。作为一个领导，就要善于发挥优秀教师的旗帜作用，把一般的老师都带成优秀老师，让我们的优秀员工像滚雪球一样队伍越来越壮大。如何发挥优秀教师的旗帜作用？我们规定，凡是优秀教师都要带两名徒弟，要手把手地指导，务必使他们有所进步，早日跨入先进教师的行列。

优秀教师还承担着在学校为前来参观的人员上公开课、做报告的责任，让前来参观者，既可以了解我们的课堂模式，又可以了解我们的管理模式。周边的一些省市，像江苏、河北、天津、北京、山西、河南等，要求我们的老师利用周末为他们的学生上课，这个时候，我们总是把我们最优秀的教师派出去。

曾几何时，我校数学组一度陷入教改的困境，很长时间走不出原来的条条框框，学生上课不活跃，老师时不时地站出来替学生答题解疑。针对这一情况，我们充分发挥优秀教师宋斌的作用，由他精心准备，上了一堂别开生面的观摩课，听课老师茅塞顿开，纷纷效仿，数学组长期徘徊不前的局面被彻底打破，很多数学老师从此跨入优秀教师行列。别的学科也是如此。由于我们充分发挥优秀老师的传帮带作用，优秀老师更加优秀，普通老师加入到优秀教师行列，老师的整体素质得到很大提升。

（三）整改是核心

我们这里的老师每天都开两次反思会。反思什么？就是反思自己在课堂上的不足，叫别人指出自己存在的缺陷，然后自己进行整改。这样做的好处是能及时发现问题，及时得到纠正。有人把我们的管理模式称之为方向盘式的管理，你要让车始终沿着正确的道路前进，你就必须随时随地矫正方向盘，不然的话，车就会驶入歧途，甚至跌入深渊。我曾反复对老师讲，如果我们每个人都忽略自己的优点，而把主要精力放在自己的整改、发展和提高上，那么我们将会变得更加优秀，我们的学校还会有更大的发展空间。

我对我们的老师提出这样一个观点，严格是最大的关爱。我们对我们的老师使用了"一谈、二警、三停"的工作机制。"一谈"就是如果哪位老师没有完成课堂目标，有关领导就会找这个老师进行谈话，指出不足之处，下一步怎样改进；谈谈教学理念、教学常规。"二警"就是谈话之后没有什么变化，这个老师就要在全体教师面前进行检讨，说一说自己的整改计划，以此作为警告。"三停"就是仍然不见效果，那就对这个老师停课，把它分配到优秀教师课堂上去拜师学艺。到现在为止，我们学校有 9 位老师被停过课，这件事看起来挺绝情，但当他们谈感受时，普遍认为停课之后他们才开始真正的反思或反省，才真心实意地到优秀老师那里去学习和借鉴。这就是道是无情却有情。

给中层领导谈课堂标准及评价

（四）评价是武器

杜郎口中学这几年的发展得益于评价，我们每天上午下午都有一次重要的评价，验评组有 8 个成员，平均每天要听 5 节课；学科组每周要听评 3 节课，这些课一般是优秀教师的公开课；年级主任每周要在本年级听至少 7 节课，这些课是各个班级各个学科的课。

班主任一职不是传统意义上的只管理学生，而是很大程度上还管理任课老师。班主任有聘任老师、评价老师、考核老师、奖惩老师和辞退老师的权力。班主任是最基层的管理者，对班级的管理是最基本的，还包括卫生的管理、纪律的管理、文明的管理等，班主任还要拿出很大精力对任课老师进行把关，因为对班主任的考评是本班全体教师在这个月、这个学期、这个学年中表现的一个综合的考评与评价。比如初一（一）班共八个老师，他们在课堂上、备课上、教学成绩上，以及在论文方面、课堂实例等方面，都纳入考核范围。还有校文明办的考核，因为学校的黑板比较多，每天都会在黑板上留出空格让学生写自己的学习感悟、心理变化，文明办的责任就是查阅每个黑板的内容，包括室内和室外的黑板。学生处负责常规管理、宿舍管理、卫生管理、纪律管理等。现在我们每天还安排值班校长两人，值班学科主任两人，值班班主任两人，他们的工作全部针对课堂。因为我们的工作核心就是研究课堂，尤其是在听课评课过程中。这样的结果是，无论是评课的人员还是被评的人员都有所提高。

（五）创新是主线

我们正在努力建设创新型国家，创新型的国家要由创新型的人才去建设。什么是创新型人才，关键是勇敢，有胆量，当然技能也非常重要。体现在课堂上，就是学生参与程度高，学习热情高，敢于表达自己的不同见解，有自己独特的思维方式。我们的老师就应该把学生朝这方面引领，这当然需要一个过程。你上课时，学生无精打采，昏昏欲睡，不参与辩论，那么你的课就不合格，就得零分。

一节课中，只有学生在那里活动还远远不够，还要把多种形式综合地运用于课堂，更要有创新型的活动方式。学生可以把课文改编成小品或者话剧，进行二度创作。如学了《藤野先生》一课，老师就可以指导学生编一个《周树人与藤野先生》的话剧让学生去表演，这样既加深了学生对课文的理解，又提高了学生的写作能力。我们的老师准备教案时不能以本为本，而应把教材当作一个工具，去进行广泛的拓展和延伸，按我的话说就是"上挂下联，左顾右盼"，把课本上的知识向四面八方联系。北京师范大学的于丹教授在《百家讲坛》讲《论语》时，一小段文字能讲好几个小时，把文字以外的含义都挖掘出来、解读出来。如果我们的老师能够把一个字解读上几个小时，甚至把整个初中的内容都糅合在一起，那完全称得上"宗师"。语文课上，学生整节课都围绕一个字进行分析研究，在我看来这节课就非常成功。

（六）发展是目的

邓小平同志早就指出，发展才是硬道理。的确是这样，这些年我们学校所做的一切就是想让学校有一个长足的发展，在素质教育改革上探索出一条切实可行的道路来。现在我们基本做到了学生能够成材，老师能够成长，学校能够成功。经过多年努力，学生在以下方面有了新的突破：由知识的灌装桶变成有自主人格的人，由考试的机器变成有思考有追求的人，由内向羞涩的人变成大方勇敢的人，由被动接受型的人变成对知识主动探究的人，由只关注自我的人变成有社会责任感的人。老师的角色也发生转变：由过去的主演变成现在的导演，由过去的经验之谈变成现在有科研成果，由过去用现成的教案变成有作品生成。要想学生有主见，老师的知识含量要大于学生，要属于研究型老师、学习型老师。就如语文课中的作文课，老师应该先写下水作文，让学生学习、借鉴，在教学相长之中，师生变成了朋友。在学校这个层面上，我提出了"日日新、日日清、日日进"的思想。一个单位如果能做到每天进步一点点，那么这个单位将会不得了。让杜郎口中学每天都有进步就是我最大的希望。

路漫漫其修远兮，吾将上下而求索。我们杜郎口中学经过十几年的探索发展，积累了一些经验，取得了一些成绩。但我们做得还不够完美，我们的理念还需要更新，我们的管理还需要完善，我们还有很长的路要走。我坚信，在各界朋友的大力支持下，杜郎口中学还会登上一个新的台阶。

十五、自主教育对基础教育的启示

杜郎口中学素质教育改革的十年，是不断探索的十年。当初，并没有什么现成的模式可供模仿。我们是摸着石头过河，不断积累、不断发展、不断丰富、不断完善我们的教学理念，而不是一蹴而就、一步到位。我们解决了当前基础教育领域存在的几个根本性和关键性的问题。

（一）课堂教学改革成功地解决了当下教育的异化和学生学习主体性缺失的问题

我们提出"教育即解放、教师即开发、学生即创造"的观点。教师在课堂教学中"开放—解放—释放"，学生在求知中"民主—自主—做主"。教师的作用在于：创设一个环境，把一个人的积极性变成所有学生的积极性。教师对学生进行"开发—唤发—激发"，学生的学习就是发问、发疑、发现、发明，最终得到发展。同时，我们构建了"三三六模式"，即三特点：立体式、大容量、快节奏；三模块：预习、展示、反馈；六环节：预习交流、明确目标、分组合作、展示提升、穿插巩固、达标测评。课堂教学改革把话语权还给了学生，无论是"10＋35"模式还是"0＋45"模式，说到底都是一个话语权的问题。这是确立学生课堂主体地位的关键和核心，

在"杜郎口中学素质教育学术交流中心奠基仪式"上谈素质教育

突出了以学生为主体，确立了"教服从于学"的基本原则。杜郎口中学的课堂空间座位形式的变化，以小组为主的教学组织形式的变革，是整个改革的关键性一步，这一变革具有革命性的意义。空间座位形式的变化使课堂由教师"一言堂"变成了学生"百家鸣"，学生面对面的交流与合作，小组之间的竞争使课堂的信息量发生了结构性的质变。学生之间的质疑、触发、争论、交流不仅是信息量的增长，方式的变革，更是思维方式上的一种革命。同时，学生主体的尊严被唤醒，自我实现的价值得到充分体现。无边的遐思、闪光的追问、新奇的创造、自发的兴趣、充分的个性、解放的潜力都得到空前的释放。学生在合作中相互生成、相互促进，在互助中和谐发展、共同成长。这种课堂教学改革实现了学生主体性的回归，真正做到了以人为本、学中有"我"，激发了学生无穷的学习动力。这种课堂真正是学生生命成长的课堂、精神发展的课堂，在这里，学生学习主体性不再缺失。

（二）课堂教学改革成功地实现了素质教育与应试教育的辩证统一

在基础教育领域，长期以来讨论最多、最热烈的话题恐怕就是素质教育与应试教育的问题。我们的教学改革为此探索出一条光明的可行之路。"不为升学，赢在升学"。改革的着眼点不是放在"分"上，而是落在"人"上。事实上，素质教育与应试教育只不过是"道"与"器"、"体"与"用"的关系。在课堂教学中，学习主体对学习的过程和知识的价值，有深刻的理解和体悟，并产生热烈的感情和执着的追求，重视"道""体"的学生本身的发展，这是问题的关键。在此基础上，进行必要的知识应用和应试能力与技巧的训练，使素质与应试有机统一，本体的"道"与"体"和方法的"器"与"用"有效结合，这才是学习主体的全面和谐的发展。学生应试能力是其综合素质之一，素质教育不能也不应该排斥学生应试能力的提高与发展，这是二者辩证统一的前提和基础。问题的关键在于，教学改革要首先重视学习主体内在生命意义的提升、心灵世界的丰富、精神境界的提高、自由幸福的获得、人生价值的实现。在课堂学习中，学生用生命去学习、去感悟、去体验，产生一种崇高感、使命感和幸福感，深切体会到学习对生命的意义和价值。同时他们会以更饱满的热情、更强劲的精神动力去钻研各种专业知识和技能，在社会竞争中立于不败之地。课堂教学塑造了和谐发展的人，也才真正体现了课堂教学的终极意义和主体价值。

（三）课堂教学改革实现了学生知识增长与生命成长的有机统一

学生生命栖居的现实图景正像学者们所描绘的那样：交往世界缺失、情感麻木、体验缺失、兴趣压抑、需要被分解、自由被剥夺、发展被预设、生命被肢解、天性被摧残。虽然具体到某一个体的学生不一定如此严重，但大体上是这样一种倾向。在我们的课堂上，学生也是紧张地学习，但那是快乐地学习，是积极主动地探索，是自我价值的体现，是成功的体验。在小组探究与合作中，学生自主、自信、创新，课堂是快乐的课堂，学生如沐春风，"我参与，我快乐，我自信，我成功"。在这种课堂中，知识增长与生命成长是完全一致的。

（四）课堂教学改革实现了学生成长与教师发展的有机统一

学校撤掉了讲台，搬走了讲桌，教师不再满堂灌、一言堂，课堂成为学生展示自我的舞台。这些革命性的变革给教师的备课带来巨大的挑战，再以原来的工作态度和备课方式，是完全不能适应新课堂教学的。这就要求教师知识面要宽，要广，要有深度，对学生可能提出的问题要有预见性，这都需要教师素质的提高与提升。为了适应新的挑战，教师的唯一选择就是以新的方式重新学习，以高的标准要求自己。课堂教学改革不仅促进了学生的成长，同时也给教师的革命性发展提供了一个平台和契机，实现了学生成长与教师发展的有机统一。

十六、自主教育要处理好"十大关系"

（一）要处理好声誉和实力之间的关系

杜郎口中学是全国的先进教育集体，全国的农村学校特色单位，中国教育服务中心四日研修班的基地，现在又一个陶行知教育理想研究基地在我们这里挂牌。来我们学校的人，有教育部教育厅的领导，有学校的校长，还有国外的到我们这里来学习，也有邀请我们去传经送宝的，这些大家都是见证者。但是反过来看我们的实力呢？是什么样的状态？我给老师说的"三专"，"专题、专著、专利"，做了多少？如果我们把老师这些东西收集起来，有多少成型的？有多少能经得起专家教授的推敲？有价值性、指导性、借鉴性、启发性吗？三年前我就提出，我们的老师要"三专"，到现在并没有拿出多少有价值的东西来。最大的困扰就是我们的老师实力达不到，老师的教学思想、知识储备、研究成果、课堂特点还停留在一个初级水平上。我们要求学生演讲时声情并茂，抑扬顿挫，运用好肢体语言，我们老师几个能做到？我想今后先让老师演讲，守着学生演讲，做给学生看。我们的老师教学经验有多少文字生成？教学论文写了几篇？你到外地上课是否把局长、校长、老师、学生、家长都打动了，感动了，激动了？这个"三动"就是最好的标准。我们的老师出去，打动过人吗？打动的程度有多大？今后我们的努力方向，就是打造一支专业化的师资队伍，提高老师的业务素质。只有专业化的老师才能培养出社会的栋梁之材。

（二）要处理好教学理念与教学实践的关系

"以生为本"是我们的核心理念，而在具体的教学实践中，却出现了一些偏差。我们的老师不断有人站出来向学生说三道四，插话解释。最差的老师是叙述，一般的老师是讲解，较好的老师是启发，高明的老师是开放。老师们一定要记住，我们的学生学的是能力，而不是单纯哪个词、哪个公式。训练、锻炼、历练、锤炼、磨炼，这"五练"是我们课堂的根本，只要我们的学生成长起来，在杜郎口这三年有了自己独立解决问题的能力，我们就胜利了。我想，要想处理好理念与实践的关系，必须抓好四点。第一点，每个老师都要树立开放课堂的意识。怎么叫开放课堂？课堂的时空都让学生充分利用，让学生在课堂上读一读、想一想、写一写、画一画、议一议、说一说、做一做、用一用、变一变，这是最简单的，也是最实用的。我们老师以一个期待、欣赏、商量、讨论的姿态出现。语文老师也可以把自己的作品拿出来，以学生的身份出现，与学生们交流。老师的讲课传授与自己的作品呈现是两回事，我认为老师不仅是课堂组织的人，更是作品呈现的人。老师把自己的作品呈现出来，谈谈自己的创意，有什么不好，甚至可以印成材料发给学生，让学生对老师有敬意、欣赏、佩服、崇拜，这才是最好的师生关系。不要以为天冷了让学生穿上棉袄，感冒了帮他买药，这就是好的师生关系。最高级的师生关系是用自己的专利打动、感染学生。第二点，要注意培养学生积极主动的精神状态。老师首先要有良好的精神状态，要有激情，不要只盯着某一个人给你的课打多少分。你必须要学生活动起来，振奋起来。如果学生课上不活跃，走神睡觉，你的课就是零分。第三点，要以人的发展为目标。这里的人包括杜郎口中学的全体人员。发展是硬道理，发展是实力，发展是影响力。我们的课只有越上越精彩，那才叫发展。第四点，以课堂为唯一切入点。我们不能像其他学校，把备课本拿出来，看看备课怎么样，考试成绩出来了，用分数评价老师。那是我们好多年前的做法。我们现在对老师的评价是课堂生动不生动，吸不吸引人，有没有亮点，有没有启发，"拓挖思悟"做得实在不实在。做好以上四点，我们就可以通过我们的课堂，实现我们的教学理念。

（三）要处理好前景与努力的关系

实事求是地讲，我们杜郎口中学的前景才刚刚开始，我们的辉煌还在后头。我们现在经济上有暂时的困难。渡过这个困难时期，我们将投入很大的资金，改善老师的工作生活条件。老师付出了，辛苦了，就应该得到相应的回报，老师们要把眼光放远一些，不要以为我们发展的差不多了，其实还早着呢。这个时代给杜郎口中学赋予的任务还远远没有完成。就如孙中山先生所说，革命尚未成功，同志仍需努力。那我们该怎么努力呢？我和张校长说了，今后少开会，不开会，叫中层自己动脑筋，自己如何在实际工作中标新立异，有什么别出心裁的创意。不是领导教你怎么做，而是我想怎样做才能把工作做得更出色。努力比务实更重要，能力比知识更重要，阅历比学历更重要，情商比智商更重要。解放战争时期，国民党反动派用的是飞机大炮，毛主席领导的解放军用的是小米加步枪，最后结局是我们胜利了。

（四）要处理好常规工作与操心的关系

常规工学就是我们的日常工作，但仅仅干好日常工作就够了吗？最近几年我经常说，从学会干日常工作到学会操心，这是一个人质的飞跃，一个人心灵的升华。就像今天大家都能主动早来一会儿，整理我们的校园，打扫我们的房间，清理我们的垃圾，这就是操心，把自己当成学校的主人。下一步我们就是要提倡"人人是主人，个个有精彩"。花草下面有没有垃圾，墙面上有没有乱涂乱画，内墙上有没有脚印，电扇上有没有尘土，电线露出来是否有危险，我们穿的衣服是否规范，男同志的胡须是否及时理掉，学生的指甲是否剪了，学生的校服还有几个没穿，好多好多，一千条一万条也不止，谁去操心？谁学会了操心，谁就大气，大气的人，忘我的人，无私的人，它的前景才会广阔。凡是斤斤计较一个人得失荣辱的，有沾光心理的，少干多得的，一辈子都不会有成就。谁是自己发展的最大敌人，就是自己的私情，是自己的局限性限制了自己。这些年来，上级发给我的奖金，我一分没要，全给老师发了福利。当初我一天听八节课，连轴转，连天转，大家都知道这个情况。就是有这样的操心，才有了杜郎口现在的辉煌。在我心里，学校比我的家庭，比我的生命还重要百倍，一直是这样。所以，谁对单位、对同事、对学生尽心尽力，谁就有好的待遇，谁就有好的未来。现在，有的一些单位，比的是权力，比的是优秀，比的是谁会搞小动作，比的是谁会溜须拍马。我们学校则恰恰相反。精神的高尚、思想的纯真、认识的通透、业务的精通、志向的高远，应该是我们杜郎口人追求的目标。

（五）要处理好骨架与血肉的关系

我们大的骨架已经建立起来了，学科主任管教学，年级主任管班主任，班主任管老师。取消教务处，动态管理，及时量化。但在血肉上、在细节上有好多不尽如人意的地方。比如学生在发言中脱稿了没有，语病解决了没有，表达的是否圆润感人、声情并茂，等等。一次，北京首席记者采访我，问我如何评价自己的课堂，我说要看三点，第一点看学生的参与，参与的状态，参与的人数，参与的广度与深度。第二点看学生展示，要言之有据，有自己的观点，有自己对教材挖掘的独特之处，有自己的创新，有自己的个性。第三点看表达，是否精彩，是否有激情，是否斗志昂扬。这样训练不光是训练学生的表达能力，还训练孩子的性格，做不好不罢休。我早就说过，一事不精不做二事，你把事做精了，就给学生一个信号，今后他做事情，就会认真、细致、严谨、规则。

（六）要处理好发现问题与问题敏锐性的关系

问题是永远解决不完的，但你对存在的问题有没有敏锐性，有没有洞察力，则反映了你这个人的领导水平。我们的领导就存在对问题缺乏敏锐性的问题，麻木，迟钝，不清醒，不警觉，不重视。我们最怕的就是一个领导对问题容忍，见怪不怪。你敏锐性高还不一定把事情做好，更别说你满不在乎了。和尚撞钟，点不到我的名我就不动脑筋，这样迟早要翻船的。我在这里再强调一次，开学以后各位领导都要自觉地独立地做好自己的本职工作，让我再给你说，你就应感到羞耻。原来，我在联合校当会计时，我比校长都操心，甚至我的思悟超越了他，就是我对问题保持了敏锐性。一个人如果被推着干，抽着干，牵着干，一万年也干不出业绩来。只有你发自肺腑的强烈意愿，你才能干出成就。我在外边经常讲，最难的就是一把手，上有领导，下有群众，不光对内，还要对外。我们在座的领导只分管一方面的工作，为什么还干不好？为什么还要出纰漏，出次品？就是对问题不敏锐，不警觉，不上心。我的糖尿病也是个教训。一开始吃片药就好了，后来自己不注意，吃饭也不注意，回家割麦子，肩膀上扛布袋，下大力，回来又犯了，吃药吃原来双倍的，后来又不得不在腰里挂个泵，又四年了。挂着泵也达不到正常人的水平啊，一着急，一睡不好觉，血糖就高。

所以，大家对工作中的问题、过失，丝毫也不能漫不经心，丝毫不能高抬贵手，丝毫不能得过且过。谁重视细节，重视到血液里，谁就能取胜。叶圣陶的孩子把粉笔递给他写字的时候，因为把粉笔头对着他，他就因为这个细节批评了他的孩子。不要以为咱杜郎口成功是赶上好时候了，我们是把细节做好了，才一步一步辉煌起来的。细节决定成败，同志们要切记呀。

（七）要处理好热度与坚持的关系

这些年我有个感觉，我开会给大家做要求，当时大家都兴致勃勃，跃跃欲试，可是过不了几天没动静了，三分钟的热度，典型的虎头蛇尾，就是没有坚持住。我们的小条桌文化这是第几次才建立起来的？一开始这样吗？我们的墙壁文化达没达到我们的目标？是真的没有能力达到，还是我们放弃了？我们要求墙壁文化有老师的创作，有学生的心得体会，有他们解决的方法。各学科都要有。

坚持就是形成自己的工作作风，形成下属对你的一种信仰。这里的坚持不仅是这个事情的问题，而是反映了你的一种品位，一种风格，一种原则。你这个人能坚持，别人就不敢胡来。我们早就制订了课堂十忌，课堂十大机制，现在做了几条？我们应该把过去一些有效的经验总结起来，巩固它，运用它，坚持它，弘扬它。我们这套东西出去十年都不落伍，关键是坚持。

（八）要处理好高尚与陋习的关系

什么是高尚？为了别人生活得更幸福、更快乐而努力工作就是高尚。今天大家提前到校，打扫卫生，美化校园，就是高尚。高尚不是花里胡哨的同语词，而是实实在在的行动。希望大家在今后的工作中大公无私，为他人的成长着想，为他人的发展着想，这就是一个高尚的人。

什么是陋习？假冒伪劣是陋习，消极怠工是陋习，穿戴不整是陋习，盲目攀比是陋习，炫耀自己是陋习，东问西答也是陋习。崔其同和我关系很近，他有个陋习就是不敢面对工作中的缺点，错了不改正，而把这个问题绕过去，不敢接触，不敢正视。我有次问他，你教过的课文背过了吗？他答，背不熟！背过就是背过，背不过就是背不过，不敢正式面对，这不是陋习又是什么呢？

（九）要处理好成绩与过失的关系

我是这样想的，取得的成绩是过去的事，我们只能在大会上、在介绍中提，而在实际工作中不要当回事。成绩让别人说，过失靠自己找。有些人只愿意讲亮点，一说过失就强调客观原因，这样可要不得。成绩第一是我们的本分，成绩第二就有愧、自责，我们必须形成这样的校园文化。我往往好自责，就是在自责的心情下我才保持了清醒的头脑，一个阶段一个阶段，一个脚印一个脚印带着同志们前行。

把过失当成我们的工作重点，当成我们工作的切入点；把成绩当作款项存在银行里，把心态调整到这个状况，我们的工作才更有进步。李嘉诚说过一句非常有哲理的话，对你说不足、对你提意见的人都是最亲近的人。大家想一想，自己的父亲对你表扬过几次，几乎没有，都是提一些不足，为的是我们进步得更快一些。能够接受别人的批评，也是做人的一种心胸，你胸襟开阔才会有大的出息。我们的学校就应该在别人的批评指正中，不断地达到完美。

（十）要处理好自主与强制的关系

我们学校是有一些强制手段的，没有也不行，没有规矩不成方圆嘛。我这里重点强调自主的问题。今后所有的中层干部，千万不要再让张校长为你们说思路，说办法，要自己去想、自己去悟、自己去用。在用的过程中找经验、找教训。记住一句话，成就是在自己的强烈愿望下实现的。凡是有成就的人都来源于自主、自我。我这个人的个性就是要做常人达不到的，别人做不了的。不做便罢，要做就做最好，拿第一。就是在这种信念支持下，我们杜郎口中学才走到今天。今后大家在工作中也要有争第一的雄心壮志。

今后我们集体开会的事少之又少，几乎没有，让大家完全自主。会越多说明我们的效率越不高；不开会你干得好，说明你进入角色了，独立自主了。例如，开学的全体师生大会，让张校长组织，我不参加，我在家也不参加。这是有意识地培养大家，在工作中叫我们的老师独立自主，在课堂上你才会要求你的学生独立自主。

十七、自主教育课程锤炼师生品格

对澳大利亚二十天的访问就要结束了，有好多细节引起我的注意。汽车如潮，有时排起长龙，但没一个超速、闯红灯、碰车等违规现象。这几天所有路面没有看到一个交警，各红绿灯处也没有电子眼。没有一个人随便吐痰、乱丢垃圾、横跨栏杆。超市可以随时把自己的东西带进去，包括大大小小的包裹。学校没有院墙，也没有大门。每个学校的门就是屋门，进门后没有空闲的楼厅，而是办公室，或是会议室。我们到学校访问时，各校都有白水、果汁、糕点、水果、牛奶等。校领导、学生一次又一次地端着盘子礼让客人。中午的饭没有菜，只是简单的面包、小糕点、水、奶、咖啡等，简单而实在。学生一律穿校服，戴帽子。对于违规学生有禁闭室，停学回家 5 天，乃至几周反省。精英班学生可跳级并重点培养。教师们的进修属个人作为。学生上的课综合性强。一节课包括数、理、化等，几位教师一同辅导。墙壁文化丰富多彩，学校自己也种菜。课堂都是小班额，少的有 5 名学生，课堂上普及了计算机。室内体育馆、塑胶跑道、草坪操场等非常齐全。学校注重国际交流，互设访问团，十六岁学习驾照。有的学生能开车上学。学校有管理委员会、校长委员会主席。学校社区采取一体化。校长选定的家长有发言权，他们时间观念强、讲信用。体现出的核心价值观是关怀、合作、唯美、尊重、责任、坚信、坚持。走廊里有学生的格厨，教室里有微机、乒乓球台、象棋、舞台、乐器、中央空调、木地板、地毯。课堂民主、自主、快乐、多元化。学生、家长在称呼上互叫其名，也包括自己的老师，他们认为这样才是平等的。上午中间加餐，下午 3 点多放学。如果对学生拍照，照片要是发表必须经家长许可。吃饭、喝汤不出声音，公共场合不喧哗。车位无限，但车辆整齐有序。到学校访问大多都准备简介、笔、校长名片。领导坐车不乱窜车，上车座位不乱坐，上班打领带着正装。学生做向导、当翻译、当解说，收取礼品归单位，放到橱窗上展览。重视学生作品的展览，讲团队合作，大让小，大教小。在这里，中国人，中国学生很多，学校少则几人，多则十几、几十人。澳大利亚各个家庭的房舍，没有院墙，大都是一层别墅，也没有防盗窗。垃圾桶有双色的两个。一个放可回收垃圾，另一个放不可回收垃圾。房顶上的雨水回收后冲洗厕所。各洗手间洁净，无异味，甚至都有一种水果香味。各房间都有卫生间。学生把家中的废物，如旧报纸集中到学校。变卖后的资金或是在学校搞技术课项目，或是寄到世界上贫穷国家，为失学儿童当学费、购买文具。各学校把家政当作必修课程，为学生走向社会奠基。课堂中教师与学生共同编教材。为解决问题准备答案、方法。有大纲无教材。

　　澳大利亚大街旁都有饮用水，有烧烤专用的炉台。路旁有弯形的不锈钢管，为自行车上锁而提供。路边有垃圾箱，休闲处有烟缸、凳椅、过马路手按电钮。这里树多，树大，公园多、绿地多、高尔夫球场多、健身器材多、鸟多、花多、蓝天白云、树翠花香、屋矮鸟鸣，碧海蓝天，车多人稀，种花种草不修剪要受处罚。商店在下午 5 点就关门。所有商品明码标价，不还价。物价昂贵，自动化程度高。公民没有退休之说，因工作着而自豪。按单双号节约用水，室内严禁吸烟。车辆靠左边行驶，方向盘在车右方。汽车品种也多，商务车、轿车、跑车、敞篷车，还有高档摩托车。

在澳大利亚，教室里的每一个孩子都展示了他们的勇气、毅力和热情，而这些正是我们所缺少的。这些孩子勇敢地探索那些很少"有人走过的路"，世道险恶时学生与人友善，别人放弃时他们令人难以失信地继续努力，不找借口，抓住机会，让遇到他们的人看到未来的希望。

回到了学校，我产生了一些想法，因此有了一些做法，这也许是去澳大利亚的价值体现吧！

（一）建立学校师生共循的核心价值观：善良、坦诚、探索、磨砺、超越

善良：我们的全体师生要同情、友爱、帮助、协商、尊重、理解、悦纳、支持、和谐、民主的品性、品格、品质。人际关系是人们最基本的生存能力，任何成功往往都是建立在融洽的交往上。坦诚：我们全体师生要做真实的自我，里外一致，身心统一，诚实、信用，让心灵永远安慰、平时不欺骗、不说谎、不虚伪、不掩盖，这样才会心安理得、实事求是、进取向上，知不足而后强。探索：敢于尝试、实验、更新、探究、否定，这既是一种勇气也是一种胆量，更是一种气魄，同时也是一种志向与追求，人生缺少了探索，那么就不可能推陈出新、活水源头，不探索必自毙。磨砺：人生其实就是一种磨炼、锻炼，吃一堑长一智，跌、爬、滚、打，失败是成功之母，在实践中寻求方法，在教训中总结经验，人生的轨迹就是在风吹浪打中，逐渐成熟、坚强，人生与挫折一起行进，人生的前行其实就是在生长中避开陷阱、暗流的智慧，阅历越丰富，人生越精彩，那些想一路顺风的人，可能是人生的一种悲哀。超越：超越便是人生的意义与价值，不断进步，不断成熟，就会铸就辉煌。这里最为重要的是人生的信念，一种生活的品位，一种生命的追求。人毕竟不是一般的动物，他需要一种挑战自我、挑战同事、挑战时空的胆略，寻求一种时时超越的心灵慰藉，一种精神的快乐。

（二）课堂改革

如果说杜郎口中学改革给教育带来了一种气息，那么只是从课堂教学方式上有一点动作了，那就是转变教师与学生的角色，重新定位教学结构。但只是初步。本次赴澳大利亚的感悟有三：其一，教育教学是为人的生存、生活、生理、生命而展开的，我们的一切教育教学，必须回到教育本质上来，通过其过程让受教育者感受到课堂给我希望、给我信心、给我勇气、给我正义，让我在课堂上实现自主、自信、自强不息的性格，勇敢有为、探索创新的精神，团结合作、服务奉献的品质。任何一个环节、细节都是为完善学生性格奠基的。遇到学习中的疑难时不放弃、不逃避，去磨砺、思考、搜索信息、查阅资料、询问思路、求证结论。把疑难当作一种磨砺学生成长的资源，任何细微的事情都是充裕着巨大的人生哲理，切忌简单化、公式化、生硬化、直接化的解决方式，教育不是说服，教学不是给予。其二，学习是自我的事情，绝不是听书、观望、被迫、无奈，学会读书、学会记录、学会思考、学会感悟、学会讨论、学会征求、学会比较、学会归纳、学会反思、学会运用、学会发现、学会反馈。日积月累，小流成河，一旦基础厚实，那么良性循环，自然形成。从学知识到学会思考，从学会思考到学会分辨，从学会分辨到学会主见，从有主见到真知灼见，从学生走向大师，成为社会栋梁。其三，学习深刻，不照猫画虎，达到拓、挖、思、悟。拓就是拓展，要把点扩展成面，编织成立体网，把四面八方的知识联系在一起，纵横左右、穿透时空，只有如此才会在广博的知识海洋里，轻车熟路，见多识广。挖就是挖掘，由知识到形成把握知识、运用知识的规律，总结归纳方法、技巧。由知识层面过渡到掌握知识的方法上，由浅层次向深层次发展，不只是对知识的深化，更是对思维、记忆、理解、分析的深入研究。思就是思考，学到的知识究竟为了什么，这些知识不是为考试，而是为生存而运用的，把知识规律与做事联系起来。对社会中的焦点、热点、亮点、污点、高尚的与丑恶的、科学的与虚伪的等加以识别，让学生的目标更准确，做事更严谨。悟就是觉悟。通过对科学知识的学习、总结、判断，对自己有什么启迪，有什么感悟，形成自己的世界观、价值观。总之，整个学习是让学生在"四个思"上有升华，思维的敏捷、思考的缜密、思路的清晰、思想的哲理。

（三）教师工作休息室

在第二栋教学楼一层东室开设教师休息室。一是把报纸、刊物、多媒体准备出来。二是教师之间随时交流、沟通、借鉴。三是让教师补充一点营养，准备上牛奶、果汁、水果、糕点等。

（四）墙壁文化

师生把在教学方面的一些文本分析、解读，尤其是自己通过学习而创造出来的作品张贴在墙壁上，形成互相参照、启发、借鉴的资源，汲取养分。

（五）在校园树荫下安装工作休闲凳

我校每天有来自全国各地的参观者几百人，为了让他们在课间更好的休息，安装若干个休息椅凳。

总之，此次澳大利亚之行给了我启迪，使我有了新思考，不虚此行。但愿在接下来的历程上更精彩、更美好。

热情接待澳大利亚专家

十八、自主教育育人为本

大家从电视、广播上或多或少的看到或听到过《国家中长期教育改革和发展规划纲要（2010—2020 年)》（以下简称《规划纲要》），但是系统地对它的本质、内在的核心内容了解得不多。我有幸参加了在潍坊市举行的全省对该《规划纲要》的学习培训。聊城只有五个人参加，一个是分管教育的副市长，一个是张聚传局长，一个是临清实验小学的刘校长，一个是财校的朱校长，再就是我。这样就是小学一个代表，中学一个代表，职业学校一个代表。这个会议的规格比较高，有国家教育部原副部长鲁昕，还有教育厅的厅长、各大院校的书记和院长、各市分管教育的市长、各市教育局局长等，一共二百多人。我认为这个《规划纲要》有四个方面的内容。现简要叙述如下。

（一）第一方面是二十字方针，这是纲要的核心内容

1. 优先发展

把教育定位于各行各业的先导性的、战略性的地位。没有教育的发展和教育的强大，就没有国家的发展和强大，这个说法是空前的。"国家强必须先强教育，国家富必须先富教育"，这样的话都写在纲要里。尤其是下一步对教育的投入，山东省应该说在全国是比较先进的，对教育的投入是山东省国民收入的 1.87％，到 2012 年全国要达到占国民收入的 4％，山东省还差得很远。优先发展，作为国家和政府，主要是从资金上进行倾斜，对学校的建设和老师的福利待遇的提高。这也看出我们今后的前景是前所未有的，国家是如此重视，包括下面的省、市、县、乡镇，都是定格为一把手工程。今后量化一个地区，一个行政区域，他们的政绩，教育占着一个很大的比例。原来都说重视教育，今后就看硬性指标，这就办真事，大家也应树立信心，我们干教育是干对了。

2. 育人为本

很多年前我就觉得我们教育应该先育人后教书，在 2002 年我就提到过这个观点。我现在觉得教书包括在育人当中，有育人两个字就够了。这个育人包括学生的

道德、品格、素养，更有他的学业。尤其是下一步我们学校发展的前景上，我们要一切以学生的成长、一切以学生的健康、一切以学生的文明高尚为出发点和落脚点。下一步每个老师都是班主任，每个老师都教书育人，打破约束我们工作的局限性，树立一个宏观、远大、高远的目标。因为你在这里是学校的一个员工，学校的所有职责都与我们有关。我说过"无空隙的教育"。学生的在校时间就是我们的整个教育过程，不光课堂的45分钟，学生的班空、就餐、就寝，24小时都是我们的教育时间，全方位、全时空。学生的健康成长是教育的归宿，学生的学业是在道德品格的指引下进行的，学生的品格修养是总领的、统领的。要让他知道学习对他的重要性，学习与他的成长是不可分割的。让他们先懂事，文明高尚，知情达理，尊老爱幼，与人共处，自觉规范等。这个没有建立，我们进行教学改革是不成功的。只有把学生的性情、品格、道德、修养、品位、个性这些综合素养提升上去，发展才有方向。所以"育人为本"的教学思想，每个人都应好好体会，去理解，去把握，去利用。一个合格老师首要的任务是对学生精神方面的滋养、熏陶、感染、感动，对学生道德情操的感染。对什么是教育，温家宝总理说了三句话："教育是心灵与心灵的沟通，灵魂与灵魂的交融，人格与人格的碰撞。"真正成功的教育是把人的思想品格做实，把真善美的东西实现。

3. 改革创新

在这一方面我们占了优势，提前十几年我们就大胆进行了课堂改革，在改革中不断完善、不断提升，不断向本质规律靠近。其他学校还没有从根本上、内在的进行改革。1998年那时没有人让我们进行改革，是我们发自内心世界的一种急迫的需求。就是改革成就了学校，成就了老师，让我们成为全国的一面旗帜，成为全国的标兵，成为全国课堂改革的一个窗口。我们大家应该珍惜这个机会，在教学改革当中应该做些深入的、扎实的、丰满的工作。作为改革创新这一块和我们现在实施的课堂改革是一致的。启发式、探究式、讨论式、参与式，都和我们平常教学课堂推进的方法是一致的。我们做到了以学生为本。我们鼓励学生独立思考，大胆质疑，主动参与。要给学生一种宽松的、自由的、主动的氛围，让学生有自由选择权，选择有利于自己的书籍，让学生学到课本上没有的知识。要关心学生的学习力、实践力、创新力，重视学生独立思考的能力。课堂是激活思维，学会思考，不是让学生知道试题正确的答案，而是形成创新的思维。发现问题比解决问题更重要，想象力比能力更重要。要增强学生的自信心，注重学生自学的能力与习惯的培养。学生全面发展与社会的需求是判断教育质量的唯一评价标准。全面发展，人人成才，多样发展，终身学习，这些对我们来说算是温故，这些对我们来说不新。我们提出老师不是知识的讲解者、灌输者，而是学生能力的培养者，学生思维的唤醒者，这些都是我们经常在会上提到的。让学生发问、发疑、发思、发悟、发明、发现……老师是一位开发者、唤发者、引发者、诱发者、启发者等，这是老师角色的定位。一句话，谁能让学生在自己的课堂上淋漓尽致，把他们的潜能调动在最高亢的状态，谁就是最优秀的老师。改革创新是我们的拿手戏，改革创新是我们学校的看家本领，改革创新是我们学校生存的生命力，改革创新是我们学校发展的动力所在。杜郎口中学没有改革、没有创新，就没有现在，更没有未来。

4. 促进公平

这个是政府的职能。促进公平内在的一个东西，就是让每个学生都享受到优质的教育，让每个老师都幸福地生存。

5. 提高质量

我们一定要做好三句话，就是：育人为本，改革创新，提高质量。山东省实行的是两个率先、一个进入。到 2020 年基本实现教育的现代化。终身学习，学到老、活到老，把学习变为一种生存的能力。现在中国人均读书不到两本，而以色列、俄国、美国每个公民平均每年读 50 多本书。我们中国呢，我说一本书也平均不到，有的老百姓一本书也没有读过，没有这个习惯。不读书，不长进。

一个战略主题：以人这本，实施素质教育。什么是素质教育，素质教育不是像前几年我们说的开展音体美活动，而是培养学生的学习能力、创新能力、实践能力。或者说是培养三种人才，创新式的人才、实用式的人才和复合式的人才，这就是素质。

（二）第二方面的内容是方向性

有一句话是，方向比能力更重要。如果方向把握不住，指导思想明确不了，那么你在发展当中就不会把自己的能力、才干、智慧实现到最大化。关于方向，我们定了两个层面，一个是领导干部的自觉性，另一个是我们教职员工的自律性。

人的工作动力在哪里，我认为不在于制度的制约，不在于领导与被领导的管理，而在于一种自我需求意识。只有达到一种自我的需求，自我的要求，才会产生动力。在外，有的一些老师还有一年两年要评职称，考核分不高，为评职称而干，等职称评上了就不干了，就提出我身体不好了，我年龄偏大了，不在岗位上了。他对自己一生的价值没有什么定位。今后我们这里有一个核心，就是"让老师们有尊严而幸福地生存"。一个单位不为自己的职工着想的领导是不称职的。那如何达到呢？如何实现呢？如何让老师们有尊严而幸福地生存呢？那就要有一个正确的事业观。作为我们学校的成功，我认为不是在学校的改革上，真正杜郎口的核心价值观，是老师们在最近的几年里他们的觉悟提高、他们的人格丰满、他们的人品高尚。杜郎口中学的老师们，发展不是业务层面的，而是做人方面的。抓做人就是最好的抓工作，谁如果忘记这个事情，就没有抓到本质。以工作为凭借，以工作为平台，以工作为抓手，最后成就的是人的道德素养。前两三年我们实行自罚款，为什么实行自罚款？成绩让别人说，不足让自己找。批评是最大的福利，严格是最大的关爱，为公是最大的为私，给你指出错误的人是你的恩人，在工作当中矫正你的人是对你负责任的人。在学校，什么样的人有尊严？进步的人有尊严，有成绩的人有尊严，自己道德素养高的人有尊严，忘我的人有尊严，自律的人有尊严，对自己的工作不满足、及时发现工作差漏的人有尊严，同时这些人因为进步大，成绩优，他们得到的回报也是大的。包括到外地去讲课，谁去得多，绝对不是因为谁业务水平高，而是道德水平高，看一个人就是看他如何看待利益，把自己利益看得淡，看得开，而一心一意谋取自己业绩的人是最聪明的人。这是杜郎口的法宝，对人品、人格，抓住不放松，不断地给大家进行教育启发，让大家从一个粗俗的人，上升为一个有品位的人，这个千金难买。

我提出来一个"道德立校"，杜郎口中学要牢牢抓住这个核心、这个本质。为学校、为学生、为集体而全身心，甚至有所牺牲，这样的同志前途无量。我现在越来越体会到，一个人的提升不是学历的问题，不是阅历的问题，这些自然的条件可以忽略为零，那根本不成问题。一个人成功是成功在自己的人格和修养上，职务、职级、奖励、荣誉，这不是你所求的。自己所求的是什么？自己的投入，自己的业务精湛，自己的课堂的吸引力和感召力，自己所教学生对自己的亲和力，对自己的信任、崇拜……我们求的是自己的奉献。其实奉献和获取是一回事，找关系、走后门，巴结领导，搞一些歪风邪气，功利心强，老是想自己得奖金，提拔一个职务，获得一个荣誉，干一个优待的差事，这些人都是愚蠢的。

我们要打破上级提要求的这个框框，不能靠上级对我们来约束，我们应该呈现出来什么呢？当领导给我们指出不足时，我们应该觉得有愧，如果再有一个反抗、对抗的心态，那就是不领情，这样的人，杜郎口一个也不留，出一个处理一个。直接把他辞退，严重的给教育局写申请，向小学里流动，不允许一个这样的人在中学。有的同志也感觉到了自己生孩子在家休息三五个月没进校门，进来之后就跟不上趟了，不是业务跟不上趟，是素质跟不上，思想跟不上。有的人到外校待了一段，进来以后，不能在一个起跑线上。学校发展不是业务素养，不是专业发展，而是人的这种道德修养，以后谁有点事情，学校、年级、学科里给你提一个方向性的引领，给你反馈一个信号，具体的操作，制定规划，实施措施，达到的效果，达到的目标，出了问题如何去整改、来反思，那就是自己的事情了。今后的反思会，领导不准再在台上多讲，就由同志现身说法来教育大家，由大家的群策群力形成合力，领导只是一个方向性的引领，一个信号的反馈，而如何干、怎么干，就要靠大家自己想办法了。必须凸显大家的这种自我的才干、智慧、聪明、能力、谋略、方法，这都得靠大家自己悟，去悟、去学、去反思。工作干好，是自己的本质，工作干差，是自己的过失。优秀是正当的，第二是有愧的，我一直是这个心态。争第一是应该，得第二心理上就对自己不放过，对自己有一个好长时间的指责、内疚。我们要有真才实学，再向过去一样，在这个资料上抄，在那个辅导书上看，到最后梳理的还是人家的成果，自己的东西没有，这不行。我觉得，自律就是不能让别人督促着、检查着、评判着，名次出来了，我成了倒数第一，我觉得在人群中过不去面子了，我下次要向上，这不行。有名次，名次是阶段性的，一旦大家都达到了高标准，大家都是杰出的，就不会再出现名次。名次是阶段性的，是发展当中的，大家都精优，大家都杰出，找一个差的找不出来，找一个一般的没有，都把自己的这种能力挖掘到极致了，那就到高标准了。工作当中，明明是个差错，明明知道这里是个陷阱，你非得向里跳，这一些同志我们原来是存在的，还得靠什么评价，还得靠反思会，还得靠警告，还得靠停课。今后，这些东西不能出现了，靠这些东西不行，因为太被动。要靠自我的约束、靠自我的奋进，靠自我的争强，把这个牢固地树立起来。当领导，只要稍微讲一些怎么做，措施性的、方法性的不要说，大家都有这种才干，看自己挖掘不挖掘，看自己在这一块上动脑不动脑、思考不思考。学会思考的人、学会自己找办法的人，才是工作效果最好的人。

（三）第三方面是下一步的工作拓展，思路的拓展、内容的拓展和方法的拓展

第一，对老师的生活、福利、奖励，我们要增加。随着我们学校里餐厅账的逐渐还清，我们学校的资金、财力要加强，要增加，增加的资金要用到老师身上。比如工作餐，以后要在标准上提升，保证每天中午有一大件，炖鸡、红烧肉、牛肉、炖鱼，这个必须有保障，每天中午有一个比较好的代表性的。今后再给大家定工作服不再做几十块钱的，要做品牌的，上档次的。班主任费，上不封顶，下不保底，包括老师的工作业绩，你只要干得好，就有奖励。老师的职级职位和以往的评定办法是一样的，但是工资要翻倍。要把老师的这种物质生活、资金保障、奖励做好做大做强。为了职工的权益，为了大家的物质丰富，为了大家的愉快幸福，这是当校长唯一的职责，其他的都是围绕着这一个服务的。不为自己职工着想的人是没有眼光的，因为我们老师是第一生产力，只有老师们才能把学校向前推进，十个崔其升也不会把杜郎口中学的教学给顶起来，靠的是老师。大家出力了，大家用心了，大家创业了，那大家的回报也应该是厚重的。同时一定要保证自己的工作质量提高，保证自己的业绩最大化，保证自己在学校里应该完成的职责，不留后手，不留余地。

第二，备课。老师在今后的业务学习中、专业发展中，要有真才实学。要做好三专，专题、专著和专利。专著，从这一学期扎扎实实地做，每天写日志，每天记录自己的教学火花，每天记录自己的教学案例，一周、一个月，一本书就出来了。语文，老师背课文怎么样，老师作文怎么样，主要是看这两方面；英语，也是看你英语课文背得怎么样，背不过不能上课，大家想一想，英语老师把自己教的教材全部背过，能力长进了多少；小发明、小制作，物理老师你做了多少，有没有自己的作品，生活当中的一些案例，你跟教材联系了多少，应用了多少；数学，你编制教材，一个例题，自己生发出了几个例题，生发出了几个应用题，这个例题在初中这三年占的地位是什么，它和谁有关系、有联系；政治，你与现实生活中的具体事物的关联、剖析、解读有多少，对世界各地、对社会的潮流、对现实生活的深入的解析有多少；等等这些都要做，做大家，做专家，不要停留在教材上。没有生成的老师，没有创造的老师，不是一个合格的老师。

第三，设奖学金。奖学金的发放，是为了学生进一步的学习而服务的，奖学金不能当成生活费，本来就不多，你到书店里，买一本自己喜爱的书籍，买一本结合自己学科的教学参考书，等等。

第四，淡化外出。淡化外出，不能说禁止外出，要淡化这个事情，外出讲学，外出做报告，我们要限制，要尽可能不出去，包括我在内。我这几年为什么经常出去，唯一的一个目的，对我来说，就是赢得全国教育界、教育系统对杜郎口的正确的认识或者是名声，或者是影响力。现在我们已经做到了，中央电视台新闻联播已经把我们报道给了全国各地，《人民日报》也刊登了我们的经验，教育部的专家组也已经论证了我们的教学，这些已不用我们浪费精力。以后我们就在家里研究自己的业务，研究自己的专业。有了自己的成果，有了学校的精神财富，有了学校的专例，我们就不怕外面的人不来。我们要做自己的专攻、专修、专业，做出自己的成果。

第五，高奖励，高福利。刚才我也提到了，高奖励、高福利意味着高职责。现在大家生活上又提升了，穿衣服有品牌，奖励资金有增加，这意味着对工作质量的高要求，这是匹配的，一致的。我们不像以往那样人均50元，人均200元发下去，我们把那些超出我们规格的创造性的杰出人才找出来，有定性奖励，也有动态奖励，我们要把动态奖励完善起来。

第六，我们围绕着四个点做工作。

（1）用事例。录像、照相、现场参观、现场开会、现场反思，用真实的例子、范例来教育人，空洞的会不要再多开。

（2）评价要公平、公正、公开。

（3）兑现。奖金兑现，职称兑现，职务兑现，外出讲学兑现，荣誉称号兑现，这些都要做到。孩子上幼儿园的学费兑现，这个以后我们要一直坚持。

（4）沟通。师生之间，尤其是有点情绪的学生，有点情绪的老师，要加强沟通。包括我们的庆功宴要继续实行。包括我们的休息室，水果饮料，要继续实施，并且要加强。这是我们原来有的，有的又加了一些，拓展了一些，拓展了一些好措施、好思路。

十九、自主教育做人"十大铁律"

（一）"为公"是最崇高的道德品质

我们都讲个人的修养，个人的素质，个人的内涵，我说在工作这个层面上，在我们学校这个集体当中，什么是最高的道德素养、道德品质？就两个字："为公"。这也是我们杜郎口中学将来判断一个老师称职不称职，合格不合格，优秀不优秀，发展不发展的一个先决的首要的核心的标准，具体说来，有三个层面的意思。

第一，关于自己从事的本职工作。我教初一的语文，教初二的数学，是初三的年级主任等，我们学校的所有人员，都有一定的职责，有一定的分工，把你的本职工作当作自己的生命的体现，生命的价值。什么是生命，本职工作就是生命的诠释，在工作中寻求幸福，寻求快乐。我说这个幸福是工作的优秀，工作的卓著，工作的领先，在工作中坐第一把交椅，是我们团队当中的引领者、示范者、感染者、促进

在《杨澜访谈录》节目中谈学生时代

者，这才是我们的幸福，才是我们做人的本分。没有这一个想法，把眼光、心思、思考定位在我们平常的物质生活和利益上，我觉得这是不正确的，所以，"为公"就看你所从事的本职工作，在八个人当中，在十六个人当中，你排名第几，课堂50分，打了多少分，语文有三位老师，你是第一还是第三。六个班，班主任工作，你数到前两名还是后两名等。这个本职工作是我们的命运，是我们的快乐的追求，在这一点上，对老师的判断，对老师的评价，都是以事实为准绳，你的工作进行时，你的工作状况过程、业绩等，这些就判断你这个人是否有过硬的道德素养。这一点，我们在档案上，在每次的评价记录上，都能够找得到。作为一个人，站出来，我多好多好，我哪里都是优点，不是用话说的，是用我们的工作来体现、来验证的。道德不是虚化的、抽象的，而是体现在我们的常规工作、课堂教学、本职表现。工作能力是其次的，自己的观点、自己的态度、自己的追求、自己的定位、自己的标准、自己对自己的约束，这都是重要的。用事实说话，每一个事情都得要公布，都得要亮榜，都得要揭晓，让所有的人有知情权。

第二，就是在校内，不是自己本职工作所涉及的，更看出一个人的道德有多高，是否真正的在杜郎口中学做到了以一个主人，以一个几十个老师团队中的一分子来出现的。在这一点上，比本职工作更有价值，更有利于对人的衡量、对人的判断，更有说服力。我看到在我们的实验楼前边，有几个地方的水泥路面被重车轧坏了，已经好长时间，在办公室，我通知王辉给杨希忠主任打电话，今天无论如何在学生离校之后，要主动地用水泥和沙子把它弄好，这是我安排给杨希忠做的，杨希忠就没有看到，没有把它记录下来，立即整理、整改，这就是差距。走在我们报告厅里，后面的黑板有个角已经开了，这个角用两三个螺丝钉上的话，非常简单，花不了两块钱，如果没人管，出去三五天，这个黑板就报废了。有没有人看到？有没有主动地把它收拾起来？没有。于是，我通知我们后勤的管理人员，让他抓紧，今天中午就把它修理好。到了里屋的办公室，学生处的章和印油掉在地下，在桌子下边和墙靠近的那里。我怎么能看得见呢？刚掉下去的吗？不是，多长时间了？每天都过来那么多人，看不到吗？我们这个小门的"闲人免进"这四个字，有个角已经张开，要么你把它撕掉，要么你把角粘好。为什么崔署光在这里，李汝章在这里，孙荣玉在这里，每天过来这么多人就看不到呢，等等。我来到学校待的时间短，走到哪里，就把问题尽收眼底，我们的这些同志们为什么就发现不了。说道德怎么讲，道德不是发言，道德不是写总结，道德是用事实、用事件、用真真切切的表现来书写的。我们责任打破了我们工作的局限性，我们自己学校的所有的事情，我们都能够操心，都能够在第一时间内该维护的维护，该翻修的翻修，该整治的整治，我们算是达到了一个比较高的点。但是我们现在是这样的吗？事不关己，高高挂起，跟自己没有多大关系，视而不见。什么叫德？怎么叫公？我们每个老师，每个班主任，包括所有人员，学校的所有事务都是你的，建立不起这个理念，没有这方面高水平的认识，你就不会有成就。下一步，各个主任也好、老师也好，把眼界都要放宽，把目光都要放长远，看看是哪一个同志为学校费力操心，这样的人坚持下来，该提拔重用的提拔重用，该推举出去的推举出去，给更多的机会让他到外地传授经验，参观学习。

第三，是面向社会。因为我们有双休日，有假期，有请假的事，有同学聚会的时候，有亲戚朋友过春节在一起吃饭的时候，有我们到外地讲学的时候。在学校是一个大阵地，到外面是一个大环境，你对杜郎口的心，对杜郎口在社会人当中的形象，你扮演着一个什么样的角色，这里头也不排除有个别的人对我们的学校有不满，有意见，到外地嘴巴把不住关，也许不是违心地把白说成黑，黑说成白，但是你的心态，你的定性、定位、定格，你是怎么一个情绪，这里头也有好多反馈的信息。前两天有教育局的领导来，对我们的工作进行了解，进行考核，有的个别人还说了对我们学校不利的话，我们允许你提意见，允许你对我们学校发展过程当中不到位的一些走偏了的、一些死角可以大张旗鼓地提，可以和领导一起去纠正它，但是，不允许你对我们学校的形象，对我们学校的知名度，对我们学校在社会上的影响有丝毫的败坏，有这样的人要把他踢出去，一个不能留。有的人到外地讲，我们的三顿饭是学校的，我们一年四季的穿衣是学校的，我的孩子上学学费是学校的，我的汽车是学校帮着买的，十年报答不完学校的恩情，有的人在我们学校里有同样的待遇，但就没有一点对学校的感恩，对自己的福利、待遇而感激，这样的人是什么样的人！

以上三点，即本职工作，分内之外的事情，社会的影响力，这就是最大的道德。希望大家在这几点上，和学校保持一致，继续发扬，如果说自己在某些点上做得不到位，没有和我讲的统一，以后要划清界限，和原来的一些不正当的做法告别，学校的发展才有自己的成长之地，学校与个人唇亡齿寒，我们的利益牢牢地连在一起，有意见有想法要公开正当地提出来，对学校有损害的坚决不许有一个字。我们共产党领导中国还有四项基本原则，咱们每个单位、每个家庭都有一定的约束，没有绝对的自由，希望大家好自为之。

（二）在利益面前，要正视，要冷静，不受诱惑，不见利忘义

这一点也能考查一个人，说一个人讲道德，就看他有利益的时候是不是能把它看得开，看得轻，看得淡。在利益面前，自己的心是一个常态的心，不受利益的驱动。什么是利益？奖金，外出讲课，在学校内部，带研修班的老师，座谈，工作的安置……这个利益指很多，往往人在利益面前就丧失了自己的节操，在利益面前就乱了自己的分寸，争利的多，让利的少。在我们学校，你只要是公职人员，是个工作人员，要求大家在利益上要三看，看开、看轻、看淡，越是这样做，更大的利益就在你的高尚、你的奉献中，越是能够分得开，能够把利益让给他人，维护学校的大局，实际上自己得到的更多。董立强曾经因为在北京开会，给我们学校省了饭费，省了几百，我们给他发的奖金是一千。刘峰在外墙喷涂料，自己的面包服被污染，我们是二三倍的面包服的钱给的他。我坚持这一点，谁能够看得轻、看得开、看得淡，谁得的利益就最大。在我们这里工作，在我们学校，有利则让，起码不在自己心里生长这样的欲念，包括我们外出的人，几个人在一起，买块雪糕，打个车，吃顿便饭，甚至给家里四邻八舍的孩子买点纪念品，要舍得从自己口袋里拿出几十块或上百块来。你不想一想，让你出去一次你能挣得一千，挣得五百，你不出去就是个零。原来有的人跟着领导出去，就认为领导出这个钱是应该的。其实我跟大家说，我出去的时候，高俊英出去的时候，张代英出去的时候，吃的所有的饭，打的所有的车，都是自己掏钱的。所以大家应该高尚一些，宽仁一些。不怕你没利益，就怕你没业绩，自己的大度、自己的气质、自己的形象、自己的素养才是自己考虑的。我们要分清哪些是自己想的，哪些是自己做的。在这一点上，我们不要效仿外面社会上风行的那一套，不要和它同流合污。有的时候，包括在孝道上，也讲这个问题，没有因为孝敬自己的爹娘而穷了的，没有因为省下那几十块、几百块、几千块不孝敬爹娘而富了的，我就这个观点。所以这些事情，我们一定要量的开、分得清，不能糊涂。

（三）危机、困难面前要勇敢地担当

在危机、困难面前，有的是领导找你，有的是同事找你，最高尚的是自己能够站出来，义无反顾地承担起来。这一点上我们有的人表现非常好，前一段时间，王兆峰、张静承担起了崔淑君两个班的英语课。史金凤主动找庞东，实行也好没实行也罢，但是有这个想法就很好。当英语学科缺主任的时候，张代英一个人承担，当语文学科又缺主任的时候，张代英还要接任。这是什么气度，这不是我安排她叫她做的，是她自己挑得起这个重担，担得起这个责任。当然，这两年我们学校非常安静，非常安宁，这和大家的勇敢担当不无关系。

（四）把成绩视为过去

因为我们的成绩都已经过去了，从零开始。如果有点成绩的话，让别人去说，尤其在自己的单位里，在我们内部，不要过多的，有意地把自己的优点、亮点说出来。你不说，人怎么样大家都知道，众人是圣人。这一点也检查一个人。要说学校知名度已经不小了。可是在我嘴里，不管是记者来，还是教育局的行政领导来，还是到外地跟人交流，从来没有过多地把我们的业绩吹嘘出来，在我的心目当中，有的只是不足，有的只是该整改。做人要两点论——成绩、不足。把不足当重头戏，成绩忽略不计。就像现在流行的一句话，最差的老师说的是自己班的最好的学生，一般的老师说的是普通的学生，最好的老师说的是倒数第一的学生。从这一点上就能看到一个人的造就、造诣，低调做人。所以这一点，只要不是学校里通知你到大会上发言，你就不要把自己的这也好、那也好到处去说。

（五）对问题的敏锐性、洞察力

缺点自己找，永不满足。对问题、对漏洞、对差缺、对死角要有敏锐性，我们所有的员工都要有这样的气魄和胸怀来对待我们本人的工作，我们组里的工作，我们班里的工作，我们全校的工作。一个人的进步，一个人的提升，一个人的历练，和问题意识是分不开的，要说我们学校里这几年的发展，和我永不满足的思想是一致的。领导班子开会开得多，他们都知道，在会上表扬的事几乎没有，一开会就是整改，一开会就是一针见血。只有这样才能提高，眼睛看着，脑子想着，手上干着，

都是在整改当中。永不满足，是一个人的高尚道德品质，因为没有尽善尽美。有的广告说没有最好，如果达到最好那就没有发展空间了。所以大家应该眼睛观察着，头脑思考着，每项工作的进程都要和这些不足、盲点做斗争，扎扎实实地去整理。我们每个人都是领导，每个人每天都在研究问题，补救漏洞，整改反思，自我批评，向这方面发展，我们员工的管理就是去领导化，我们学生的发展就是去老师化。所以大家都应该有这种敏锐的眼光，对问题的警惕性，时刻挂在心上。

（六）对指正的人心存感激感恩，加倍地报答

这和平常我们说的严格就是关爱是一致的，我们一定要端正态度。凡是在工作中给你找不足的人，就像医院里的大夫给你割毒瘤，给你下猛药。凡是在这一点上还看不清、道不明，甚至对给你提意见的人恨之入骨，那你算反动到顶了，今后的路子走到绝处了。因为我们的意图只有一个，就是为了大家好。我们唯一的目的，就是我们杜郎口的所有人达到最大化的提高，完善。怎么做呢？当局者迷，你自己看不到，看不到就要帮着你改，感谢的话语，行动的兑现，明白的人对这样的人该表达一种心存感恩。当你有错误别人给你指点方向，这是多大的恩情啊。有的学校里评课先说优点，甚至优点七分，缺点再多也只有两三分，这不正常，我们这里不能这样。我曾经说过，把批评当成福利，把处罚当成奖励。自己拿出钱这是最大的奖励，拿出200块奖励2 000块，你自己脑子里，应有这个意识。正确地看待批评。头上泼泼冷水，让你在走错路的时候有个指南针。

（七）读书、学习、借鉴，见贤思齐

因为一个人不可能是自己独立生活在一个真空当中，全县开会的时候要和王老中学的老师、实验中学的老师在一起，经常和全国各地的老师见面，要学会借鉴。我们老师读书读得少，这一点要向昌乐二中的学生学习，海量阅读，要向连云港灌南新知的校长徐翔学习。这里有见多识广的道理，见多才能识广，包括井底之蛙的故事，大家都知道什么道理，以后我们各个学科、年级，我们的领导要随时随地检查读书的成果，不要像过去那样暑假回来检查，要随时随地检查老师的自觉性。读的时候我建议读哲学的书、名人传记的书、历史的书、历史朝代变迁方面的书，要多读这些书。看这些书能使自己的灵魂得到净化，自己的视野能够看得更高更远；

培训研修班学员

不要局限于眼前那些言情、编造的情爱小故事之类的，读一些大事件、读一些大人物、读一些大的历史背景的书。几百年的朝代浓缩到一本书中，最有影响力的经验教训写给大家，这个价值很大。当然也更包括读我们业务理论、教学知识等关于我们本职工作方面的书。我记得张校长曾经说过：下一步的走向，初中教育的知识要向高中初步的知识迈进。等到再考试就不单考你初中方面的知识，要把初中、高一、高二的知识都包含进来。你的起点高、知识储备厚重，你才能在课堂当中游刃有余。就像郭主任给大家开语文讲坛一样，讲一个作品，讲一个作者他头头是道；一节的内容能给你讲出三节课来，他储备得多，思考得多，我们学校就缺乏郭主任这样的人物。举重若轻，站高看远。包括在外地和局长、校长谈话，人家说出来的不是平平常常的话，都是一些总结出来的有思想、有观点、有深度的话。一句话要做到三思、五思。

（八）思考、创意、求变

　　现在我越来越觉得事业成就在思考上，成于思，毁于随，任何事情都是这样。我曾经说，在办公楼前有三方沙子，让王辉、崔曙光用推车倒到操场上，两个小时累得汗流浃背，你这样我不认为你是优秀的。但是在一个墙角里出现了蜘蛛网，你用个杆子绑上笤帚自觉地打扫了，这就是思考，这就是优秀。眼睛要把整个校园、整个班级一览无余、尽收眼底，优秀的要发扬，差错的要立马改正。我曾经说过，从能做事到会操心是一个大的飞跃，我现在不看重你做的事，我们要的是一种自我的开发，求变，因为万物都在变化之中，没有一个不变的。谁由粗到精、由弱到强，谁占据了有利地形，谁就能够得到制高点。凡是什么都和磨道里的驴一样，不用棍子抽打不走，三年、十年、一万年你也不会做出事情来，不会做出超出常人的业绩。所以，我们不管优秀的、一般的还是薄弱的，一定要用脑子，每天都在缜密地、快速地收集信号加工整理，拿出措施、拿出方案。验平组、考评组都要去掉，自己都会自己把关，自己都会自己提高，自己就是一个独立的、进步的、生长的、完善的，每个人要向这方面去奋进！

（九）真诚、求是、打假

真诚包括师生之间，领导和同事之间，是相互依存、相互依赖的基石。之前河南周口八位回族老师来我校，已经和门岗上打过招呼，说"我们是回族、做饭的时候注意分开"，结果到了中午上饭的时候，就没给人家准备好饭。这不怨饭店，我立马给孔猛打电话，让他马上过来，三分钟把饭菜做好。我在那里等着就追问这个事情，一会儿就弄来了。在我没有问这个事情的时候，这八个人非常气愤，甚至对杜郎口中学非常不友好。但这个事情弥补了以后，人家后来又知道我是校长，态度立马就反转过来了。人家对方对我们没有过高的要求，就看你是否真诚。有一次我在坐飞机的时候，买了两瓶无糖的饮料，打开一瓶就放在小桌上，看书没注意一下把瓶子打翻了，撒了邻近的一位乘客一裤子，当时我非常不好意思，当时就从口袋里掏出二百块钱给人家，他说什么也不要。之前我把带上的几份报纸给他看，他看得很有味，就因为这一点。连云港的一位老领导，在我们学校丢失了五百块钱，听课老师多，找不到，我就通知财务拿出五百块来给人家，他说什么也不要啊。他说这是自己不小心，跟学校毫无关系。我说："五百块钱对学校无所谓，但是对你的心情可能要影响十几天。如果学生有问题第一个错就是老师，谁也不能定位在学生身上，我们要把商量、检讨、征求当作我们的工作准则。"说实在的，学生对你有意见，你如果对学生说"对不起"，就这三个字，以前的阴影就会完全消除。你有没有这个诚意啊？我们有的老师抱怨：这个班不好教，这个班班主任怎么不好……真是这样吗？包括对待外地老师，一定要善待，有求必应，人家把家里的工作放下，花了那么多钱，到杜郎口来学习，起码是看得起杜郎口、信任杜郎口。越是对对方真诚、真心，对方越对我们真诚。湖南永州何校长和丁主任我就只是见了面，和他们打个招呼，但他们对我怎么样？我作为一名校长，见了外面的老师都是非常和蔼、非常真切、非常诚意地对待人家。我们的老师有什么理由不好好对人家！人家有一丈，你是一尺！我们要求只要是杜郎口中学的老师，都要好好对人家。在出现有摩擦、有纠纷的事，一百个错都是我们。学生出了问题就是我们老师的事情，就是我们班主任、年级主任的过失、过错。有一句话说"良药苦口，忠言逆耳"，凡是对你说这些难听话的人，都是对你成长用心的人，盼着你进步的人。

在课堂上观察学生自主阅读

（十）精细、精致、精品

标准决定走向，标准决定产品。实际上，成事和标准是分不开的。现在我们很多人，包括领导干部，就缺乏标准，包括我们的穿衣，原则上说我们的穿衣要穿工作装，不穿也不要紧，要穿时装。什么叫时装？代表社会一种文明潮流的或某种意义上时髦的服装。你穿的是什么？这就是标准。课堂中学生展示时没有肢体语言了，学生回答的时候没有脱稿了，学生回答的时候又看老师了，学生点评没有到聚焦处了，黑板面上出现错字没有修改了等，这些还用人家考评组、听课人员给你指出来吗？在这些事上要人人建立标准，个个是把关者。

通过这十几年的发展，我想大家应该知道，做人比做事重要，做事比做官重要，过程比结果更重要；学习比学历更重要，身教比言教更重要；公心比热心更重要，先学会做人，不会做人的老师在杜郎口中学不称职。

我和师生在课堂

一、生成智慧是自主课堂的内涵

（一）真才实学

学知识是为了长智慧。有知识不一定有智慧，有智慧一定有知识。作为杜郎口中学的一名合格的教师，一定要有硬功夫，要将本节课的研究内容倒背如流、脱稿、烂熟于心，出口成章。

人差就差在格局不一样，层次不一样，定位不一样。杜郎口课改一定要有深度、有广度、有厚度、有宽度、有高度！杜郎口培训，它带给大家的是一种心灵震撼！尤其是自己的性情，做事扎实，不走过场，连根拔起，彻底的不留死角的这种意识。我看到玉青老师带学生学化学方程式，五节课学一页，不慢，学的是知识吗？否，形成的是规矩，让孩子懂得了规矩，学化学就是一个字母不能错，一个字不能错，错了就不行。只要这样学，同志们，我都敢保证你智慧、灵性、聪明、灵感、灵活，这样，站得高而望得远。古语云：由一知万，由近知远，由微知明。所以，这个学习硬功夫，不是单纯地把教材背过，如果简单地理解为必须背过，背不过就处分你，又错了，你得知道内在的道理，为什么要你这样，目的是养成一个人做事的风格，干事不走过场，干事不留死角，干事一定要超规格，要有高质量、高标准、突破性、超越性、杰出性。你让孩子从小形成这样的个性，我就敢说，不管他上清华还是上山师大，只要有这个性情的人，他干什么成什么，你认同吗？如果不把课堂与孩子一辈子接轨，如果不把课堂一招一式、一点一滴、一横一竖跟孩子命运接轨，又错了。因为基础是硬功夫，基础没有任何的水分，在这个前提下，后面的就知道了，他已经不再用老师，走向了现在杜郎口中学出现的"无师"的状态。教学的过程是让孩子懂得做事的这种规格要求，让他懂得这种规矩，这点知道了，你说语文上有字典，我查一查；数学上，你把基础打夯实了，他就跟上梯子一样，一蹭一蹭的来。孔子说："温故而知新，可以为师矣。"现在的孩子为什么这么不愿意学习？欠债啊！本来应该前面会的他不会！就像李世杰说，不是宝马车贵，是你手里没有钱啊！学生更是这样，腹有诗书气自华，肚子里没有东西，便拿不出东西来。硬功夫就是眼睛离开课本，离开资料，离开辅导书，离开预习笔记，照样能够出口成章。

（二）延伸拓展

教材上的东西是一个案例，千万不要以为教材就是唯一。大家知道卖油翁的故事吧，说的就是熟能生巧的道理，我现在要求杜郎口中学的老师板面要自己写，讲的时候眼睛不能看黑板，把这些东西都内化。打电脑盲打，眼睛不看键盘，越熟越巧，越熟越觉得容易，学习更是这样。在这个硬功夫的前提下延伸拓展，辐射，上挂下联，左顾右看，跟这个知识接轨，跟这个知识有联系，多多益善。别以为耽误进度了，大家要知道，见多识广，包括所说的读万卷书不如行万里路，行万里路不如阅人无数，阅人无数不如自己有所感悟，都是一个道理。经历比学识重要，吃一堑长一智。所以，课堂不要局限于教材上、辅导书上的那点内容，发动学生多多益善，向四面八方枝枝节节，各个空间要延伸。你收集了三，他收集了四，你收集了六，他收集了九，全班一整合有多少啊！一定要开拓眼光，不要狭隘、局限。崔海军教物理，用唐诗来注解物理原理，这多好啊！

（三）学以致用

学的知识要和生活当中的热点、焦点相联系。比如说政治，对生命的尊重，马航飞机坠毁在乌克兰，这就涉及战争，这就涉及民族，这就涉及世界超级大国。西非几个国家流行埃博拉病毒等事件时，都要和当时所学的内容联系。

（四）学有生成

学了语文课文，现场做出小作品、对联、诗歌、三句半，进行仿写等。数学，会做题、会讲题、会一题多解，不算本事，应该能够现场出题。一年级，一个学生出十道题，二十道题一节课，现场出，抬眼一看，屋内有多少电灯，电扇是多少，跟灯数量比一比，一共多少，谁比谁多；语文课本几页，数学课本几页，谁比谁多，一共几页；这篇课文是三页，那篇课文是两页，它比它多多少……在现场即兴创作，眼睛看到的，脑子浮现出来的，生成自己的东西，了不得。

二、自主教育学习模式

杜郎口中学自主教育学习模式的第一阶段，即"三三六"自主学习模式。

（一）自主学习三特点：立体式、大容量、快节奏

立体式：目标任务三维立体式，任务落实到人、组，学生主体作用充分发挥，集体智慧充分展示；大容量：以教材为基础，拓展、演绎、提升，课堂活动多元，全体参与体验；快节奏：单位时间内，紧扣目标任务，周密安排，师生互动，生生互动，达到预期效果。

（二）自主学习三模块：预习、展示、反馈

预习：明确学习目标，生成本课题的重、难点并初步达成目标；展示：展示、交流预习模块的学习成果，进行知识的迁移运用和对感悟进行提炼提升；反馈：反思和总结，对预设的学习目标进行回归性的检测，突出"弱势群体"，让他们说、谈、演、写。"兵教兵""兵练兵""兵强兵"。

这三者的关系：预习是知识构建、储备、收集信息及情感体验，初步形成三维目标，是展示课的基础，没有预习或预习不充分绝不进行展示，预习具有基础性。展示是对学生预习的延伸与检测，处理信息，全员合作学习，提升学习质量，让同学们得到成功的体验，具有激励性。反馈，是对展示过程中的死角进一步解决，保障人人达标，具有保障性。

预习：教师备大纲、教材，以及相关知识延伸、拓展迁移的内容，如背景、场景、情感、过程与方法、学生差异、弱势群体、人本、社会等。学生的预习，教师做必要的指导，如明确目标任务、掌握学习的方式方法、所达到的目标要求等。学生用双色笔做预习笔记。既有自主学习，自悟、自结，又有合作交流，学生相互启发、共同探究、学会学习，真正做学习的主人。通过对文本的挖掘，思想内涵的体验，形成自己的作品；感悟情思，形成自己的观点，晓之以理，动之以情；写作、散文、诗词、细节描写等；歌曲、相声、舞蹈、快书、小品、图画等，同学们在收

集信息的过程中，全员参与，并从不同的角度、侧面来观察、思维。根据自己的生活方式、性格特点、社会经验、知识水平去体会，去感悟，并形成一定的解答方法和答案。在此过程中，学生是独立的个体，甚至对同一个问题有几种解释和推测，比如学生由语文课课文中的一朵小花，引发出了几十种观点及情绪，有喜有忧、有爱有恨、有怜有憎，由一朵花引发出诗歌、舞蹈、散文、小说、歌曲等，开阔了视野，陶冶了情操。打破了统一答案、唯一答案，信息量几十倍甚至上百倍增长，学生的奇思妙想应该用无尽无休来表达，杜绝了千人一面。学生敢想、敢问、敢说、敢演、敢答，张扬了个性，解放了学生的潜在能力。因为收集信息是多方位的，师生、生生、组生交流合作，共同分享学习成果，避免了单走独木桥，少走了一些弯路，节约了时间。

展示：此环节是生生、师生、组生、组组互动的过程，主角是学生，学生提出问题，学生讨论、阐述自己的观念和见解，教师是平等的一员。注重学生的差异性，把握优、中、差展现的机会，尊重每个学生，鼓励每个学生，课堂富有弹性，因为开放性的课堂还有许多不确定的因素，要根据课堂的表现与互动，灵活地做调整。本过程既是预习成果的展现，又是在此基础上进一步提升。学生先预习交流，接着确定目标，然后由教师分配学习任务，一般是以小组为单位，这里的分配任务就是立体式教学的体现，原来一节课是在教师主持下，从头至尾，我们称之为一条鞭子教法，全体学生同时考虑相同的问题，就像学生打菜的窗口一样，一个窗口，一排好长的队伍，如果多开几个窗口，不就是提高效率了吗？小组领到任务后，自主探究，交流合作，形成自己或小组最佳解答方案，完成后，各小组展现提升，其他组的同学分享了成果，或者在某小组展现时受到启发，又有更好的解答方法。由一条线变为立体式的网络。通过各组对不同任务的完成及展现提升，课堂容量加大，原来一节课完成三个问题，现在能完成十几个，原来一题只有几种解法，现在多达十几种、几十种。由于立体式教学，不仅课堂容量加大，而且教学进度加快。学生们的理解、掌握、体会，更深、更透、更快。

反馈：由学生的认知、体验、感受予以反思总结，本环节尤其突出"弱势群体"，让他们说、谈、演、写，进一步检查落实情况，能否达到三维目标，不让一名弱者掉队，利用好"兵教兵""兵练兵""兵强兵"战略，全面、全体提升学生的知识、能力、情感等。较弱学生在某一问题上存在的差异，主动向优等生拜师学艺，可以是同组的，也可以是异组的，结成若干对，优生的辅导，既让弱生吸取了营养，点燃了他们求知向上之火，或者说让弱生绝处逢生，迷惘的十字路口辨明了方向，同时优生在原基础上又得到提高，不自觉地把知识进行梳理、系统并形成能力。课堂是多边课堂，学习是主动的，参与是积极的，获得也是丰富的。每个学生都动了起来，无论是被帮助的，还是帮助别人的，思维都非常活跃，脑、眼、耳、口、手并用，因为主动，所以才能有高效率。

（三）课堂展示六环节：预习交流、明确目标、分组合作、展现提升、穿插巩固、达标测评

预习交流、明确目标：通过学生交流预习情况，明确本节课的学习目标；分组合作：教师口述将任务平均分配到小组，一般每组完成一项即可；展现提升：各小组根据组内讨论情况，对本组的学习任务进行讲解、分析；穿插巩固：各小组结合组别展示情况，对本组未能展现的学习任务进行巩固练习；达标测评：教师以试卷、纸条的形式检查学生对学习任务的掌握情况。

（四）自主学习时间模式："10＋35"

"10＋35"分钟课堂模式，顾名思义就是教师在一节课45分钟内，自己活动时间不超10分钟，其余的时间让学生参与活动。形式上看起来只是把一节课的时间重新分配了一下，可教学理念有了一个质的变化。课堂中，学生在明确了自己的学习任务后，在教学活动中必备的主观能动性、学习热情、学习动机、学习毅力等学习动力全由学生主宰，教师所承担的任务是对教学的设计、组织，对学生的启发、引导、解疑、监控、调节、配合和评价。

对于杜郎口中学课堂教学改革中的"10＋35"，其实并不神秘，就是创造各种条件，把课堂话语权还给学生，让每个学生在课堂上敢说，会说，充分展示。

传统课堂是教师主宰着话语权。

教育学理论告诉我们，传统课堂教学模式，即班级授课制，夸美纽斯《大教学论》四个教学的"形式阶段"，即①明了（清楚、明确地感知新教材）；②联合（新观念与旧观念结合起来）；③系统（新旧观念的各种联合与儿童的整个观念体系一起来）；④方法（作业），到现在已经有三四百年的历史，在中国实行也有百年时间。

新中国成立之后，以凯洛夫教育理论为基础的五环节教学法：①组织教学；②检查教学；③传授和学习新课；④巩固新课；⑤布置作业，这一传统之所以具有超常的稳定性，除了因它主要以教师为中心，从教师的教出发，易被教师接受外，还因为它视知识的传授和技能的训练为主要任务，并提供了较明确的可操作程序，教师只要有教材和教学参考书，就能进入规范，依样操作，理论也因此而得以广泛传播，逐渐转化成实践形式，扎根于千百万教师的日常教学观念和行为之中。

分析班级授课制的不足：①容易走习俗的"效率驱动，控制本位"的极端；②不利于照顾学生个别差异，容易走向"一刀切""划一主义"；③学生的自主性、创造性不易发挥，容易导致以书本知识为中心，忽视学生实践能力的形成。集中到一点就是老师主宰课堂的话语权。

课堂教学改革，必须把课堂的话语权还给学生。

一是必须"让说"。杜郎口的"10＋35"时间模式，每节课老师讲授不得超过10分钟，学生活动不得少于35分钟，在时间上保证让学生说。现在，在每节课上每个学生至少有一次说的机会（即参与率超过100％）。

二是必须让学生"会说"。杜郎口的"预习"，是整个教学过程的不可缺少的环节。在预习课上，教师从教学目标、重点、难点上引导学生阅读文本，查找资料，整合信息，做预习笔记。著名心理学家、中科院心理所研究员张梅玲考察杜郎口课堂后说："让学生去预习，当然不可能100％看懂，可能大部分看懂，也可能什么都看不懂，但你给时间让他预习，在心理上就有了定向。"

三是让学生"敢说"。杜郎口的"小组合作学习"模式和"展示"环节为学生的交流合作提供了广阔的平台。"在展示课上，就是学生的定向学习，通过预习他有了定向，就知道了自己应该去学什么，也保证了学生课堂上的参与性，可以有准备来展示。如果没有预习，学生不知道讲什么。学生在展示中的表现，提出的问题大家进行讨论，产生了自信感。人有了自信，什么都不怕。"（张梅玲语）

四是用课堂评价保证学生"说"。标准之一就是课堂上学生参与的百分比；之二是学生展示（学习）的深度；之三是学习的效度。杜郎口中学的课堂给学生展示的舞台，这个舞台满足了孩子的心理需求。在满足需求的前提下，把教学民主化、平等化体现出来了，化成了行为。因为理念需要行为的支撑，没有行为的支撑，这个理念是空的。

杜郎口把课堂话语权还给学生，提倡自主学习、合作学习和探究学习，对学生的尊重化成了学生的行动，满足了学生探究的需要、获得新的体验的需要、获得认可与欣赏的需要、承担责任的需要。学生的主体地位真正得到落实。

三、自主课堂的特点

（一）每个学生都是课堂的主人翁

每个学生的意愿就是证明自己的价值，后来我们称之为这是人的本性、天性，很大程度上，人的心理需求是被他人，被更多人认可、赏识。课堂是集体的一种场合，每个同学的表现欲、成就感、认同心，人皆有之，兴趣是最好的老师，其兴趣就是因自己的一次表达、演讲、背诵、书写、解读、分析、发明、发现、概括、挖掘、总结等有进步、有突破、有创意、有特色、有专利时，备受大家的关注、称赞、推崇，热烈的掌声响起来，高兴的大拇指竖起来，啧啧声响个不停，让他人为自己动容，心灵有所震撼时，自我的那种自豪感、开心快乐又形成自觉性、责任感，陶醉其中，专注于研究，自我学习、思考、分析，掌握知识的结构、规律、本质、方法。为此我们把知情权，自学、预习、查阅材料、联想、上挂下联、左顾右盼、推敲、延伸都让学生承担，相信学生是前提，知识多少、深浅是次要的，这种责任心、自我担当的意识，自觉学习、认真扎实的探究学风是多么珍贵，多么可贵啊！教育的本质就是让受教育者把证明自己能行的强烈意愿唤醒，把自我的潜意识发掘出来，甚至达到极致，努力做、极致做、自愿做、强烈欲望做，这是教育的本真。课堂孕育与激发同学们的斗志，以强大的意志来完成超额学业，并由此引发内驱力，保证能干出一番大事业。

把表现权还给学生。课堂上，教师不是一统天下的霸权者，而是最大化地让每个学生享受一说为快、一写为荣、一辩为誉、一创为豪的民主大舞台。学生们参与的热情高涨，争强好胜，不甘人下，课堂就是人生，表现就是命运。

介绍杜郎口中学自主课堂改革

（二）学知识为了长智慧

课堂上就内容而言，我们把它分四个层次。

第一，对本节课的文本要熟知。其要求每个人达到倒背如流、烂熟于心的程度，其标志为无论在聚焦处背、讲、析，还是在黑板上写、画、绘，都要把相关的知识内容内化，出口成章、对答如流。尤其对经典部分要读书破万卷，书读百遍，这不仅是一种要求，更是一种高度，有好多学生学习有困难，弄不懂、理不清、说不清，其根本原因是在最基本的环节出了问题，表层化、浅显化，不深入、不具体，造成了不知其解，更不知其所以然，课本内容都是作者、编审付出了大量的心血整合、筛选形成的经典，我们去学习，去把握，一定要将其内化于心，胸有成竹，流畅熟悉，达到了与作者、与内容、与要义、与结构、与形体、与精神、与骨架、与血肉碰撞，有心灵感触时，心照不宣，心有灵犀，心心相印，甚至不单依靠解析书，用自己的理解、感悟、独特的见解来融会贯通时，那么理解、记忆、分析，或者有自我的专利才是学习上乘。学习的过程是动脑筋思考、加工、解析的思维过程，这样的学习是智慧的学习，是学习者自我消化的过程。

第二，以本节课内容为原点，上挂下联，左顾右盼。见多识才广，厚积而薄发，毕竟书上介绍的很有限，与之相关联的知识尽可能多的去涉及。由点到面，广博厚远，小则为知识，大则为眼光，乃至胸怀，心智的博远来自见多识广，就这点已不是完成本节课内容的学习目标，而是由此及彼，涉及的面更加广泛，形成的是一种开阔的思维方式、多元性的思想。眼界开阔，思维敏捷，灵感喷发，联想丰富，这样的学习根深叶茂，知识丰富，上下贯通，形成的体系更加牢固，思维方式更加全面科学。

第三，学以致用。善于结合实际的案例，达到学是为用而服务，无论哪一学科都能从实践中找到例证。做好结合的文章，课堂学习是最好的德育教育，语文课文，政治中的社会、思想、品德，历史中的故事、经验教训，数学中的原理在生活中的应用，物理、化学与人们的工作生活休戚相关等，学是手段，用是目的，尤其是感悟出的道理意义、价值对学生人生的借鉴，学会做人，学会做事，学会思考，学会应用，学会创造。这样，学生对所学更加直观，印象深刻，对理解其含义更加有根有据，同时为学生在实践层面的运用打下坚实基础。

第四，学有所得。有自己的独到见解，专利发明，生成作品。学生学到最后不能是鹦鹉学舌，一定要有自己的创造性，学后能总结规律方法，如三句半、顺口溜，对联，诗歌等。

这四个层次层层递进，前边为基础，后边为升华，相辅相成，为学生的智能开发打下了良好的基础。

四、自主课堂三十二字诀

2013 年 3 月，顾明远先生到了我们学校，他给我们提了三十个字，其中第一句话是："以学生为主体。"课堂当中谁是主人，谁是主体，这应该引起我们的反思，一定要凸显学生。让学生有时间、有空间、有机会、有快乐、有成功。我用三十二个字总结了杜郎口的课堂，课堂上学生应该做到：人人参与、个个展示，尝试成功、感受快乐，激活思维、释放潜能，自主学习、个性发展。这是课堂中老师的角色定位，要明确学生在课堂中是什么样的角色。

一次在云南外出，上午我讲完课，中午吃饭的时候，那里的局长讲了一个小故事："我们教育局基教科的科长周六正要和老婆孩子一起吃午饭时电话响了，教育局的副局长给他打电话，说是来了一个外省的基教科科长让他陪着去吃饭，他把电话挂掉后就跟他老婆孩子说：'我不在家吃饭了，局里有点事我去应酬应酬。'他孩子听了就问：'爸爸，什么叫作应酬？'那个科长想了想就回答说：'你不想做但又不得不做的事就叫应酬。'孩子听心里去了，吃完饭拿着书包去上学时跟他妈打招呼就说：'妈妈，我去应酬了。'"学生现在为什么厌学？我觉得一个很大的问题就是因为他出头露面的机会太少，他的聪明才智没有机会显现出来。我们杜郎口课改的前期也遇到了不小的问题，家长都说有老师教学生还学不好，更何况没有老师教了。很多老师也反对课改，甚至越是优秀的老师反应越强烈。表面上没什么反驳，但是背地里偷着讲课，还让学生在门口放哨，看到我来了赶紧放下教科书让学生自己学，等我走了又开始讲课。有一天晚上，我跟孙玉生主任一起查晚自习，胡老师正在上课，他在黑板上写了三道题，让学生谁会谁举手，结果学生们争先恐后都举手，他一看都举手了叫谁呢？不论叫谁剩下的同学都不会甘心，那就谁都不用了，他自己讲。我在外面看着，他不知道，这时候我把门一推说："胡老师，不准你讲。"他跟我说："崔校长，下面的学生都举手，抢着上来答题，乱糟糟的，耽误时间。"我说："胡老师，我的思想跟你的不一样啊。只要学生有愿意表现自己的欲望，比做几个题更有价值，学生想表达自己的愿望比知识更重要。不仅你不能讲，学习好的学生也不能讲，找几个学习差的，他们也举手了，看他们会不会讲。"上来三个学习差的同学把题做了出来，这时候胡老师拿着粉笔又要过来，我说："你又想干什么？"他说："我给他们批改一下。"我说："你不要改，让几个学习中等的学生改。"上来几个中等生改得非常仔细，把学生做错的圈出来，又把正确的答案在旁边写出来。所以，学生不是做不了。

2014 年我去济南开会的时候，经过一家小书店，女老板正给她的孩子打电话，跟孩子说明天是教师节，明天要早点起床，去学校门口迎接老师，祝老师教师节快乐，工作顺利，身体健康等。我在旁边听了就皱起了眉头，如果让她做老师她一定不是一个好老师，不是孩子不会说祝福话，而是她不让孩子思考，她把要说的话全都教给孩子说，这就是包办，她应该引导孩子，让孩子自己知道要说什么。教学也是这样，我们老师要做的就是利用课堂的时间、空间让学生学会四个"思"：思维、思考、思路、思想。因为学习的过程是脑筋劳动的过程，脑筋劳动的过程就是这四个"思"的问题。要做到这四个"思"，就要保证学生表达的精彩、展示的时间充分、生生交流与师生交流的丰富性，以及学生纠错的正确性。

五、自主课堂的定位

杜郎口中学的课堂以文本知识为载体，培养人的良好习惯，塑造人的美好品质。具体表现在以下三个方面。

一是志，即独立自主。课堂中学生是独立的个体，他们可以不依赖老师，按照自己喜欢的方式自由选择学习形式。

二是情，即生动震撼。课堂中每个学生都是一个演讲家，他们的展示要通过声情并茂、抑扬顿挫、饱满的情感震撼每一个在场的听众。

三是意，即深刻理解。课堂是学生思维火花尽情碰撞的舞台，学生的交流展示要充分体现学生通过文本知识而生发的思考、研究、分析、发现。

杜郎口教育到底为了什么？是为了让每一个学生都能发展成为一个有高尚品德、有社会责任感、有创新和实践能力的祖国未来的建设者。

（一）课堂定位第一点：志

有志气，有骨气，不甘心居人之后。人一生有志气，没有不成功的事情，怕就怕甘拜下风，一切靠等、要，没有独立人格，没有探索精神，没有执着追求，没有吃苦耐劳，绝没有成功。我们的课堂从今天开始，老师是策划者、示范者、提升者。我们每次上课，老师用1分钟、2分钟面向全体学生，背诵文本，把自己对课文的思考研究、分析发现、自己的创作和探索彰显出来。每个老师在课前有引领、有展现，如果这个不行，学生研究的高度很难突破。有一种迫不及待的感受，"同学们，我把我研究的成果推荐出来，献给各位"，这不要紧，这是为学生做提升，但是对平时知识的研读如果教师占据焦点，老师做主角，就要一票否决。教师在课堂上时不时地站出来，抢镜头，争时间，推自己，压学生，就是零分，就得罚款、落聘、开除。我们就是要还学生学习的自由，还学生学习的创造性，还学生的担当性，还学生的责任感，让每个杜郎口中学的孩子真真正正成为学习中的闯将、学习中的斗士，学习中不常见的标兵。这不单是学习的事，这是性格使然，争胜、好强、独立、担当，做什么像什么，不达目的绝不罢休，向自己挑战。

古人说："古之成大事者，不唯有超世之才，亦必有坚忍不拔之志。志不求易，事不避难。志之难也，不在胜人，在自胜。"战胜自己的弱点，战胜自己的懒惰，向自己的随便开战，那样你就是一个绝对的佼佼者。我忠告我们的孩子，要记住，一辈子不要靠任何人，只靠自己。没有过不去的火焰山，没有踏不过的深河、激流，如果你有坚强的意志力，拼搏的斗争性，顽强的抗挫折力，敢于挑战自我的惰性，那么没有不成功。人的成功只有自己才能实现。这就是一种勇于向人生的困难说不的品格。

我在外面讲课的时候经常提到蔡振国，通过他的成功，我知道了学习是件非常小、非常容易的事，教育最大的阻碍是包办，心强大，则力无穷。一个身有残疾，受尽痛苦折磨的人，成了北师大的硕士生，现在成了齐鲁武校的校长。我们在座的各位，家庭富裕，如果不独立、奋发、有为、向上、争取，情何以堪？

（二）课堂定位第二点：情

深厚的情感是一种无穷无尽的力量。我 1989 年患上糖尿病，至今已二十多年，每天自己在肚子上注射胰岛素来维持生命。我不像健康的人，能活到七八十岁，我可能六十多就要告别人间，就是基于这样的感情，我留恋我们的人生。所以在我的人生字典中，没有了辛苦。很多人，包括我的父母，劝我"你不要外出"，我妹妹说我"你这是何苦"，我说我就是愿意，这是我活着在实践中感悟到的，我也要告知更多人。一个忘我的人，一个陶醉的人，一个专注的人，一个达到了天、人、地合一的人，哪有做不了的事？所以我们的课堂一定要有抑、扬、顿、挫，有节奏感，有吸引力。还有很多学生声音高亢，没有错落，我听的时候犹如一碗白开水。我们以后的展示角度一定要基于我们的内心，以深厚的情感做底蕴，不说便罢，若说就要让我们真实的情感表达出来。我们现在 50 分的课堂，有一个学生做不到，就扣 10 分，有五个学生站出来发言、交流、解读、朗诵的时候，达不到声情并并茂，达不到铿锵有力，达不到韵味十足，让别人受到感染而心动，那就是不合格。我希望我们的孩子因为杜郎口的三年学习，以后的人生能够不同凡响。人的一生一辈子做的最多的就是交流，和家人的交流，和同事的交流，和社会人的交流，占据了我们人生很重要的一部分。一个说话没有吸引力、没有打动性、没有震撼性的人，在我看来就是一个低档次的人。我们的肢体语言，面容表情，眼神流露，内心世界的丰富多彩，这种韵味，这种形象，这种铿锵，这种感染，神皆赞之。包括教师，也要有情感的喷发，形象的崇高，感染力的强大，如果做不出来，对不起，那你就没资格上课。课堂中的这种情感是课堂的最高境界，人不同于生长的植物，人能反映出人的深情厚谊。把文本深入我们的心灵深处，流淌在我们的血管里，所以要把浓浓的情感在我们的课堂中烘托出来，让每个人感受心灵的震撼。

刘胡兰 13 岁，铡刀下无所畏惧，何等的勇敢；邱少云活活烧死在草地上，一寸也没挪动，何等的英雄气概。我刚搞改革的时候，半块砖头砸过我的房间，十大罪状由杜郎口一直贴到了茌平县，我没有退出，而是咬紧牙关，顽强抗争。课堂中的每个人都忘我、专注地投入角色里，让自己的身体、灵魂都在整个理解、感悟中得到呼唤。

（三）课堂定位第三点：意

意就是我们课堂的内涵、文本、拓展、延伸，是我们六七年来倡导的上挂下联、左顾右盼、延伸拓展。教材是我们其中的一个载体，是个起点，是个参考，我们要尽可能使它最大化，向四面八方伸展。意不仅包括思维的野马奔腾、飞越无限，更包括课堂的尽兴生成。

六、好课堂的标准

什么是好课堂，主要从以下三方面来看。

（一）学生参与的程度

学生整个学习过程热烈，打动人心，这是杜郎口课堂的生命。只要课堂不生动活泼，不热烈高涨，不斗志昂扬，这样的课堂就是 0 分，这样的课就要停课，不能再上第二节。我认为，老师的作用不是在那里讲知识，讲那几篇课文有几个生字词，有哪几个句子用了什么样的修辞方法，而是要看老师是如何发动、调动学生的积极性的，如何让他们一而再、再而三地在黑板上写或讨论或发表自己的见解等。学生不同的观点发生碰撞，学生言之有理，滔滔不绝，学生有自己独特的见解，没有一个学生走神，做小动作，这样的课堂是第一位的。我认为，老师的职责，不是知识的传授，是让学生表现、表达、表演。老师搭台、学生唱戏，老师营造一种氛围，制造更多的机会，让学生能够演讲、讲解、总结等。谁发动学生发动的好，谁就是位好老师，谁发动学生发动不起来，谁就是不合格的老师。后来我也想，蒋介石800万军队，美式装备，毛主席小米加步枪，发动劳苦大众，毛主席怎么胜利了？蒋介石重视的是军阀，毛主席重视的是劳苦大众，发动大众，所以我善于去思考这个问题，尤其是在现在，以倒一倒二的同学为基准，倒一倒二的同学在本节课中，在那里坐着安分守己，等待着、张望着，一节课没说话，也没到聚焦处，我说这节课就是失败的。

（二）学生独到的见解

课堂上学生对这个问题的解析、思路、方案，是从原有材料上复制下来的，还是自己探索出来的？我说课堂上最大的一点就是"专利"的东西，这个专利不是专利局发的专利证书，这个专利是自己对照知识自己的探索。有了自己的观点，有了自己解决难点的方法，属于自己的东西，这就是"专利"。

（三）学生的生成

现在杜郎口的课堂主要就是这三点，学生学习的兴趣是否高涨，研究的问题有没有自己独到的见解，学了之后自己的能力是否有所提升。我十多年了就坚持这三点。我们初一的同学为什么现在也能在这个报告厅滔滔不绝地讲，在课堂勇于争抢，落落大方。因为他们来到这里，用一周、两周的时间，到初二、初三的课堂上旁听，虽然初二、初三的知识他可能一窍不通，但是他在现场受到那样的氛围、那样的高涨的情绪的影响，借鉴学习非常快。他不会考虑这样做道理在哪儿？这个规律是什么？特点是什么？他不考虑这么多，但是他会被学长们回答问题时那种争先恐后的学习激情所打动，然后回到课堂当中运用。所以初一的同学来到学校里不到一个月他就能够把我们的教学特点弄明白。不看老师讲得多精彩，而看学生学得是否主动，是杜郎口中学课堂学习的价值观。

自主课堂上学生们在认真思考

七、好课堂十要素

我们对一个好的课堂的概括是"生动活泼，精彩有效"。核心的指标是"精神焕发，神采奕奕，笑容可掬，美轮美奂"。做人最高的标准是"诚"，优秀课堂的标准就是"神"！用"神"来托住课堂，支撑课堂，让学生都乐于学习，陶醉到学习当中。要达到这一点，我们就要注意以下几个方面。

（一）师生关系

在师生关系当中，最重要的是老师要尊重学生。老师不要总是那么高高在上，错了也死不认错，多数情况学生的蛮横是老师不讲理给逼出来的。教师要真正地把学生当成一个独立的有尊严的人来看待，是我们错了我们就要勇敢地检讨自己，这样我们的尊严不但不会降低，反而会赢得学生真心的尊重。安徽省桐城市有个六尺巷，据记载是清代（康熙年间）文华殿大学士兼礼部尚书张英的老家人与邻居吴家在宅基地问题上发生了争执，家人飞书京城，让张英打招呼"摆平"吴家。而张英回馈给老家人的是一首打油诗："千里修书只为墙，让他三尺又何妨。万里长城今犹在，不见当年秦始皇。"家人见书，主动在争执线上退让了三尺，下垒建墙，而邻居吴氏也深受感动，退地三尺，建宅置院，于是两家的院墙之间有一条宽六尺的巷子。这就证明了相互宽容的力量。用我们的品格赢得了学生的尊重，和风细雨，多和学生商量，学生能不喜欢你，不喜欢你教的学科吗？

（二）以生为本

企业做产品能光围绕产品打转转吗？不行啊，他得想到顾客。我们能光想教材吗？我这一节课要讲几道小题，要把几个知识点说完，你想怎么样就怎么样啊，你得考虑学生啊！你首先要考虑学生的心理、心态、内心的需求好恶，其次要考虑这一节知识的处理跟学生的程度能不能对应，他能不能接受；最后要想一想这一节在哪里是个突破口，这个问题能不能激发大家的激情，促进知识的生发与能力的形成。

作为教师，我们应该善于捕捉课堂中的亮点，捕捉课堂中学生灵感的火花，让他最快地形成燎原之势，必要时我们老师也可以参与进来，用你的规范、你的优秀来引领带动学生，在学生心里形成共振，那这就是好的课堂。一节课的韵味就在于思维的交锋，不同观点的质疑、碰撞、对抗，自己独到的心灵感悟，心灵火花的四溅，思维的快速，学生学得兴奋，学得有兴致，不愿意下课。因此，你第一想到的就是学生，你一切的出发点都要围绕学生。让学生忘乎所以，喜形于色，透射出一种灵感，眼睛放花、放火、放光，或喜笑颜开，或眉头紧皱，或翩翩起舞，或高歌一曲，精神振奋，灵魂震醒。当然我们不是说知识就取消了，但我们的定位应该定在学生是否感兴趣，是否有火花，是否达到一个小高潮。达不到这个，你就要研究，不用考评组，你自己就该给自己停课！

（三）精彩动人

教师节的时候，实验小学的两个孩子表演朗诵，声音抑扬顿挫，声情并茂，那气质、那风度，在场的领导都被震撼了。在何海燕老师的课堂上，学生读得不到位，她拿过来给示范，不用跟打拳一样那才叫肢体语言，真正的肢体语言是心情的自然流露，该有肢体语言的时候，一伸手、一攥拳、一发誓、一捂心，体现的是一种精神风貌。不能说上三分钟一根手指头也不伸，像个电线杆子，这一点不到位，这一节课不上了，就整治这个。不是不会，是我们的脑袋出了问题。想都没想到，何谈做呢？我们学校改革成功的很大一个方面就要放在学生的这种言谈举止，这种气质的打造上。一个学生没肢体语言扣 20 分，不用三个你这一节课就"0"分了。

（四）内容深化

一节课有没有规律、方法、特点、特征的自然的生成，也是判断课堂是肤浅还是深刻的标准。由思维到思考，由思考到思想，是很不一样的。我们一定要杜绝那些死记硬背的东西，要带领学生找规律，历史上的陈胜吴广起义、黄巢起义、李自成起义等，把他们串起来串学，时间、地点、人物、特点、结局、意义，你列出表来，一下子就掌握了，这样你半年不光学一个年级的，你三个年级的都能学完，关键是我们要找规律、找技巧。我们现在有的老师还完全依托于小试卷，老师没有自己的感悟、方法、特色、特长，没有自己的生成，拿什么来引领学生？没有自己的东西的课就是失败的课。课堂的深刻性一个是追溯性的，由今天的想到昨天的、上个月的，十年前的知识层面上的拓展联系；另一个是精髓性的、规律性的东西的把握，形象的联系。

（五）形式多样

在课堂的运转中，要有一些灵活有效的准备，争辩啊，质疑啊，比赛啊，对抗啊，实验啊，多媒体啊，课本剧啊，学以致用啊……很多。课本剧的编排要身临其境，要严肃深刻。

（六）创作感悟

例如，语文至少要有十分钟的小写作，政治、历史等都要有自己的生成。不用心的课堂是要不得的，课堂就要有自己独到的见解，要敢于向别人提出批评要有自己的思维、思想、思路，有自己的价值观，这才是课堂。每个人都是资源，人人能创新，个个能创造，这是鲜活的课堂。

（七）联系生活

我们的学习要与生活接轨，与现实同步，要学以致用。考试只是我们学习的一个检测，绝对不是我们教学的目的。联系生活，课堂才有生命力，我们可以观察周边的农作物、小动物，可以观察我们自己的亲人……

（八）要有真正的激励

要让学生有更好的表现，就要有切实有效的激励、赏识，让学生找到认同心，激励他们更好地发挥自己的潜能。因此，我们的老师不能用简单的"真好""太棒了"来打发学生，时间一长，就会一文不值。我们应该对学生的回答进行实实在在的剖析，让学生知道在课堂上该发扬什么，该避免什么。

（九）举一反三

我们的基础、观念是"一"，我们要用放大镜来对待，跨越课堂，让这个"一"光大、厚重、坚实，要将丰富性与进度有机联系，这样就会越来越快，达到"举一反三"。我们学习最终是要懂得道理，"读书百遍，其义自见"，这个"义"是道理，"听君一席话，胜读十年书"，明白的也是道理，是开窍。放开眼光，开拓胸怀，学习大师的气概和气魄。

（十）课堂实效

课堂中的写、说、作、测要灵活结合，测的方式很多，追问、评价、多媒体、纸条、黑板……一字有错不进行第二个字，要的就是一种实效。

八、课堂就是命运

七八年前有记者采访我的时候，我就说，"杜郎口这一套教学理论是对人，更多的学校是对书。"要以人为研究的对象，以人的情绪高低、以人每节课当中心灵震撼、热血沸腾为目的，尤其是当孩子有机会表达了、展示了、创新了、受到热烈的掌声了，这些对这个孩子的学习和一辈子有非常大的诱惑力和影响力。

我要说课堂就是命运，我现在理解的课堂就是孩子的未来，课堂就是小孩子今后几十年甚至一辈子的命运啊。我是个老师，也愿意出人头地，愿意被提拔、愿意涨工资，我愿意让老师校长在公共场合对我刮目相看。同样的道理，你想想孩子的内心是不是也这样想。如果这样去做教学，你这哪儿是做学问，哪儿是教学目标的设计，这是在做善事，在行善积德。课堂上学生的才华、学生的创造力、学生的发明创作，比一比、评一评，树立一个高大的形象，让自己在众人面前有一席之地，让学生对人生有了一种信念，有了一种坚强，这不是做善事吗？

谈师生角色转换

所以这几年，一说高效课堂，我就特别的反感，高效是什么？达标率高？课堂是孩子的幸福指数、是孩子的愉悦程度、是孩子情绪的高低……学生在课堂这个场合、时间里，表达、演讲、争论、比拼、书写、绘画、创作、梳理，自己有了进展，有了进步，有了尊严，有了面子，他心灵深处生腾出了对未来的希望，对未来的梦想……学习的事情是孩子自身的事情，是树立信念的地方。我认为，"为了升学而开展的教育，不以人性出发的教育，也不要说考不上名牌大学，就算全考上，中国在若干年后还是会落在人家的后面"。就算你知识再熟练，而不关心孩子的胆量、性情、自觉、执着，不关心孩子要强、向上比拼、自律，不关心他的素养，你只是为了知识，那么结果就是死路一条。

大家知道拔苗助长这个故事吧，嫌苗长得慢，把它提起来、拔出来，第二天苗子就死掉了，现在的有些教育是不是就错在这里。现在对于教育，"功利"这两个字害死人啊。我每次看到所谓名校的横幅上、黑板上、液晶屏上展示着诸如今年升清华两个，明年升北大三个这样的字，我就在想，对于这样的教育，我感到悲哀。如果一个人以为升上北大、清华就觉得自己了不起了，就觉得自己是个巨人了，那么他这个巨人就是走火入魔了。如果我们全然不顾孩子的人性发展，不尊重孩子的演讲能力、自信心，只是一味地追求应试教育下的高分成绩，那么就会造成"高分低能"的悲剧。

还有的名校，徒有虚名，没有从孩子的生命上着手，而是从分数上"折磨"孩子。我如果是这个学校的教育主管，我会立即叫停这样图名图利的功利行为。为什么我一再强调教育也好，做农民也好，做食品加工也好，一定要讲究道德呢？尤其是教师，咱们的对象是学生，如果不从学生这一辈子着手，如果不从学生的这一节课着手，如果不从学生素质的提高着手，而只是关注分数，刻意地追求"题海战术"，那就真的是"误人子弟"了。

针对我们杜郎口中学的老师们在考试前让学生做试卷的行动，早在几年前我就明确要杜绝此类现象。我们要不拘泥于试卷，我们不是做不到，是我们没有那样的气魄，没有那样的眼界，没有那样的格局！

我曾经当过老师，也取得了很多荣誉。很多事我都是以自己亲身体会到的、感悟到的给大家讲出来。我第一年教小学毕业班，我教的那个班 32 个学生里有 29 个考上了初中。我没教几年的书，但是那一年我的全县第一比第二平均分超 20 分。我上课就搞比赛，把两个班的课合在一起上。一班和二班，一组和二组，一班的 4 号同学和二班的 4 号同学竞争，比的是两个班的尊严、地位，比的是两个班谁胜谁败。这样就形成了两个班的竞争与合作机制，谁也不肯认输，那学习的劲头真足啊！不要说我了，就连学生自己，如果谁拉了小组、班级的后腿，那么这个组，这个班里的其他学生就会对他很有意见。这不是考试题，这就是志气，这就是骨气！

用黑板做墙壁，这是杜郎口模式的一大特色。让学生一人一个板块，充分利用，多次板书。学生自主创作，信手拈来。课堂知识是一个小载体，内心的强大，信心的增大，争强好胜是课堂的灵魂。这些年来我立足于发动学生、依托学生、展示学生、书写学生、辩论学生、演讲学生，课堂是学生的阵地、天下。教师一定要把课堂还给学生，做到"无师"课堂。

在课堂上要积德行善，不要让教育屠杀了学生。所谓"积善之家，必有余庆；积不善之家，必有余殃"。要让孩子们每一节课受尊重，有进步。

九、自主课堂的精髓

自主课堂的精髓是"拓、挖、思、悟"。

"拓"就是拓展、延伸，知识向四面八方延伸、联系、联络。由一个水杯联想到了泥性杯，联想到了我在联合校时发的瓷杯，又联想到了酒杯……由一个知识点向四面八方拓展，目的就是让我们的老师和学生，站高望远、见多识广。见多就要扩大视野，所以以后对知识的研究要达到广阔、立体、网络。易中天品《三国》，于丹品《论语》，他们就是把一小段文字能讲解好几个小时。把文字以外的内容，文字没有揭示出来的含义，挖掘出来、解读出来、披露出来。我们以后对文本的处理也是由此及彼，举一反三，上挂下联，左顾右盼。我曾对徐利说过，今后数学发展的趋势是宏观的，对一个问题的解答可以牵扯到整本的内容，如果一个老师能够把一个字解读上几个小时，甚至把整个初中的内容糅合在一起串联起来，这才叫"宗师"。语文课上，一节课一个字都没处理完，而学生整节课都围绕着这一个字进行研究，那这就成功了，目的就是让学生开动脑筋，多思善解，而不是背诵。背过一段文字不是学习，关键是引发他思考。老师不是把教材装到自己脑子里，然后再倒在学生的脑子里。老师要在教材的挖掘、联系上下功夫，空间联系、时间联系、横向联系、纵向联系，古今中外这些都得要放大。

"挖"就是找到知识的本质、找到规律、找到方法，这比拓展教材更重要。就像见到一个人，这个人的外形很好看，一看就能看出他有多高，有多瘦，穿什么衣服，留什么发型，但是这个人什么性格，什么脾气，通过几年的交往，才能知道他的本质，这是我们的目的。我们处理教材也是这样，能够把教材内容内在的规律、内在的特征、内在的技巧、内在的方法总结出来。刘桂喜老师在外地上课的时候，就是用顺口溜的形式把知识总结出来的。

"思"就是应用的问题。和现实、和生活、和实际、和社会、和焦点、和热点接轨，一切用于生活。我们学了知识做什么，就是应用的，生活、生存、生命联系在一起，学以致用。

"悟"就是一种悟道，最重要的一种就是创作，形成自己的作品。今后我们的备课就要在创作上下功夫，语文课不管上说明文、记叙文、议论文，都要有自己的作品，老师要有作文，不要只等到周四、周五作文课上去做一篇，让学生去读一读，欣赏欣赏。平时每节课都要有作品，作品要有创意、有创造。老师可以填词、作诗、对联、片段、散文、感悟，老师都要有现成的，甚至多才老师会做出几则作品，不同的艺术形式，多多益善。我们和学生绝对不是这种关系，学生饿了给他送几袋方便面，学生病了用小车拉着他去看病，这些都是生活小事，真正的师生关系应该是学生对老师充满崇拜和信仰。老师要有真才实学，老师的艺术成果能对学生进行感知、启发、激发、感染。原来老师认为对学生好一点，面带笑容，生活上照顾一点就可以了。真正的是学生认为老师懂得多，老师作品比课本上的文章都不差，徐立峰老师就有这个优势，他上课的时候经常把自己的稿子拿出来或者自己读或者让学生读，学生觉得他的稿子比自己的稿子强出一大截，学生一听老师的作品，一琢磨自己的作品，就会觉得老师有水平，因此，学生就会对老师产生一种崇拜，认为老师肚子里有墨水。教物理的老师做小制作、小发明，做不出来就不能上课。教政治的，我问你联合国的秘书长是谁，中国有几位副总理，我县的县长是谁，你知道吗？你如果不知道就不能上课。教政治的就应知道一些基本政治知识，不关心政治的老师怎么能教政治呢？要知道今天世界上发生了什么大事，近段时间发生了什么大事，社会焦点是什么？教政治的老师要有政治灵感。教历史的拿出一个历史人物，比如曹操，你对曹操的生平，历史的贡献，他的历史局限性，你要分析出来，分析不出来历史课你就不要上了。关于毛泽东、刘少奇、孙中山、邓小平等伟人，根据你收集的历史文献写一篇关于这个历史人物的论文。语文老师，给你几个字，写出几千字的论文来，你能不能写出来？所以，我们下一步对老师的要求更高，不要只把课本上的知识说说就行了。

过来的发展是表面发展，今后的发展是内涵发展、是专业的发展。今后学科主任最大的任务就是组织本学科的老师进行研讨，对教材进行深入研究。比如：由小圆点你能联想到哪些内容，由一点联想到哪些方面，像现在的一星期只听一次报告是不够的，以后要在教学研究上评价老师，看谁在知识的占有量上多，看谁有真本事。暑假十几天的培训就要落实好真正效果，按照我刚才说的对教学的"拓、挖、思、悟"几步走，好好提升自己的专业化水平。咱们的老师一旦走上较高的台阶，以后老师在课堂上的感染力就非常强，对学生的启迪影响就比较深。

十、自主课堂小组合作学习

（一）小组合作——课堂走向自主的基础

小组合作学习是杜郎口中学课堂的重要组成部分。讨论这一学习方式已被杜郎口的师生所认可和采纳。在杜郎口中学，各个班级根据学生学习的不同基础，从学生不同的知识结构、学习成绩、学习风格等来优化组合。按照"组内异质，组间同质"的原则分成六个小组，每小组人数根据班额大小有的班级是 6～7 人，有的是 10 人左右。桌对桌，面对面，以便于学生分组、交流、合作。组内合理分工，明确职责。

小组内设小组长。小组长的主要职责是对本组成员进行分工，组织全组人员有序地开展讨论交流、动手操作、探究活动。教师应根据不同活动的需要设立不同的角色，并要求小组成员既要积极承担个人责任，又要相互支持、密切配合，发挥团队精神，有效地完成小组学习任务。

杜郎口的小组合作学习，让学生逐步养成了良好的讨论学习习惯。一是独立思考的习惯；二是积极参与、踊跃发言的习惯；三是认真倾听的习惯；四是遵守课堂纪律和合作规则的习惯。

（二）教师在小组合作学习中的作用

杜郎口中学的教师在课堂上是主持人、组织者、指导者，是教学中的首席，要"相信学生、利用学生、发展学生"，不能唱独角戏；要由"讲"到"动"，使课堂成为"快乐享受的地方，不是被动接受、枯燥无味的看守所"；要打造"艺术课堂"，

杜郎口中学被国家教育行政学院定为教学考察基地

让学生"享受快乐"。

杜郎口的课堂内容由"纯知识型"向"能力、情感、价值观"转变。课堂学习要由知识生成能力,由知识生发情感,培养学生正确的人生观和价值观。教师到底需要不需要讲,需要讲多少时间,什么时候讲,不是由教师的愿望决定的,而是取决于学生学习的需要,这就是"教服从于学"。杜郎口的课堂上,教师的作用并不在于讲,而在于导,因势利导,适时适度点拨指导。

课堂展示和学生掌握知识的各个环节——认识、理解、应用是紧密结合的。杜郎口的课堂在知识的重点处、疑难处和关键处,围绕预习课归纳提出具有挑战性的问题,开展课堂讨论。

在杜郎口的课堂,教师是组织者和协调者。在学生动起来、课堂活起来的情况下,有的学生参与不够积极,有的学生发言时声音太大影响到了其他组的同学,还有的学生和别人争吵。这时教师给予具体指导,让多次发言的同学把机会让给还没发言的同学;鼓励还没有发言的同学大胆发言,积极与别人沟通;引导同学们不仅自己会说,而且要学会倾听,在合作中竞争,在竞争中合作。对于任务完成得快的组,让他们说一说是怎样做的,让其他组分享他们的快乐。杜郎口的课堂关注学生参与的广度和深度。现在,杜郎口每堂课学生参与面都在100%。

(三) 课堂评价的多样化

杜郎口的课堂评价是多样的，有鼓励性的、也有批评性的。有语言，也有掌声。有老师的评价，而更多是来自学生间的相互评价。通过评价，促进学生自信心的逐步提高、学习的不断深化、团队建设的不断凝聚、课堂效益的不断增强。

十一、自主课堂的研究平台

业务论坛是杜郎口中学自主课堂的研究平台之一。

从 2000 年秋开始，杜郎口中学利用周六下午，开设教师业务论坛，每个教师既是教育者，又是受教育者。至今他们进行了"说课""说我""学洋思有感""我的课堂程序与学生活动""如何做一名优秀教师""听课评析""月考分析""我的扶贫工程""谈预习""有感于学生评教"等几十次专题论坛。

教学论坛，是杜郎口中学的一大特色，它给老师们提供了一个展示的舞台、学习的机会，同时也达到了以下几个目的。

(一) 增强了对教育教学新理念的认识

在业务论坛中，杜郎口中学教师认真学习了"洋思中学成功之道"，触动很大，不管是洋思提出的"没有教不好的学生"，还是"三流的硬件，三流的资格，三流的生源，创造了一流的教学质量"，都使我们感到震撼，特别是学习了洋思的教学模式"先学后教、当堂训练"，更让我们找到了教改的最好诠释。我们创造的"10＋35"教学模式和洋思经验是完全一致的。

(二) 使教师们重新认识自己，查缺补漏

杜郎口中学的业务论坛中，组织了一次"说我"专题，让老师们谈谈自己以往工作的得失、经验与教训，查找不足。

李霞教师谈道："我在教学中缺乏信心，看到差生就厌烦，头疼，不喜欢他们，也很少与差生进行交流，对他们没有信心，以至于差生在学习上没有进步。在学习

洋思的教学理念后，我就树立了信心，为什么洋思中学能把'后进生'培养成合格的优秀生，而我们为什么没做到，难道洋思中学的教师个个都有特异功能吗？我想他们的特异功能正是从他们一点一滴的小事中体现出来的。"

李玉莲教师这样说："以前自己没有真正动脑，没有把集体备课实际利用起来，教学成绩不理想的原因还在于我比较懒，在教学上缺少向别人虚心请教的态度，我决心在以后上课前一定和其他同科教师进行集体备课，交流后再上课，使自己以后的每堂课都是高效率的课堂。"

徐利教师谈到自己的不足时说："在自己的工作中，有几点做得不够好：①教学观念没有彻底解放，在课堂上还没有最大限度地去调动和发挥学生的学习主动性，还存在着明显的重知识、轻能力的倾向，以后我要通过精心备课，力争把每节课都变成学生的能力培养课。②关于对学生的付出上还存在着好多思想工作不能及时到位的情况，往往有许多同学不能及时观察出他们的思想变化，有的则做工作缺少跟踪反馈，以后我要勤了解、勤观察，力争及时发现学生的思想疙瘩，为学生排忧解难，让他们轻装上阵。③在工作投入上，还有很大的潜力可挖，在今后，我要不依不靠，创造性地开展适合本班的各项活动，尽自己最大的努力，为学生的成功尽心尽力，创造出我校的奇迹。"

与学生一起认真听课

（三）学习优秀教师的授课技巧

业务论坛除了"说课""说我"等一些活动外，还举行了优秀教师的观摩课活动，讲课教师带学生到大会议室，学校全体教师参加听课，本学期进行授课的高俊英、李吉涛、张代英、时静等教师无不体现了学生的主体作用，他们成功的授课方式给所有听课教师全新的启迪，科学的教学理念已在老师们的心中扎根。

十二、自主课堂的评价体系

为把课堂教学改革坚持下去，评价制度创新是关键一环。杜郎口中学变传统的终结性评价为主到过程性评价为主，变传统的以评价教师的教为主到评价学生的学为主。这两个转变引导着杜郎口中学的学生动起来，课堂活起来，效果好起来，一步步地走向成功。下面是杜郎口中学的课堂评价标准的演进过程。

（一）从过去以评价教师的教为主到现在以评价学生的学为主

在教师方面，就是看课堂中是否坚持了以学生发展为中心，是否依据课程标准施教，是否体现了人文性、综合性和实践性，还要看教师的备课情况。

在学生方面，就是要看学生在课堂学习中自主的程度、合作的效度和探究的深度。具体是一看学生在课堂上参与的人数，是 100% 参与，还是小于 100%；二是学生参与的质量，语言表达是否通顺，态度是否积极认真，情感是否投入，板演书写是否整齐工整，词、句、符号、公式是否正确，等等；三看学生的预习笔记。

（二）从过去的以终结性评价为主到现在的以过程性评价为主

联系阅读：联系阅读是指在教师的引导下，学生从相关书面材料中提取信息、获得意义并影响其非智力因素的活动。从某种意义上说，阅读就是学习，没有阅读就没有学习。所以，一节课是否优秀，我们要看学生是否进行了阅读，而且要看学生在阅读的过程中，能否围绕目标，对相关知识进行纵横联系、互相贯通，以提高自己的综合能力和综合素质。

主动问答：主动问答是指学生自主、积极地提出问题和回答问题。主动问答既是教学目标，又是教学手段、教学艺术。

自主讨论：自主讨论是指在教师的引导下，学生自选问题，并就这一问题自由交换意见或进行辩论，以解决问题或生成新的问题的活动。讨论对于培养学生的语言表达能力、辩证思维能力以及合作意识和合作能力，具有十分重要的意义。

自评互判：自评的目的是全面认识自我，发现优点、鼓起信心、认识不足、反馈调节；互判是通过学习活动发现伙伴的优点，以此相互认识、相互激励、相互提高。

以上四个环节，不是每节课每个环节都能做好的，但只要一个环节做得好，就是一节好课。

（三）从过去的以掌握知识评价为主到现在的综合评价

杜郎口中学强调课堂双质量必须保证。一是对知识的归纳、总结、特征、规律，还有进一步的启示、感悟、联系实际等；二是学生的语言、神态、动作、情感、书写等。

课堂气氛和谐、民主，学生敢问、敢说、敢爬黑板、敢下桌讨论，形成一种积极主动、争先恐后、紧张活泼的氛围，读、说、议、评、写贯穿始终；拓展、挖掘、提高，重视能力培养；学生活动人次多，密度大，人人参与；课堂效率高，效果好，达标率高。

总之，要求课堂上既有知识的交流，也有情感的碰撞。特别关注学困生的参与。

课堂评价标准，具有导向作用。也可以说，这是教师教学的风向标、指南针。杜郎口中学课堂评价制度改革，是在长期的教师业务论坛中逐渐形成的，得到了老师们的认可，促进了课堂教学过程的优化，取得了明显的成效。

十三、课堂教学的第一要务是形成学生的健全性格

作为教师，要把学生的性格健全放在首位。因为我们的教学工作是培养学生怎样去做人、怎样去处事。千万不要狭义地认为，教学就是为了学生学知识、会考试。

只有学生具备了完整、健康的性格，才能说我们尽到了职责。

把学生培养成为具有：自主、自信、自强不息的性格；勇敢有为，探索创新的精神；团结合作、服务奉献的品质的人。只有如此，学生会做人、会做事、会学习，走向社会才能为人类做出应有的贡献。否则，单纯地关注学生学业，并且靠死记硬背，接受性学习、大题量训练，即使学业成绩提高了，恐怕也只能是一名书生，甚至是书呆子，难以承担社会责任。

自主，是成功的前提。自主，不是让学生自主就能自主，要靠课堂上的放手、民主、激发、期待来培养和训练。目标让学生自己去定，思路让学生自己去想，方法让学生自己去找，技巧让学生自己去探，规律让学生自己去寻。允许学生走弯路、出差错，只要学生开动脑筋去思考、去比较、去实验、去推敲、去创意、去实践，就是课堂的成功。课堂不要简单地使用达标率、高效益来衡量，要以学生自我意识的形成、强化，主动承担的意识来判断。

学生发现问题比解决问题更重要，遇到问题能思考比认真听教师讲解更重要。思考而未找出解决方案，继续思考，或者主动翻阅相应的辅助资料、上网查询、到图书馆查阅相关书籍，比做一百道题更有价值。这不光看到学生对知识学习多认真、一丝不苟，更有意义的是学生形成独立自主的好习惯。有困难不能等、靠、要，而是主动出击、主动承担、主动解决、主动完成。

自信是勇气的孪生兄弟，自信是靠成功支撑。我尝试、我成功、我自信、我勇敢、我有为。"做"是自信的基石，课堂上让学生谈一谈、想一想、写一写、画一画、议一议、辩一辩、讲一讲、试一试、用一用、做一做，做中思，做中学，做学合一，学生在自我探索中，在师生互动中，在教学相长中、在辩论切磋中、在启发感染中，形成自信、大度、我能行、我聪明、我敢试、我承担的品格。

自强不息，不甘人后，不当小兄弟。自我奋进，自强不息，不用扬鞭自奋蹄。永不满足，知耻而勇，不偏不倚，不照搬照抄。有观点，有思想，有个性，另辟蹊径，无限风光在险峰，不到长城非好汉。在课堂上，善于用批判思维来思考，多问几个为什么，探索未知的胆量及勇气，不苟同，不复制，善于创新，不达目的誓不罢休。勇敢有为，探索创新的精神，敢为人先，不落俗套，敢于问难，敢于质疑，敢于破规，敢于试探，天生我材必有用。

探索创新，不是科学家的专利，是学生在课堂中形成的一种素质。由文本教材的课例，而引发自己的思考，对某一课题形成自己的专题、专利、专著，对知识的探究形成一种对任何事物、事情的逆向思维，多元解决的思维方式，是认识的宝贵财富。

团结合作，服务奉献的品质。人际关系是走向社会的第一堂课。课堂上，学生之间、师生之间的交流、沟通、帮助是人生的奠基工程，课上的小对子结伴，同学发言时静听、悦纳，对有困难、疑惑的同学主动帮助，发言时能礼让三分，学会谦让、尊重，都为人生的行程打好了基础。

学生学习的敌人是依赖，教师教学的悲哀是包办。教师的一些传统思想在课堂中的作用是我们当今课改的顽疾。如教师讲，学生听，教师写，学生抄，教师是主角，学生是观众、是看客、是旁观者；谈不上师生互动，谈不上教学相长，谈不上质疑碰撞，谈不上热情奔放，谈不上灵感闪现，谈不上交流合作，谈不上探索发展，谈不上体会感受，谈不上发明创作，谈不上诗情画意，谈不上争问抢答，谈不上以学为乐。

当今的教学应该把教师的灌输变为学生的探究，教师的一言堂变为学生的百家鸣。课堂上的标准答案变为多元化解答，万紫千红，五光十色，活灵活现，标新立异。精英式变为大众化，纯知识走向知识、能力、情感的和谐统一，整齐划一变为适应性、多层次的因材施教，安分守己变为超市自选。教师从主演变为导演，由传统走向创新，有经验走向科研，有现成走向生成，由教师变为学生，由师长变为朋友。学生由接受知识的灌装桶变为有个性、有思想的主人，有接受学习变为自主性学习，由对考生的准备变为对人生的理解，由内向羞涩变为大方乐观，由自私狭隘变为公益开朗。让学生在完整的学习过程中：独学、对学、群学，听说读写，演唱画作，争问抢答，争先恐后，启迪感染，跃跃欲试。

在教学过程中，学生应能真切地感受到自己的存在，自己的尊严，自己的才干，自己的实力，自己的潜力，自己的创造，自己的作品，自己的专利，自己的发明，自己的智慧。领悟到学习是我自己的事，自己有理想、有能力、有勇气、有自信完成一切应完成的事情。

课堂的定位应是给学生指明人生的航道，人生的坐标、人生的梦想，而绝不仅仅是死记知识。学生主体地位的内涵就是在学生心灵里种下"我能行，我能做，我会做，我能做好的金种子。"

十四、我眼中的"无师课堂"

（一）无师课堂的本质

这里的"无师"是一种特殊称谓，绝不是没有老师、取消老师、否定老师、轻视老师的意思，而是有针对性的、某种层面上而言的。

教师不能仅仅把自己定义为课堂中上课的、讲课的、授课的、主宰的、主持的，课改下教师的角色注定要发生改变，尤其是教师总认为自己是知识的灌输者、传道授业解惑者，仿佛离开教师的讲、解、析、评，学生什么也解决不了，这是过重或绝对把教师的作用夸大化了。

当下教育教学中最大的弊端就是把教师的作用扩大化，把学生的自我学习、思考、辨析缩小化，甚至归零。其实，无师课堂的本意就是把教师自我作用的权威降降温，从根本上改变"眼中有书，目中无人"的教育教学，彻底打破"教师不讲，

接受中央电视台采访

教师不说，教师不支配，学生就不明白，就不会"的悲哀教育，始终把"相信学生，发动学生，依靠学生，发展学生"作为课堂的常态！

（二）无师课堂教师的作用

经过十几年的实践、探讨、摸索、论证，教师什么时候视自己与学生是同样的身份，什么时候才能真正成为和学生平等的学习者、伙伴，才会是学生引领路上队列的排头兵，是课堂知识殿堂中的一分子，是人生大道上共成长的标杆，是电影电视剧中的舞台上的演员。

在这种和谐的课堂中，才会出现这样的场景：师生心灵交融，师生手拉手，师生对话平等，师生互相借鉴，发生共鸣，心心相印，互相启迪，皆为对方的进步、提高而欣喜若狂，共雨露阳光，互不提防，互相勉励，共同辉煌！

1. 教师成了幕后的策划者

我始终相信，每个学生学习教材、学习文本、学习参考、学习资料、读书看报、查阅思考、感悟文本、研究分析、推理归纳、博观约取、厚积薄发、深究发现、倒背如流、出口成章、创编生成等诸多能力与生俱来，各种表达的形式无所不能。

我也同样相信，每位教师要成为和学生共同学习的一分子，使自己做到功底深厚、基础牢固、见多识广，成为伙伴中的首席，只有教师自身知识丰富、思路清晰、思维敏捷、思想深刻、智慧涌现，学生才能"亲其师，信其道"，从内心崇拜，向榜样看齐，体现"身教胜于言教""上有所好，众必甚焉。"在这样的课堂中，师生逐渐成为思考型、研究型、专家型的高素质人才。

2. 教师成了高超的展示者

课堂中学生写板，教师同样写板，师生都脱稿。教师的书写、字体、内容设计，为学生提供样板。教师做的本身既训练自己书写的规范、思路的清晰、记忆的熟练，同时又对学生起到互相比较、互相评价、互相学习、互相借鉴、互相模仿、共同提高的作用。

特别是对于文本背诵，教师在学生面前的表现，要有自己的风度、气质，学生才能在老师的感召下表达声情并茂，肢体语言丰富，眼神炯炯有光，声音抑扬顿挫，规律总结朗朗上口，独特观点发自内心，表达情感丰富。所以，教师的言传身教应潜移默化，自然无痕，教师自己的学习感受、成果反馈，更应该有引领作用，学生在耳濡目染中，学会欣赏，懂得领悟。

对于文本分析，教师首先在备课中应该深刻而有目的，拓展的内容上挂下联、左顾右盼，课堂中学生才能相互延联，互相碰撞，就像在湖中掷一块石头，迸溅水花，激起涟漪，产生深邃遐想。师生相互滋润，相互影响，才会闪现智慧的灵光。教师自身的创作，不亚于教材，代表着教师的学术，更有教师灵感的光芒，给学生以启发，更是一道光耀的指引，得到学生心灵深处的顶礼膜拜，亲师信道的至诚美好向往。

所以，无师就是让教师与学生同角色、同身份、同感知，才能产生更多的教育思考，激荡更多的教育智慧，才能走向课堂灵魂深处，贴近教学真谛，符合人性、天道、至理。

3. 教师成了平等的交流者

学生在学习中，自己的领悟理解、思考分析中时常达不到高度，这很正常。在那个时刻，教师就可以站出来交流互动，唤醒激发学生的一题多解，或者教师再进行后续的补充，以及另外观点的碰撞等。

教师适时地把自我独到见解，或更深、更广、更宽、更高的真知灼见奉上，让学生由表层到深层，由局部到全部，由近及远，由一知万，由微知宏，这不是教师上课，而是"不愤不启，不悱不发。""山重水复疑无路，柳暗花明又一村。"让学生达到顿悟。只有在他们最需要帮助时，教师"该出手时就出手"，打破沉默，这种情况也许几节课才有，也许随学生自学能力、感知能力的强化而逐渐减少，学生定会自己达到由低到高，由弱到强，由表及里，由惑到智，由表象到本质，逐渐发展到完善的时候。

（三）无师课堂要解决的问题和终极追求

无师课堂需要解决的问题有三个。

一是理念层面上的问题。教师讲，学生听；教师授，学生受；教师主，学生仆。学生学习的最大敌人是依赖，教师教学最大的悲哀是包办！教育教学最根本是让学生经过学习，达到有责任心、有自控力、有向上进取的担当精神，可是因教师的完全包办，学生一生中最珍贵的品质泯灭了、消除了、麻木了、毁灭了，如果中国教育再不改变"一言堂"的教学现状，后果非常可怕！十分可悲！

二是要建立平等的、民主的、友好的师生关系。教育教学是人与人交往善待、相互磨砺、相互激发、共同成长的工作。教师的高高在上、师道尊严、霸道地位，是制约教育发展的最大问题。教师把自己定位为平等的学习者、学生人群中的一分子、朋友、挚友、伙伴，只要这样，教育教学也就成功了一大半。现在的社会，与其说学生渴望得到知识，还不如说学生渴望友情、平等、尊重。知识是一种学术，友情是一种心灵。两种分量孰轻孰重，明了简单，可大多数教师走不出死胡同，标自己、显权威、亮地位。我想，什么时候学生可以检查教师、提问教师，那时教育才意味着巨大成功。

三是解决教师勤奋学习，认真思考，真才实学，终身发展的问题。很多教师往往"吃老本"，备课时各种资料下载拼凑，而没有自己的硬功夫，课文不能倒背如流，解读文本不能科学全面，本质规律不能把握，感受感悟不够深刻，真知本思没有形成。在无师课堂中，以上提到的问题绝不会发生。无师课堂，使教师素养基本实现了。

教师是成长的人，是进步的人，是学生们的学习首席。这种课堂达到了教育终极发展的目标，即通过教师的角色转化，培养学生独立自主的健全人格。因为教师自我与学生之间建立起的同伴关系，使师生交往更平等、民主。教师成了学生学业中的标杆引领，教师人格中的高尚美德、学术中的高屋建瓴，都能让学生身心感染，使他们向老师看齐，愿意今后超越自我，超越老师，走向有理想、有责任、有担当、有拼搏、有进取、有奇想的人。

（四）无师课堂的教师观

首先我们应该重新定格课堂的宗旨是什么？课堂宗旨是让学生通过学习、反馈、展示、表达、表现、表演、书写、演讲、论争、评判、比较、启迪、借鉴等，寄予人的发展，最根本的是落实到每个学生的品格、人格、性格上。课堂是载体，知识是媒介，逐渐形成学生的独立、自主、责任、勇敢、向上、主动、自觉、坚强、创新、友爱等。教育教学绝不仅仅为了升学，而是学生在学校课堂上练就了人生不可替代的成功人士具备的素养。简单地说，课堂活动是对人的，而不是对书的！当下最严重的问题，是把教育教学只看成了考试升学的场所，这是问题之所在。教师不关乎学生在一节课情绪如何？表现欲望怎样？展示自己的机会多少？不能采取一些多元的方式，如讲、背、解、析、创、作，让他们有一席之地，有自己的地位，更有自己的尊严。学生们达到一种激情澎湃、意气风发、斗志昂扬、精彩纷呈、心灵激动、身心感染、震撼忘我的生命状态。学生为本，就是要调动激发自己，打动感动他人。虽然他们口中说的是知识，手中写的是内容，形成的却是争胜要强，敢作敢当！

其次，师生之间不存在我尊你卑、地位悬殊，既然是伙伴，是挚友，是共同成长的共同体，就应互相鼓励、互相借鉴、互相感动、互相启迪、互相增长，同等平等，民主民生，亲和有爱，团结协作，尊重共勉。

最后，注重人的终身发展。终身发展不是一句口号，是实实在在的，它在世界的每一个时空中，它在课堂上的一分一秒，它在时间不止的年轮中，它在师生的身心上，它在每一个成功时，它在每一个生命的辉煌上！

十五、放手、放手、再放手

学生学习最大的天敌在于依赖，教师教学最大的悲哀是包办。在课堂上，正是学生学习的依赖性，教育者的包办性，造成了现在的同学消极、被动、无奈、痛苦。我认为课堂上只有放手、放手、再放手才是对学生的最大尊重。

一次，我去北京开会，在通往北京的火车上，一名五六岁的小女孩问她爷爷，为什么窗外树上的鸟窝里面没有鸟？她爷爷告诉他："孩子，现在外面天气这么寒冷，外面都下着雪，那鸟儿如果再在这里的话，不就都冻坏了吗？因为现在这里天冷，鸟儿都去了南方。因为那里天气温暖，鸟儿都在那儿生活。"我听到了这里，我就想，这就是我们教育的现状，小女孩问了爷爷这个问题，当爷爷的如果反问过来："孩子你想一想，什么时候看到过树上的鸟窝里面有鸟？那个时候和这个时候相比较，有什么不一样的地方？你找到了这个原因，你就知道了现在为什么鸟儿不在这里住了。"这样就会使孩子自己思考，自己寻找原因。孩子会想，那时候自己穿着短裤短袖，天气那么热，现在自己穿着棉衣，自己作为一个人在北方的天气当中，为了抵御寒冷，由单衣换成了棉衣，外面的树上的鸟儿因为温度降低、寒风袭人，不得不寻找暖和的地方。由此孩子就会想到是温度的问题。由这个故事，我就想到我们的课堂。现在课堂上老师讲课不通顺，学生提问题有了疑惑、疑问，我觉得这正是这一节课的最大的收获。正是因为这个走不过去的十字路口，学生在思考过程当中遇到了大量的问号，才促使他去开动脑筋、查找资料，促使他把过去的一些知识和这些题联系起来，这样才能够形成一种纵横交错的对相关联问题的思考。千万不要在学生对问题还没有进行真正的思考的时候，老师就把现成的答案送给学生。

培训班主任

一次在地理课上，李老师在讲一个地形地貌图形，这里圈那里画，我直接制止了他，问同学们："你们对老师讲的一部分，听会的请举手！"11个同学都会，我对李老师说："我曾经说过一句话，一个问题如果有一个学生会解答，就不准老师出面解决。你为什么又占用学生的时间？把自己独立出来，和学生抢镜头。"李老师说："刚才有个学生上来讲错了，我才上来纠正一下。"我说："这是不对的。我们老师的作用就是搭建舞台，让学生唱戏，把锻炼的时空给学生……"某些时候我也想，咱们的课堂是什么，就是让学生学一学、读一读、画一画、圈一圈、写一写、辩一辩、议一议、论一论、讲一讲、用一用、做一做……谁能让现有的时空让更多的人去表达、演讲、绘画、书写、辩论等，我觉得这才是好样的。同时，一个人他自己承担，把这个任务独立完成，这已经走出了知识的本身，将对他的一辈子的发展奠定很好的基础。

十六、自主课堂教学观

我认为，开放的课堂是培养学生创新能力的重要途径。开放课堂很关键的一点便是让同学们的心灵得到放飞。陶行知曾说："真教育是心心相印的活动。"教育者必须融入教育对象中，避免师生在精神上的分离。

自主探究，积极向上，民主平等，互助互帮，让学生在学习中不断地充实自己、展示自己、反思自己、发展自己，是我们教学文化的特征。杜郎口中学的学生在自学中理解，在交流中反思，在互动中提高，从而形成了"我参与、我快乐，我交流、我提高，我自信、我成长"的自主发展心理平台。通过尊重学生的主体地位，关注学生的持续和谐发展，师生在有效的互动中得到生命意义上的发展。

新的课程理念告诉我们，教学过程是师生交往、生生交往、积极互动、共同发展的过程。没有交往，没有互动，教学就不存在或没有发生。而交往是主体间进行的相互活动，它反映的不是人与自然或人与物之间的对象性关系，而是人与人之间的互为主体的关系。主体之间交往过程能够互相认同和理解，并在此基础上形成共同的理解。在教学过程中，教师与学生是相对独立和相互平等的主体；二者在平等对话中相互理解，相互启发，相互补充，构成一个"学习共同体"。教师不再仅仅是"授业"者，在与学生的对话中教师也得到教益；学生在得到教师教育、启迪的同时，反过来又影响和启发着教师，师生在合作中共同成长。所以，教学的过程是师生共创共生的过程，是师生平等参与的过程。

教师应摒弃传统的"教师中心""课堂主角""师道尊严"观念，在民主平等的学习氛围中引导学生自由表达、自主探索，从居高临下的权威者走向"平等中的首席"。"平等中的首席"并不是要教师的行为变成学生的行为，而是以教师行为方式参与到学生的学习中去。其行为方式主要是观察、倾听、引导、交流，通过观察学生的学习状态，照顾差异、因材施教；通过倾听学生的心声，让学生体验尊重，形成自信；通过交流，分享彼此的思考、见解和知识，从而达成共识、共享、共进。教师应从传统的知识传授者转向学生发展的促进者、合作者，积极创设自主、合作、探究的空间，建立和谐、民主、平等的师生关系，组织学生发现、寻找和利用学习资源，创设合适的学习情景，设计恰当的学习活动，为师生、生生平等对话，为全员合作、有效教学，为学生快乐学习、自信发展，创设阳光的教学空间。其实，杜郎口中学的教学文化就蕴含着这些充满人文关怀的课程理念。

十七、自主课堂听课和评课

有人说："过程决定成败。"是平时的一个又一个的"过程"，才最终决定了一个人整个人生的"过程"。譬如学生，从小到大，从小学到初中，到高中再到大学，然后再到步入社会，是这无数个短"过程"相加起来，才形成了全部的大"过程"。而为人生打基础的，是一个又一个课堂学习。为了使课堂有效，听课和评课是必不可少的。这里，"细节决定质量"又是顺理成章的话题。

纵观所经历的各种各样的听课和评课，总的来说对改进教学是有益的。但有改革的必要。譬如，三五个人听一个班级的一堂课，一般课后要对这一位执教的老师进行点评。

点评的过程一般是：评课人甲说，接着乙说、丙说……每一位听课老师都发言；评说模式一般是：理念（1）（2）（3）……优点（1）（2）（3）……建议（1）（2）（3）……

且不说这里面的空话、套话，即便是句句金玉良言，听者看着记录下来的洋洋洒洒若干条，不知道该从何处入手去努力，去改进。而且，被听的有许多是刚上岗的青年教师，或者上课缺点比较明显的教师，尽管他们真的很想去提高自己，但面对这样的评课，可能会越来越没自信。

（一）评课的原则

1. 人文关怀的原则

作为评课人一定要以人为本，尊重授课教师的人格和劳动，不要居高临下，不要指手画脚，要用博大的胸襟、期待的目光、激励的话语，从授课教师的角度出发，既把存在的问题说得清清楚楚，话语又要说得中肯、亲切、和风细雨，"良言一句三春暖"。这样才有利于授课教师的接受，利于他们的专业成长和发展。切忌"恶语伤人六月寒"，用刻薄的话语讽刺、讥笑、挖苦，切忌"麻辣点评"式。如"你这样授课，是在坑孩子""当初老师是怎么教你的，课怎么会上成这个样子"等。只有心灵一颤，才可行为一动。要从思想深处打动授课教师，使他们产生改进的愿望，产生主动完善发展的动机。比如，在一节英语课堂上，学生表演对话时，其他学生有精力不集中者，评价时首先要充分肯定对话表演对英语学习的作用，又要指出：未表演对话的同学必须在对话结束时说出对话中包含的知识点、关键点各是什么，好在何处、有没有错误等，让授课教师真正感受到真切的关怀。

2. 实事求是的原则

课堂是有缺憾的艺术，为了使缺憾更少，课堂更完美，评课时必须实事求是、客观公正。对于优点，不言过其实，对于缺点不遮遮掩掩，做老好人。只有这样，才便于授课教师更全面、更深刻地把握课堂，才便于为授课教师的课后反思提供更准确无误的信息，才便于授课教师今后对课堂效果的准确定位。比如，一位优秀的数学老师由于种种原因，在初二（一）班上的一节课很糟糕，作为评价教师，可以肯定以往的成绩，但更要指出这节课的不足，帮助他从思想上找原因，避免类似课堂的出现。

3. 详略得当的原则

评课的目的在于让授课教师对自己的不足有所认识，并能在今后的课堂教学中加以改进，以利于其课堂水平的提高。这就要求评课人要对教师课堂上存在的主要问题加以评价，要言简意赅、一语中的；要有详有略，重点突出。不要面面俱到，否则等于面面不到。通过评课，要让授课教师对自己充满信心，而不是让其感觉自己所上的课一无是处、一塌糊涂。要让他们充满着自信，走出不足的港湾，走进更科学、更规范、更健康、更愉快的课堂。比如，一位刚执教的语文老师的课，无论从结构安排、学生的主体性还是语言表达上都有很大的漏洞，这时评课就应该有所侧重，告诉授课教师结构安排有何不合理之处，如何改进等，对于其他几点可以稍微一提而不应该予以强调。

（二）评课的方式

1. 选出主评人

如果听课人数较多（3人以上）就要选出主评人，对授课教师的课堂情况进行评价。为此，主评人要首先召集听课人，让大家各抒己见、畅所欲言、充分酝酿、集思广益，最后达成一致的认识。要点明：这堂课的优点、缺点各是什么，有什么建议，主要问题是什么，最需要改进的是哪些，在改进中应注意什么等。要求操作性要强，要有根有据，表达要清清楚楚，明明白白。

2. 不选主评人

如果听评课人数较少（1~3 人），那么就不必选出主评人，大家都可以与授课教师互动，充分发表意见，最后达成共识，当然授课教师仍然要注意把握以上事项。

久而久之，杜郎口的课堂越来越精彩，越来越有效，师生的自信心越来越高，促进学校教育教学质量持续稳定提高。

在这样不断改善细节，求真务实的环境中，杜郎口的老师天天在成长。

譬如，杨玲燕老师，2005 年聊城师范（3+2）毕业，11 月上岗，不到一年的时间，她上的数学课得到著名教育家滕纯老人家的高度赞许。现在作为"专家教师"被派到兄弟学校任教。

譬如，徐立峰老师，电大国际贸易专业毕业，现在已经是语文骨干教师，学校聘任的学科主任。经常被外校请去上示范课。

譬如，崔淑君老师，电大非英语专业毕业，现在成长为英语骨干教师，学校聘任的学科主任。经常被外校请去上示范课。

"过程决定成败，细节决定质量"，杜郎口的改革实践就是最好的诠释。

十八、自主课堂学习原则

（一）民主性

归还学生自主学习的权利，教师创设人人参与的情景、场景。尊重学生，鼓励学生，唤起学生的主动性、自尊性、创造性。学生能够"敢"字当头，敢想、敢问、敢讲、敢疑、敢评、敢写、敢画、敢下桌、敢讨论。增强自信心，形成独立的人格。

（二）趣味性

"活动是儿童的本能，游戏是孩子的天使。"教师布设舞台，学生精彩表演，小品、相声、歌曲、舞蹈、诗歌、快书、绘画、魔术……直观教学，实物标本、小制作、小发明、小创作交相辉映，情趣连连。

（三）赏识性

鼓励、激励、唤醒、点评、鼓掌，让学生体验成功的喜悦，进一步探究、尝试，激发学习欲、表现欲。

（四）主体性

把学习的权利、学习的空间、学习的机会、学习的快乐还给学生，教师扮演的是引导者、组织者、调控者，而不是主讲者、解答者、操作者。学生是课堂的主人，让他们当好竞技者、表达者、展示者。

（五）问题性

问题造就磁力，问题是具有吸引性、竞争性、探究性、创新性、实践性，是学生学习知识、训练思维、增长智慧、培养能力、造就人格的基本组成部分。让学生发现问题、提出问题、分析问题、研究问题、讨论问题、解决问题。学生在解决问题中产生兴趣、动力。

（六）拓展性

以教材为例子，要注重知识的源头、过程、联系、结合，以本节知识为核心，做好辐射与延伸，引发学生浮想联翩，上挂下联，左顾右盼，构建网络，形成综合连体，千丝万缕，星星之火，燎原之势。

（七）尝试性

高明的教师引导学生走路，笨拙的教师牵着学生走路，无能的教师代替学生走路。教学中最重要的是放手，让学生亲身感受、体验、分析、总结。懒惰是培养出来的，哪里有事无巨细、越俎代庖的人，哪里就有快乐的懒汉和庸人。

（八）实践性

知识来源于实践，理论来自生活。教学中，要理论联系实际，抽象的知识寓于事例中去领会，课本内容是知识海洋中的一个例子，只有知识与生活接轨，才可能学以致用，才能让学生真正掌握知识的内涵，把握其实质，弄通弄透，将知识化为自己的技能。

（九）探究性

任何一个学生都有一定的知识基础，更有挖掘不尽的潜力，要把学习任务放给学生，也就是相信学生、发动学生、利用学生、尊重学生，那么学生探究知识欲望是高涨的，教师制订出一些方法、要求，科学指导，落实学习成果，学生有所求、有所得、有所收，教学适时鼓励，唤起学习兴趣，重视学生自主学习，关注学生的预习，要在"画蛋"中体会出只有自己去尝试，去反复地做，深入地思考，才会有提高、有成功。学生自我的收获，才是真正的收获，才是幸福的、快乐的。所以一名教师切不可去给、去灌，要让学生滚爬跌打，去学、去做、去体会、去感悟、去总结、去收获。

（十）创造性

学习不是复制，不是记背，不是模仿，而是多触角地从不同的侧面去挖掘、去探索。学生是有差异的，性格、程度是多元化的，所以教学切忌千人一面，课堂是一个挖之不尽的矿藏，创新是一个课改的永恒主题，如知识的创新、表达形式的创新、育人的创新、学习成果的创新。创造是一个不断完善、不断深化的过程，教师要百花齐放，百家争鸣；学生要深入研究，善于总结，形成特色；学科要结合特点，形成适合自己的有效方法，要围绕"课堂要活、内容要密、检查要实、纠正要准"做好创新。

（十一）全员性

每个学生都应受到良好的教育，学有所得，学业品格双丰收，绝对不能搞精英教育，要对每一个学生负责，一定把每个学生培养成才，使每个心灵都得到安慰，尤其是对学困生，要更加去关爱、帮助，多吃偏饭，做好保底工作。把全体学生培养成为有知识，有品格，会学习，会做事，会做人的人，这才配称为合格的教育。

（十二）合作性

古语有"三个臭皮匠，顶个诸葛亮"，在学习中，一个人的知识、能力是有限的，尺有所短，寸有所长，人人有各自的优势与长处，所以求知的过程，不能有个人英雄主义，切实做好合作，优势共享，少走弯路，合作共赢，继续发扬结对子工程，兵教兵，兵练兵，兵强兵，教学相长，互相促进。

（十三）终身性

教育教学为学生的生命质量负责，为学生的终身发展而奠基。教学不应是阶段性的、独立性的、切块性的，而是如何培养学生学会学习，学会做人。良好习惯的养成，人格素质的形成，才是我们教学的主要任务。为此，在教学当中，以培养能力，重视学生的学、做、体验，让学生自己去探究知识、合作交流，自主、自觉、自信、自强，真正实现通过我们的教育教学所培养的学生能力，在学生终身发展中而享用不尽的生命动力。

十九、自主学习实践观

"人生天地间，各自有禀赋；为一大事来，做一大事去。"在杜郎口中学的教室里，每一名学生都会受到尊重，师生之间在人格上是平等的。所以，学生在课堂教学中的活动是自主的，不受任何的压抑和束缚。学生的学习行为没有任何的约束，读书可站可坐；发言争先恐后，唇枪舌剑，但又礼貌大方；思想解放，只要围绕主题，可以用任何一种形式来诠释自己的理解。诗歌、歌曲、绘画、小品等都是学生阐述自己观点的课堂语言，其中既有教学内容中的话语、作者的思想，更有学生自己的创造。

杜郎口中学的课堂上，无论是男生还是女生、无论是学习优秀的还是学习有困

和学生在"小崔说事"栏目组

难的学生，都能大胆地、自然地发表自己的意见，而且事先不用举手示意，想说就说。

可以说，在杜郎口中学的课堂上，每一名学生都是自己的主人，"百花齐放，百家争鸣"是课堂教学的真实写照。在杜郎口中学的校园里，人人平等，相互尊重，给学生自信养成打下基础。

在杜郎口中学的课堂教学中，没有了绝对的权威，没有了教师的喋喋不休，教师真正成为导演，学生个个都是主要演员。教师更多的时候是在倾听，但关键时刻又及时追问、点拨、评述。

一般来讲，在大部分的教学时间里，是在教师的引导下学生教学生——预习时相互请教和探讨，展示时相互启发和评点，反馈时相互考问和"敲打"。他们积极主动地去建构知识，充满热情地张扬个性。

在杜郎口中学的课堂上，每一个教室三面墙壁上都有黑板，教室外走廊上每个班还有一块教学白板。黑板历来是教师挥洒汗水、展示自我的宝地，是教师带领学生遨游知识海洋的入口。在杜郎口中学，黑板却成了学生施展才华、展示自我、合作交流的阳光地带。由于学生自主参与教学、激情展示的活动量比较大，三块黑板和一大块教学白板还常常不能满足学生需要，于是学生就在自备的小黑板上，乃至在教室的水泥地面上尽情挥洒。

杜郎口中学的教学组织形式也是良好教室文化的有效载体。全班学生不是传统的排排坐，而是被分为六到八个教学小组，每一个小组的同学都是相对围坐，以方便同学之间的交流和互助。

为了便于学生合作、展示，以及快节奏的转换交流，杜郎口中学撤掉了所有教室的讲台和讲桌。学生可以自由离开去寻求教师和同学的帮助，尤其是当学生在黑板上展示或教师在黑板上讲解点拨时，全班学生完全是打破了原有的座次，一起靠拢在前面，有坐在座位上的，有坐在课桌上的，有席地而坐的，也有站立的，总之怎么方便听讲和参与就怎么做。更重要的是这种"不规矩"的教学组织形式，让传统教室的座位模式带来的不平等荡然无存。

众所周知，在传统的教室中，学生坐在后面及角落里时的听课效果是相对较差的。为此，有的家长为了自己孩子的学习常常通过不正常的途径恳求班主任将自己的孩子安排到合适的位置，使得原本充满友爱和纯真的教室出现了人为的不平等。教室排座中的不平等常常在孩子们湛蓝的内心世界投下令人心痛的阴影，同时也直接阻碍民主、平等教学文化的形成。

杜郎口中学民主开放的教学，让学生的自主性得到了充分发挥和尊重，让师生关系充满了平等与和谐。来自省教研室的专家称，在大城市也几乎没有看到过这么充满活力的课堂。同时师生交往的过程也给人们留下了深刻印象。在课堂上讨论问题时，师生是学习的合作伙伴，是平等探讨和交流；在课下生活中，他们似乎又成为朋友。

在全省农村中学教育教学改革现场会会议间隙，杜郎口中学参加会议的学生和老师头挨头、肩靠肩，"窃窃私语"；师生毫无距离感，亲和程度受到很多会议代表的羡慕。在相对比较简陋的教室里，享受不到暖气、空调带来的惬意，但他们却能够从内心深处感到和谐教学文化给他们带来的幸福。而且这种充满生命意义上的高品位精神享受，会对他们产生潜移默化的影响，将成为他们人生的一笔财富。

二十、自主课堂里朴素的德育

德育是学校教育的根本。寓德育于课堂教学的过程之中，这是杜郎口中学课堂教学的成功之处。教材本身蕴含道德因素暂且不说，合作学习本身就是教育。

比如，学生学习过程中是不是积极发言，是听他人说完再发表自己的看法，还是打断别人等。在杜郎口中学的课堂上，逐步形成了这样的习惯：在自己积极发言展示的同时，注意把第二次机会让给别的同学；在别的同学发言展示时，认真倾听、观看；同学发言、展示完毕，立即以掌声给予鼓励；在发现别的同学发言展示中的缺点、错误时，及时给予点评；点评的语言出现偏颇的时候，老师、同学不会忽略这些行为，而是适时地给予提醒……

杜郎口中学的课堂上，有拄着双拐、腰挂尿袋的一位病残同学，当他站起来展示发言时，马上有人扶着他站稳；当他发言结束后，同学们立即以热烈的掌声予以鼓励；下课后，有人扶着他上下楼梯。有两位身高不及课桌的同学站起来发言时，旁边的同学会扶着他们站在椅子上，有时甚至扶着他们站在课桌上展示。在平时的生活中，这几位同学在需要帮助的时候，总会出现相帮的人。他们在杜郎口中学顽强地学习着，精彩地展示着自己生命的风采，也和其他同学一起享受着灵动的课堂带来的幸福和喜悦。

实际上，德育不是说教和点缀。德育就在课堂内外，朴素德育就在孩子的生活里，其最本质的东西是人应该怎样为人，怎样和别人相处，怎样与他人合作，这些都是很重要的德育内容。杜郎口中学课堂教学改革追求朴素的德育。

二十一、自主课堂从尊重开始

杜郎口中学不断引导教师关注和尊重学生的需要。他们之所以特别强调学生自主学习、小组合作学习，也是基于对学生的尊重。尊重学生，意味着尊重学生的需要。他们特别关注学生的如下几个方面的需要：探究的需要；获得新的体验的需要；

给中层领导谈管理机制创新

获得认可与欣赏的需要；承担责任的需要。

比如，在杜郎口的预习课里，学生根据老师确定的教学目标阅读文本，查找相关材料，记预习笔记，写下自己感悟的重点、难点、体会等。

预习从心理学上来讲，是学生对他的课堂表现做心理准备。一堂课的准备，有知识准备，还要有心理上的准备；在预习上我们看到学生能预习，说明他是有潜能的。教师要树立这个理念。

让学生去预习，当然不可能100％看懂，可能大部分看懂，也可能什么都看不懂，但你给时间让他预习，在心理上就有了定向。

在展示课上，就是学生的定向学习，通过预习他有了定向，就知道了自己应该去学什么，也保证了学生课堂上的参与性，可以有准备地展示。如果没有预习，学生就不知道讲什么。

另外，学生在展示中的表现得到老师的赞赏，提出的问题大家都讨论，就产生了自信感，人有了自信，什么都不怕。

要看到学生的潜能，挖掘潜能是学校教育的核心，为什么要挖掘潜能呢？因为人的能力分显能和潜能两种，显能是表现出来能看到懂得，而潜能是看不到的，但潜能要比显能大得多。

给学生展示的舞台，这个舞台满足了孩子的心理需求。

在满足需求的前提下，把教学民主化、平等化体现出来了，化成行为了。因为理念需要行为的支撑，没有行为的支撑，这个理念就是空的。

二十二、让学生快乐地学习

杜郎口中学不断引导教师思考"在什么情况下学生学得最好"这样一个问题。

请看专家研究的结论。在如下情况下，学生有可能学得最好：当学生有兴趣时，他们学得最好；当学生的身心处于最佳状态时，他们学得最好；当教学内容能够用多种形式来呈现时，他们学得最好；当学生遭遇到理智的挑战时，他们学得最好；当学生发现知识的个人意义时，他们学得最好；当学生能自由参与探索与创新时，他们学得最好；当学生被鼓舞和被信任能做重要的事情时，他们学得最好；当学生有更高的自我期待时，他们学得最好；当学生对教师充满信任和热爱时，他们学得最好。

杜郎口中学有一个基本信念，那就是相信学生，发动学生，利用学生，发展学生；也就是在整个的教学过程当中，以人为本，关注生命。一切工作都是围绕着课堂，围绕着每一个学生的快乐学习、健康成长而开展的。

心理学研究表明，兴趣生成，是学生在学习过程中，对某些学习内容所产生的好奇倾向。杜郎口中学注意从预习阶段开始，就引导学生自主学习，体验学习内容本身的特殊性、新颖性和趣味性。

兴趣生成，学生以关注和冲动等下意识的动力形式表现出来。而这些关注和冲动，并不是无缘无故产生的，其根源在于学习内容与学生学习目的、价值需求有必然联系。这种联系反映到学生的意识中，引起了学生的注意，产生了愉悦的心理体验。

心理学研究表明，同人的需要（不单指肉体的生理的需要，而且也包含精神、情感的需要）毫无关系的事物，人对它是无所谓兴趣的。凡是人感兴趣的、所欲的东西，总是在某个方面、某一点或某种程度上与主体需要有一致性。可以肯定地说，兴趣是直接由学生学习需要驱使，间接由学习价值观推动而萌发的。

杜郎口中学要求教师要尊重学生个性，不仅是因材施教，更主要的是宽容学生们的"与众不同",尊重学生的心灵自由和精神世界的独特性,鼓励学生发疑、质疑、析疑、解疑,让学生敢于挑战课本、教师、权威,相信每个学生都有发展的潜能。创造各种条件引发学生创造力和潜能的开发,使每个学生都有机会在他天赋所及的领域最充分地发展自己的才能,唤醒学生学习的内在冲动和激情,促进学习兴趣的生成。

杜郎口学生受自身理想的学习价值目标的激励和鼓舞,产生强烈的求知欲,以饱满的热情、坚忍的意志,全身心地投入学习。随着知识的不断扩大和加深,理想的学习价值目标的日益实现,主体在学习活动中就会获得积极的情感体验,学习的自信心和成就感大大增强,随之而来,兴趣也不断提高,而兴趣的提高,又为学习活动注入新的动力,学习积极性更加高涨,知识得到进一步拓展和深化。

杜郎口中学强调,平等、民主是发挥学生主体性的保障。把学习的主动权还给学生,善于激发和调动学生学习的积极性,让学生有自主学习的时间和空间。相信学生、发动学生、组织学生、发展学生,促进兴趣和认知成果扩展开来。在这一良性循环过程中,学生学习价值观逐步确立成熟,学习兴趣也不断走向稳定深入。学生学习兴趣的发展正是在其理想的学习价值目标激励推动下,在知识和价值认识不断累积的基础上,在具有挑战性的学习过程中,逐步深化和完善的。

和《人民日报》记者谈杜郎口中学改革历程

杜郎口中学把学生推到主动学习的位置，唤起学生学习的主动性、自尊性、创造性，每一个学习者都可以根据不同的知识基础和生活经验，对所学的内容有不同的体验、认识、选择、评价、重组和整合，真正把知识变为自己的一种能力。认可并鼓励学生合作，毕竟自我认识是有限的，资源共享，你有一个观点，他有一个观点，也可以争辩，在争辩中可以开发思维，精力集中，动用多种器官联合表达，争辩可以引向深入，争辩可以使真理更加明辨，争辩可以向他人学习更多的知识与技能。争辩可以使自己的学习态度更加认真、严肃、科学。

杜郎口中学要求教师要善于提供同学表达的场景与舞台，每个学生都有强烈的表达欲，都渴望得到老师、同学的认可，都愿意成为本班不可缺少的主角，"给我一次机会，还您一份惊喜"，表达了同学们是多么热切表现自己。"我参与，我快乐；我自信，我成长"，在参与中快乐，在快乐中幸福，在幸福中成长。变苦学为乐学，变厌学为愿学，这就是我们的教学观。

杜郎口中学的课堂要求对学生所取得的成绩给予及时的肯定和鼓励，以增强学生的自我效能感，使学生真实感受到学习既是客观需要、社会责任，也是精神陶冶、审美享受，以推动学习兴趣深入发展，进一步激发学习动机，培养对学习的终身热爱，不断提高自我学习、自我教育、自我发展的能力。

二十三、创造自主学习环境

杜郎口中学在教学改革实践中十分注意改善课堂教学环境。课堂教学环境包括软环境和硬环境。

软环境指语言、人际、管理等环境，硬环境指教学手段、设备技术等，这是实施素质教育的必然途径。

（一）软环境

教学语言的艺术化。①板书、导语做到：准确精练、条理清晰、生动形象、抑扬顿挫；②文字规范、布局合理、简洁美观、条理分明；③体态语言要求：整洁大方的穿着，精神抖擞的面貌，端庄稳重的举止，和蔼可亲的态度，恰到好处的教态。

师生关系的融洽化。

课堂管理的科学化。

教学手段的现代化。

（二）硬环境（也称物理环境）

校园语录牌——展示教师自己对教育的感悟。

教学楼走廊语录牌——展示学生自己对课堂教学改革的感悟。

教室内外的大黑板——学生每天展示自己学习的重要载体。其作用体现在：①及时展示；②及时反馈；③及时矫正；④所见即所得，加深记忆。

学生双色预习本——预习笔记，小写作，为展示课深化学习做准备。

英语角、校园广播系统——学生课外学习英语的场所。

书法展示台——学生课外练习书法的场所。

教学楼门厅里的评课板、反思板——促进教师专业发展，不断优化教学过程。

杜郎口中学的校园环境设置，虽然朴实无华，显得有几分土气，但是在改革中起到了巨大的作用。学生们在这样的舞台上演习着他们的本事，展示着他们的才华，演绎着属于他们自己的花样年华。

二十四、困难学生是课堂展示的主体

在杜郎口中学课堂教学改革的进程中，面向全体学生，重点在于关注学校内的困难群体，关注这些学生的生存状态和生命质量，让他们也能享受学习的快乐和生命的尊严。这是改革的核心价值所在。

传统教育视野中的困难学生存在以下几点问题：①通常被剥夺了享受良好、完整的家庭教育的权利，尤其是来自单亲家庭的学生。②被剥夺了享受平等人格的权利，他们的人格、尊严呈丧失之状。③被剥夺了享受学校平等教育的权利，他们缺乏平等对话的机会，缺乏接受正面评价的机会，缺乏表现自我的机会。他们的情况影响了他们的学业、性格和行为，而他们学业退步、行为不轨等问题又进一步加深了他们的弱势地位。

　　杜郎口中学课堂教学改革让这些处于弱势的困难学生由"边缘人"变为"中心人"。在生活中给予特殊的关心，学校给他们减免学杂费，补助生活费；师生献爱心，帮助他们解决一些生活、医疗上的问题。更重要的是在课堂教学过程中改变这些学生的弱势地位。

　　一是重建主体观。在通常情况下，一个人总是在他得到别人的认同和尊重时，才能更好地形成"教育主体"的意识、能力和行为。对困难学生来说，重要的是改变他们的发展环境。在课堂上，为困难学生设置展示的机会，他们发言时，不管发言对或错，同学以掌声对其"敢说"予以鼓励和赞赏，提高"说"的勇气；设置递进的问题情境，让困难学生能回答其中的基本问题，以增强他们"说"的自信心。

　　二是进入"中心域"。杜郎口中学的自主课堂激活困难学生向中心域迈进的欲望，保障他们成为"中心人"的权利，将困难学生纳入课堂主体的阵营。班级内每个教师"承包"一个困难学生，小组内每个困难学生在某一段时间内都有自己赶超的对象、都有至少一名帮助自己的同伴，在课堂内，兵帮兵、兵教兵、兵强兵，和谐的互帮互学的班级学习氛围为困难学生提供成为"中心人"的平台。

　　三是彰显主体性。要使困难学生形成和发展主体性，关键是让他们形成阳光心理，走自信、自尊、自强之路。在杜郎口中学的课堂上，即便是拄着双拐、腰挂塑

关注全员发展

料尿袋的病残学生，身高与课桌齐平的侏儒孩子，都会与其他同学一样，争着发言、表演，展示自己对学习内容的体验和感悟。正是这种实践行为，呈现出困难学生彰显其主体性的感人场面，推进了困难学生的主体化进程。

二十五、自主学习备课十项要求

（一）知识

知识的来龙去脉、重点、难点、要点、结合点、导入、延伸、长度、宽度、密度、骨架突显血肉丰满。

（二）解读

知识的相互联系，与现实的结合、意义、价值、作用，剖析、论证、解说。

（三）规律

总结、归纳、寻觅内在本质，挖掘其特征、特点、特色，把握其必然性、普遍性。

（四）方法

掌握其结构、切入点、步骤、原理、技巧，变无形有形化，抽象具体化，虚幻感知化。

（五）应用

理论联系实际，学以致用，结合实例、标本、模型、实物、热点、焦点、社会现象、人生体验来上下贯通。

（六）生成

下水作文、现身说法、感悟体会、创作发明、拓展延伸、手工制作、图案设计、心灵感召、人格魅力。

（七）预设

开放课堂，信息倍增。学生是主人地位，个性展现精彩，为此，课堂的不可预见性，非常规性增加，教师需依据学生的知识水平、个性特点、科目特性预设可能出现的现象。尽可能多设计方案，才能从容应对，以不变应万变，有效驾驭课堂。机动、灵活、有的放矢。

（八）点评

生动、适时、精彩的点评是教师的课堂点睛之笔，唤醒、激励、鼓励学生，起到催化剂兴奋助力的作用。教师要从知识、方法、技巧、能力态度、情感上准备课堂用语，为课堂生动、学生精彩助一臂之力。

（九）亮点

组织、引导、调控课堂，其中最大的效能就是本节课的亮点呈现，高潮迭起，这样才能激发兴趣，精、气、神焕发，达到欢乐课堂，艺术享受，良性循环，乐此不疲。

（十）情感

情感丰富，神采奕奕，喜怒哀乐，言行举止，抑扬顿挫，声情并茂，内心世界，音容笑貌，身体语言，爱憎分明。丰富动人的情感能够鼓舞人、打动人、感染人、影响人。教师要以自己的示范来启迪、锻炼学生，让学生的思想、情感、意志、品位、人生观、价值观健康向上，根深叶茂，与时俱进，丰富多彩。

二十六、课堂教学的十大关系

（一）活与实的关系

课堂气氛浓厚，师生情绪高涨，学生能够言之有物，达之有序，书之规范，言之精彩，作之有情，述之有感，评之有度，改之到位。活是条件，实是根本。

（二）静与动的关系

静为独立思考、自我梳理、搜集信息、咀嚼体味、形成主见；动为相互交流、切磋、碰撞、借鉴、去伪存真，合作共赢；或先静，或后动，或静中有动，或动中有静，相互依存，相互促进，有机结合，共鸣共振。

（三）主导与主体的关系

主导为主体服务，当主体遇到障碍时，疑惑不解时，走偏失向时，无从着手时，茫然无助时，心猿意马时，教师适时去引导、点拨、激发、唤醒。教师是参谋，是催化剂，是风向标，但绝不是主角，学生是课堂的主人，把学习的权利、机会、快乐还给学生。

（四）教材与生活的关系

教材是生活经验的反映与总结，是生活实践的一个范例，是其中的一个侧面，教学过程中，要从教材出发，到生活实践中涉猎、体验、感受，课堂即生活，教材是纲要，生活实践是素材，要做好结合的文章，力求做中学。

（五）举一与反三的关系

"一"是基础，"三"是升华，没有"一"便谈不上"三"。学习过程中，要对现有的知识分析透，注意拓展与延伸，达到纵横左右，东西南北中，上接下联，左顾右盼，在"一"上狠下功夫，把握要核实质，使学生心胸开阔，高瞻远瞩，游刃有余，夯实根基，以不变应万变，才能反"三"，反"五"。"三""五"是水到渠成，理所当然，瓜熟蒂落，桃李不言，下自成蹊。

（六）知识与智力的关系

学知识，长智慧。知识是一个基础，是形成智慧必不可缺少的组成部分，但它不是目的。智慧、能力、技巧、方法才是培养人才的最终追求。知识是很容易被忘掉的，可是人的技能是不会轻易丢掉的，课堂上看似让学生记忆、理解知识，实质上是通过学习而挖掘学生的创造能力和潜在智慧。

（七）保底与提升的关系

使每一个学生都能成功，不让一名学生掉队。课堂上要分层次教学，使同学们都能找到支点，感受成功，享受快乐。尽可能多地给予薄弱学生机会，让其展示自我，体验自我价值，树立信心，勇敢面对挑战，把握机遇。优生可以触及一些难度大的、挑战性的问题，做薄弱学生的小老师，兵帮兵，兵练兵，兵强兵，共进共赢。

（八）理解与应用的关系

理解只是对知识有所把握，从某种意义上讲，还是狭义的、浅层的，在此基础上要学以致用。实际上学知识就是为了走向社会后，做一个有贡献、有价值的人，学是手段，用是目的。千万要杜绝理解知识是为考试准备的，这样的话只能应付，达不到深刻、全面、彻底、娴熟、高超、精湛的程度。

（九）记忆与表达的关系

大脑内在的记忆是短暂的，也许课堂上会做题，可事后便忘却了，由卷面做题到讲解是一个飞跃，由讲解到表演（唱、舞、画、作、模型、实物等）是高层次的飞跃，所以课堂中集写、背、说、议、评、讲、析、辨、观、唱、作、画等于一体。既有抽象的理解，又有直观的演示，还有艺术表达的享受，快乐课堂，享受人生。

（十）把握与生成的关系

对知识的理解、体验、感悟要拓展到有新的生成，生成便是创新，生成便是应用，生成便是开发智力，生成便是举一反三、一题多解、变式训练，知识与实践的联系延伸，小发明、小制作、独特的思维见解，甚至异想天开，漫无边际，我们都要给予关注。思考的独特性、思维的反常性、思想的创造性才是最为珍贵的。

党课上讲教育要务实求真

二十七、课堂展示是人的尊严的体现

让学生在聚焦处展示，是为了让自身的尊严亮相。其实，课堂说白了是为了每个孩子的尊严，让他证明自己："我不是一个不进步的人，不是一个不会学的人，不是一个一窍不通，甘拜下风，没有丝毫进展，从小就看到一辈子完蛋的人。"课堂真正的道是在这。

前两天，我看到中央电视台"快乐学习，幸福成长"的标语。这八个字，我十年前就在有关文章中提出了，我们有同样的认识。课堂是一种快乐，绝对不是一种沉默，不是一种厌倦，不是一种反感，更不是一种痛苦。让人人展示书写、表达亮相，让人人在整个表现的过程当中有进展，或者说他只要敢站出来到这个位置上就是进了一大步，他敢于尝试，其实人的一辈子成就成在这，敢字当头。

我早就认识到，教师在课堂不要刻意点名，要让学生自己争抢着亮相，让自己在众人面前能够以主人翁的身份，把课堂当作自己的舞台，一个阵地，这个地方不能缺了我，人有了这个内心的欲望、愿望，学习本身就不是大事。他现在学不好绝对不是白板怎么样，多媒体怎么样，那个东西当然有用，不可否定，与条件有关，但是最根本的是人，是这个孩子内心有这种期待，内心有这种愿望，内心有这种课堂上我要站出来亮一亮、展一展、比赛一下的意识，让大家对我有好感。所以，做老师的就不要再过多地占用时间，不要以为老师不讲学生不会，这是传统当中的一个误区。

我曾经到临淄区杜郎口小学看现场。杜郎口小学一年级，六七岁的孩子都会讲课，都会上黑板书写，一年级的孩子数学题出几十道，现场编题，来自课本，超过课本。我到学校里，学生抱着我的腿说："崔校长我给你背背我们刚学的课文，编一编上节课我在黑板上出的数学题。"有多少代表到学校里被这个场景所感动。一二年级的孩子敢于把自己这种勇气、自信展示出来，自己的信念表达出来，这才是教育。学生从内心里有了这种勇气，有了这种意愿，这种盼望，这种理念，这种信念，这种欲望，没有一个人学不好。学不好的原因就是内心没有自我需求。

还是那句话，我认为，一个正常的人自我才是最有效的，外力的强加管制，不起根本作用。尤其这半年，课堂是演讲会、比武场，人人都是一顶一的英雄好汉，每个人都是在这几十个孩子当中不可缺少的那一位主干将。人从小立起了自己的事情自己承担，自己的任务自己完成，自己学一学，思考思考，编一编，查一查，问一问，自己把它解决好，这已经不是学习的本身，已经是一个人的信念，一个人的担当，一个人的责任，一个人的志向，这才是课堂。为了每个孩子的尊严而做课，更多的机会，更多的话语权，更多黑板的板面让学生来担当。

老师们都在干什么？他们在那里记录着本节课发生的情况，这节课结束后，他会找有关学生代表把他的短板改正，下节课学生就有了一定的提升。课堂留给学生，不要过多干涉，老师进位学生退位，老师退位学生进位。

之前，来自澳门的一个老师说对无师课堂表示不理解。他建议，当学生讲完这个题能不能老师站出来做总结，如果老师做总结可能要比学生做得好。我说不行，老师做的总结好，学生内心会产生依赖，这样做就是老师代替，老师包办，内心反弹，那种责任感，那种用心，那种创新，那种担当，那种进位就打消了，进位的打消远远大于这个知识点，它不是一回事。

二十八、自主课堂增长的是智慧

张梅玲教授 30 余次到杜郎口，她是中科院的博导，是一位接近 80 岁的老太太。七八年前，她在杜郎口讲课。她说："学知识是为了长智慧。"我听了后，教学改革也按照她的思路。现在，杜郎口也在做，比如上课期间做好基础，站到哪里都能洋洋洒洒，手头上没有任何稿件却能出口成章，上黑板初二初三至少人均三个板面。上去写的文本，创编的作品，解题的过程全是一支粉笔，左手空空。多少人看现场为之一震，这些孩子怎么有这么大的智慧。杜郎口召开全国十大课改名校比赛，除了杜郎口还有九所学校，在那里他们做好了导学案给学生，目的就是让学生依托导学案看着讲，结果杜郎口学生导学案半个小时一字不差倒背如流，学的过程是脑子聪慧的过程，是灵感迸发的过程。

杜郎口中学，练的是这些孩子的智力、聪慧、穿透力、记忆力、剖析力、分析力，这个东西常练常新。知识就是做几张卷子吗？错了，做题背诵就是练智力的灵敏感。有多少老师认为考试、做题，那些都是一种载体、一种依托、一种介质，孩子本身他的智慧很高。另外，课本、教材上给的是案例，一定在这个案例上左顾右盼，拓展延伸，见多才能识广。千万不要以为教材上、课本上的内容就是唯一，学习的过程千万要打破功利，考试不可回避，你做到这种程度，考试成绩自然会上升的，还用说吗？

二十九、反思是自主学习高效的助力剂

杜郎口中学在十年课堂教学改革进程中，非常注意教育反思。因为，我们的教师队伍整体构成并不理想，骨干教师的原始学历全部是师范专科、中师和电大、教育学院的。但我们发挥团队力量，注重教育反思，在改革实践中学习、研究、提高，一步一个脚印地推进课堂教学改革，坚持十年，成绩斐然。

教育教学活动的每一个情境都需要教师做出即时的反应。教学就是即席创作。

教育的情境通常不允许教师停下来进行反思，分析情况，仔细考虑各种可能的选择，决定最佳的行动方案，然后付诸行动。教师的每一个行动都必须既是"充满智慧的"，又是"不假思索的"，这就是教学机智的内涵。也正因为教师与学生的教育互动是以一种充满智慧的即时行动为特征，它几乎不可能做到完全预见到、计划好或加以控制。那么，在"瞬息万变"的教育情境中，教师如何才能使自己对每一个情境做出正确的行动和反应呢？美国教育家范梅南指出，反思在形成教育智慧方面起着重要的作用。教育反思的目的是进一步理解教师对儿童所采取的某个行为是否恰当，不断地识别对于每个具体的孩子或一群孩子来说什么是好的、恰当的，什么是不好的、不恰当的。

杜郎口的教育反思是从不自觉逐步走向自觉。因为，任何一种教育理论不可能完全符合杜郎口的实际，只有通过自己的思考、探索和实践，扬其长，避其短，才能为我所用。我们在自己的实践中看到传统教学模式对于现代教学的不适应，就通过自主构建"分组合作学习""10＋35""课堂教学三模块"等简单易行的新模式，使得教师的教学方式、学生的学习方式得以转变；在新的教学模式运行过程中，我们会碰到许许多多的问题，我们利用教育反思，通过教师业务论坛来把每个教师的个体反思形成集体共识，变成师生的新的教学行为。

杜郎口中学的课堂教学改革体现在教师与学生相处时的关爱这一价值取向上。教育学有着这样一些根本的规律，缺少了它们教育生活就不可能，这就是爱和关心、希望和信任、责任感。爱是教育关系发展的先决条件。正是在这个意义上，杜郎口中学改革与其说是一种经验，不如说是对学生们的生命的关爱。

杜郎口中学的教育反思体现了一种教育教学的智慧。教育教学的智慧性是一种以学生个体为指向的、复杂的、多方面的关心品质。教师与学生之间，一个眼神、一个手势、一句不经意的问候，都包含了使命，体现了教师的伟大。所以，杜郎口中学十年课堂教学改革不是纯粹的技巧，而是教师对每位杜郎口孩子的热爱、是与对教育使命感的认同浑然一体的。只有从内心深处真正地关爱孩子，才能洞察学生发展的现实需求与可能，从而做出适切的反应。在师生目光相遇的刹那，教师读出了孩子心中的孤独；面对学习跟不上的孩子，老师总是觉得要为他做点什么。

杜郎口的老师们用自己的教育反思，回应着时代对他们的召唤——让学生成为

在山东省教科所（院）长会议上谈教科研兴校

课堂的主宰，让每个学生在自主的学习中体验成功。在每个学生体验快乐的同时，教师也在体验着事业的成功。

三十、自主课堂是张扬个性的舞台

杜郎口自主学习课堂给学生自信，让他们学会了合作、探究，培养了他们的创新能力，能够尊重学生的天性，张扬他们的个性，激发他们的灵性。

（一）刘晓晓同学谈学语文的体会

入校两年来，我是学校教改历程的见证者，更是课堂教学改革的受益者。近年来，我校对课堂实行了大刀阔斧的改革；由最初的欢呼雀跃、生龙活虎的课改雏形，到争问抢答、热情参与的日臻完善，从师导生学、多举并存的"活课堂"，到具有科学性、艺术性的"三三六"自主学习模式，我们深切地感受到：我们在长大，杜郎口中学在成熟。一改往日课堂上老师"填鸭式""满堂灌"传统的教学模式，取而代之的是学生主体地位的日益突显，只有这样的课堂，才是我们所向往的，才是我们展现自我、张扬自我的舞台。

走进杜郎口中学，一处处亮丽的风景便向你展开了，一节节精彩的课堂立即呈现在你的眼前，教师的适时点拨，同学们的才华展现，"三三六"自主学习模式的实施，使我们的课堂更加活跃而不失和谐，热闹而不失有序，是学校的课堂改变了我的性格，塑造了我的品质，使我重新认识了自我，认识了这个多姿多彩的世界，引发我开始了对人生价值的深深思考。

回顾我校的教改历程，一幕幕往事依然清晰地在脑海中重现，还记得那是初一时的一堂课，"今天我怀着十分喜悦的心情和同学们共同学习一篇鲁迅的文章《社戏》……"老师说道。

一时间班里炸开了锅。

"老师，我想给同学们介绍一下我预习到的关于作者的情况。"

"我们还整理了关于鲁迅的名言：'时间就像海绵里的水，只要你挤，总会有的'。"

同学们你一言，我一语，争得面红耳赤，不可开交，一直性格内向的我也鼓足了勇气，鲁迅先生有言："不在沉默中爆发，就在沉默中死亡。"

"我给同学们朗诵鲁迅先生的一首诗《自嘲》：'运交华盖欲何求，未敢翻身已碰头……'"

教室内的空气一下子凝滞了似的，等我有感情地诵完，班里响起了热烈的掌声。我分明看到老师的眼睛里充满了赞许，同学们的脸上洋溢着羡慕的神容。噢，我成功了。因为我的展现得到了肯定，更是因为我的参与，我得到了快乐。

当课堂进行到几个同学主动要求到讲台上演课本剧的时候，整个课堂欢声笑语。在欢乐中求知，在求知中升华，"我的课堂，我参与；我的课堂，我做主；我的课堂，我自信，我快乐，我成长。"

作为接班人，谁不曾有过在大家面前表现自己的欲望，杜郎口中学的课堂使每个同学都有了发展自我的机会，这得力于我们的课堂改革，得力于"三三六"自主学习模式的运用，更得力于校委领导的英明决策及老师们先进的教学理念。同学们在课堂上或说，或评，或演，或唱，不管哪一种表现形式，都使我们的学习兴趣大增，有的同学戏谑地称之为"快乐驿站"。才艺的比拼在课堂上更是屡见不鲜，其竞争的激烈场面也绝不逊色于"星光大道"。

前来我校听课的老师时常会问到这样一个问题："你们事先上过这节课吗?"那么就让我来告诉你一个小秘密:其实,我们学习的首要环节是充分的预习,在预习时,由老师和同学们共同制订预习目标和预习方法,通过学习小组的合作探究分步骤完成知识储备,信息的搜集整理,有些预习过程中的小问题可以通过和其他同学的共同交流来解决。

噢!对了,可千万别小瞧我们的学习小组,只有团结协作的小组才会产生无穷大的力量,小组长全权负责小组的学习。例如:学习中,小组针对部分同学的弱势科目,实行了"帮扶工程",达到了"兵教兵""兵练兵""兵强兵"的效果。

另外,各小组之间还开展了丰富多彩的比赛活动:比上课积极程度,比创新实践能力,比勇敢有为的批判精神,比主动回答问题的次数。"物竞天择,适者生存",社会生活中无时无刻不存在着竞争,全新的课堂模式让我们也尽早地感受到了竞争的激烈,适应了整个社会的进步发展与时代的呼唤。

课堂上同学们浓郁的学习气氛,生活中老师们悉心的关爱与帮助,使我们以身为杜郎口中学的一员而感到无比自豪。杜郎口中学是我们展翅翱翔的双翼,是我们乘风破浪的航帆,更如引领我们到达成功彼岸的灯塔,是杜郎口中学教会了我们求知的途径,教会了我们生活的准则,让我领悟到了做人的哲理。

(二) 袁乐乐同学讲学数学的体会

如果说语文是我们放飞心灵的天窗,数学则是解放、拓展我们思维的天地。在数学预习课上,当我们和老师一起明确了本节的预习目标后,面对预习提纲中每一个问题,我们或独立思考,或同桌交流,或小组交流,遇到组中难度较大的题目时,我们的学习组长会把我们组的几个同学叫到黑板前,边画图,边讲解。我们边提问题,组长边给我们解答疑难,还有的成绩比较好的同学带着自己组中在数学上需帮扶的同学在楼道走廊的地面上进行辅导,那认真负责的劲头讲得又细致、又全面、透彻!"兵教兵"是我们数学预习课经常使用的有效做法。

在数学预习课上,老师给了我们充足的时间去思考、交流,培养了我们分析问题、解决问题的能力,还培养了我们合作、探究的好习惯。记得在七年级学习《认识100万》时,老师给我们设计了以下几个探究题目:一、二组测量教室面积,想一想 100 万块砖铺我们的教室地面，能铺多少个教室？三、四组同学测量数学课本的厚度，假设我省有 120 万新生，120 万本数学课本摞在一起有多高？相当于我们多少个办公楼的高度？五、六组的同学通过测量玉米粒的质量，估计 100 万粒玉米的质量。全国十三亿人，每人每天节约一粒玉米，有多少千克？假设每人每天吃0.6 千克，一个人能吃多少年？

把各小组的任务分配完后，同学们立即行动起来，教室变成了学生的求知"超市"。同学们分工合作，各尽其能。一、二组同学有的测量，有的记录，有的计算，有的同学甚至趴在地上测量铺地砖的面积，用教室铺地砖的面积来感受 100 万块砖能铺多少个教室。三、四组同学测量完后，有的同学跑到教室外估测办公楼的高度，激烈地争论着。五、六组的同学用自己制作的纸篮当容器，用弹簧秤来测量玉米粒的质量。两个组的同学测量、计算、估测，不时发出惊叹声！我们二组同学还设计了一个这样的问题：就我们学校而言，平均每天丢掉 2 张废纸，一年我们学校要扔掉 90 万张废纸，摞起来有几千米高，不仅浪费了资源，而且影响了环境。所以，我们要少丢废纸，保护环境。学生是课堂的主人，教师也变成了一个大学生，参与到学生中间，和我们一起活动、讨论，对我们进行指导。

本节课，我们借助熟悉的事物，通过小组活动，亲身体验"100 万"这个抽象的概念。在活动中，培养了我们处理数据的能力和估算的能力，还对我们进行了勤俭节约、保护环境的教育。有了预习课的充分准备，我想展示的时候，我们会通过自己的讲解有理有据的和大家一起去感受 100 万，展示我们的预习战果！

另外在预习课上，除了认真思考、积极交流，我们还要做好双色预习笔记。我们预习笔记的内容包括：预习目标，知识点，知识应用，预习错例分析，预习疑难解惑等，将自己在本节预习中的收获用红颜色的笔标出来，提醒自己注意。

在数学预习课上，我们还建了数学医院。学生在预习中出现的错例成了数学医院里的预习病历，这些错例都来源于我们同学中间，具有很强的代表性，全体同学面对各组提供的错例，像医院里的医生一样给它会诊出错的原因，提出预防的措施。例如：初二数学第五章"位置的确定"预习课上，我们组出现了这么一个病历：敌舰 A 在我军北偏东 30 度方向上。

病因：没有说明与我军的距离

预防措施：应该用方位角和距离两个数据表示敌舰的位置。

这种做法可受我们全体同学欢迎了！

课堂改革给了我们自信，让我们学会了合作、探究，培养了我们的创新能力。今天，我为母校而骄傲，明天，母校为我而自豪！

（三）辛蒙蒙同学谈学英语的收获

想到杜郎口中学——我们快乐学习的天堂，我总有千言万语想要为大家诉说，不仅仅因为它给我们提供了学习、生活的良好环境，更是因为它给予我们的实在太多太多。是它，让我从"沉默寡言"变得"能言善辩"；是它，让我从"依赖被动"变得"积极主动"；更是它，不光给了我知识，而且让我找到了学习的方法，培养了我分析问题、解决问题的能力。

教室是我们学习知识的殿堂，课堂是我们展示才艺的舞台。在这里，我们可以无拘无束地阐述观点，可以畅所欲言地交流感受，教室里的每一个角落都属于我们，课堂上的每一次机会都各不相让，我们是学习的主人，是自己的主宰。

课堂上，同学们总是生龙活虎，积极踊跃，就拿我们的一节英语预习课来说吧！学习"Lesson 29 Don't Smoke，please!"时，因为这是关注健康的话题，同学们个个激情高涨，尤其是四组的同学讨论得最激烈，其他组的不少同学，也被吸引到四组，不仅有知识的交流，还有相关问题的延伸，有的同学还想到自己的家庭，其中杨培涛同学提到他的父亲，吸烟非常厉害，其他同学都帮他想戒烟的高招，张帅对杨培涛说："You should tell your father not to smoke．Smoking is bad for lung，and it can hurt other's health．"还有同学说把戒烟糖放在糖果中。同学们各抒己见，在积极的氛围中，同学们既掌握了知识，又进一步了解了吸烟的危害。不仅如此，七组同学还别出心裁，在黑板上画了一些禁止吸烟标志等。这节课虽然内容不多，但我们掌握了很多知识，真正提高了我们解决问题的能力，培养了我们团结合作的精神。

正是由于同学们每次都充分预习，所以换来丰富多彩的展示，英语展示课是同学们展示自我的舞台。每周一次的"English party"最让同学们过瘾，培养了我们的兴趣，提高了我们口语交际的能力。上周四我们如期举行了"English party"，现在想起来仍历历在目。上课前，同学们就把板面装饰得五彩缤纷了，有的画小兔子，有的画卡通人物，还有的画贪吃的猪八戒，并且还标注着："I'm Lao zhu, I like lots of beautiful girls."所有的同学都捧腹大笑，类似的场面，每个课堂都有。比如那次展示课，我们正在听 Lesson28 的歌曲，突然停电了，老师刚想要同学们预习下一课，而同学们却主动要求自己唱英文歌曲，同学们个个激情高涨，争着抢着去讲台上展现，最后刘其亮同学把其他同学都挤了下去，用自己独特的语调，为同学们演唱了一首《Move your whole body》，那幽默但又不太和谐的音调惹得大家哈哈大笑，于是个个都劲头十足，满怀信心地演唱。这次展示课，真正让我体会到英语的乐趣，也让我感觉到同学们学英语的热情。

小学时，表哥常对我说："英语太难了，太乏味了。"从那时起我对英语产生了恐惧和厌恶心理，记得刚上初一英语课时，由于受表哥的影响，再加上我内向的性格，课堂上找不到我抢答问题的身影，听不到我的声音，更不愿与同学交流。随着时间的推移，在积极活跃的课堂气氛的感染下，我也不由自主地站起来回答问题，我深深地记得第一次在英语课上回答问题时，老师脸上的笑容和期望的目光。自那一刻起，我心中萌发了好奇的种子，渐渐地与英语结交。我那个孤独寂寞的世界里也增添了几分活跃。从此，我变得开朗大方，敢说敢做。我感谢同学们的帮助，感谢老师的目光，更感谢杜郎口中学给了我自信。

每堂英语课都让我们既学到知识，又提高能力，同时感到无限乐趣。现代社会，英语已成为国际交流的主导语言，只有学好英语，才能在未来的社会中立于不败之地。因此，我们每一个人都要学好英语，让它真正成为我们走向成功的桥梁。这样的课堂我主张，这样的英语我喜欢。领悟着每一份自信，感受着每一次成功，最后用一句名言来总结："Confidence is the bridge to success."（自信是通往成功的桥梁）。

（四）陈林同学谈学历史的体会

新课改之后，课堂成了我们自由发挥的天地，成了我们快乐成长的天堂。我们厌烦了被动接受的填鸭式教学，主动探究问题极大地调动了我们学习的兴趣。课堂上，你争我抢、热烈争辩，取长补短，我们充满自信，快乐地学习，见不到心神不安与无所事事，因为课堂的主人是我们，我们才是学习的主人。同学们饶有兴趣地参与着、忙碌着，用我们充满睿智的头脑去发现问题，解决问题。下面我具体来谈一下我校历史课堂的变化。

没有充分的预习，我们就不可能尽情展现我们的才华。我们是这样进行预习的。首先，我们以小组为单位，通过阅读、查找确定学习目标，小组长带领组员以提问、竞赛、板演等方式进行检查及巩固学习目标的达成。然后，组内同学可以把预习中发现的疑难问题提出，全组同学共同解决。在学习《伐无道，诛暴秦》这一课时，一名同学产生了疑问："如果陈胜、吴广没遇到大雨，秦末农民起义就不可能发生了吗？"围绕着这一问题，组内同学帮助他分析，最后总结出："遇雨，误期，当斩。"这只是表面现象，起义发生的根源是秦朝的暴政。一位同学感叹道："看来，农民起义一定会发生，秦法太残酷了。这真是哪里有压迫，哪里就有反抗。"最后是处理材料题，每小组把本组分的任务用多种形式去完成，并使这些问题变得趣味化，生动化。如涉及第一次世界大战问题，同学们有的以小品形式提出问题，有的以创作诗歌抒发热爱和平，有的写感想去谈自己的感悟。

预习得充分，展示课上才会精彩不断涌现。

思辨使我们不同的观点碰撞出智慧的火花，针对"华盛顿创作美国历史"这一论断，同学们旗帜鲜明地形成了两种观点，正方同学持肯定的态度，理由如下：华盛顿是大陆军总司令，他卓越的军事才能、非凡的智慧无人能及，"没有位帅，美国人民如一盘散沙"。还有一位同学引用中国古语"三军易得，一将难求"来证明华盛顿的重要性。反方同学持否定态度，理由是："英雄也是人民群众中的一分子"，"英雄的作用是借助人民群众力量体现出来的"，"历史是人民群众创造的，英雄无力左右历史发展进程"，经过思考争辩之后，正方同学放弃了"英雄史观论"，争论使同学们的思维更开阔，能力得到锻炼，并且都能认识到劳动人民创造历史，再次感受到了劳动人民的可敬可爱。

生动形象课本剧，带我们回归特定历史环境感受历史。在处理"三角贸易"这一问题时，班里的同学自编自演了一个课本剧，剧中奴隶贩子、奴隶主、奴隶的语言都非常精彩，表演逼真，每个同学仿佛身临其境。有的同学说："从剧中人物对话可见贩运黑人途中，死了许多人，既说明了奴隶贩子的残忍本性，也更加体会了马克思的这句话：'欧洲殖民者在贩卖黑奴过程中已经丧失了最后一点羞耻心和良心。'"有的同学说："三角贸易使非洲丧失大量精壮劳动力，导致非洲经济贫困、落后。"还有同学说："从奴隶主与奴隶的交谈中，我深刻地体会到在资本主义国家里，朋友关系已经被金钱所取代。"

　　创作诗歌、抒发情怀、净化我们的心灵。学习第一次世界大战时，有的同学朗读自己的创作诗歌，抒发了自己热爱和平、反对战争的情感。

　　当枪声响起的时候 / 时间再没安宁 / 有的只是魔鬼般的嘶鸣 / 当硝烟弥漫战场的时候 / 宇宙再没白昼 / 有的只是地狱般的黑暗 / 无辜的人儿流浪在街头 / 昨天的欢笑变为今天的哀愁 / 我无法在想象 / 世界已成什么模样 / 青草已变枯黄 / 随风飘落多少惆怅 / 面对如血的残阳 / 我渴望没有硝烟的日子 / 那无瑕的白鸽 / 在明净如洗的蓝天翱翔

　　这首诗歌深深地震撼着同学们，让全班同学领悟到战争的罪恶，认识到战争导致多少家庭的不幸，同学们心中树立起珍惜和平、热爱和平、反对战争、制止侵略的宏伟志愿。

　　回顾过去、联系现实，畅谈感想、寻求对策。

　　在学习台湾问题时，同学们联想到"台独"问题，纷纷发表自己的看法，急盼统一之情，溢于言表。台湾是游子，游子终归要回到母亲的怀抱。有的同学说："鼓吹'台独'是数典忘祖的可耻行径，'台独'分子在拿台湾人民的命运开玩笑，没有祖国大陆的呵护，台湾终会落入任人宰割的地步，为了台湾长足发展，我们应坚持和平统一的方针和一个中国原则，但不承诺放弃武力。"我非常激动地表达我的观点："台湾问题得不到解决，这是历史原因造成的。我相信为时不远，解决台湾问题也就要靠我们这一代去完成。我想我们一定要认识到近代中国所以遭侵略，是贫困落后，现在台湾问题迟迟无法解决，这同样是主要原因。虽然我国进行改革开放，经济明显好转，可仍然与发达国家有相当大差距。我以为我们只有努力学好文化知识，才能报效国家，为国家经济腾飞贡献力量，为台湾早日回归贡献力量。"自由、宽松的上课氛围，使我们的情感得到释放和升华，也更坚定了每位同学为国家统一和发展努力学习的责任感和使命感。

　　鼓励学生大胆创新，激发学习兴趣。

　　兴趣是我们最好的老师，兴趣将我们的潜能唤醒，并在课堂上释放出来，同学们涌现出奇思妙想，在学习明治维新这一历史内容时，有同学创作了打油诗："日本人少地不大，怎敢一心吞天下。依凭科技壮国家，精兵一出敌必垮，所以言，科技人才壮国家。"

　　还有的学生不趋同于别人，敢于标新立异。当我们对小泉纯一郎参拜靖国神社表示强烈愤怒时，突然马锐同学说："我认为小泉纯一郎参拜靖国神社是件好事。"同学们都震惊了，他接着说："近代的侵华战争激发了中华民族的斗志，磨炼了中华民族的意志，使中华民族走向自强不息的道路，而现在我们处于和平安定的环境中，难免有些人意志松弛，日本当局的做法正好促使我们认清当今世界并不真正和平，提醒我们时刻警惕危害和平的因素。"他的话使我们陷入沉思。

我校的历史课堂带给我们终身受益的东西太多了。我认为，林则徐、邓世昌处于旧中国受侵略时代，勇于抗敌，不畏牺牲是爱国。而我们现在努力学习科学知识报效祖国同样是爱国体现。清朝闭关导致落后，日本善于借鉴，实行开放政策而富国强民，我认为不光我们国家需要坚持改革开放方针，同样我们青少年也应互相帮助，学习中只有做到旁征博引，才会共同提升。坎坷、挫折是每个人人生道路上难免出现的，要以此来激励自己勇于面对挫折。有首歌唱得好："不经历风雨，怎能见彩虹。"我坚信未来的人生道路，同学们只要心中装着榜样，向着梦想飞翔，就一定会成功。

三十一、自主课堂面面观

（一）自主学习主宰课堂

自主学习是学生学习的天性，是学习的最主要的环节。

我听了初一年级胡立平老师指导的新学期第一节语文课《在山的那边》第一课时，很受感动，被同学们那种自发、自觉、自主的学习精神所感动。

第一环节：导入课题

学生结合导读，结合生活实际，用简明扼要的语言导入课题。

课代表：（导入1）

亲爱的同学们，大家上午好，我们的童年是幸福的，都有过美好而朦胧的"梦"。为了实现自己的梦想，都为之努力过，拼搏过，也收获了很多的幸福与快乐。有一个山区的孩子，他的童年幻想是对大海的热烈想望，长大后依然不停地追寻它。他真的是在追寻大海吗？今天我们就学习——在山的那边。

（导入 2）课代表歌唱《大海啊故乡》之后，动情地说：

听了这首歌，肯定你很想看看大海，今天我们就跟随王家新先生一同去看看大海，看一看他心中的大海是怎样让他不停地追寻的？

接着课代表鼓励同学们设计板书课题。

方案 1，可把"山"字写成山状的象形字。

方案 2，可把"山"字画成山的形状。

方案 3，可写成"在山的那边"。

方案 4，自创课题：海的追寻。

第二环节：明确学习目标

课代表确定了题眼，从课题中初步感知本节课要学习的主要内容；结合导读和课后思考问题确立学习目标。既有共同的基本目标，还有分层次的各自的学习目标。

课代表：

我们这节课的学习目标有两个：

1. 学习生字新词。

2. 朗读诗歌，初步体会诗中的"山"和"海"各指什么？

第三环节：自主学习与合作交流

1. 了解作者和写作背景。

默读课文导读和课本第 5 页文本框内王家新关于《在山的那边》的解读。初步感知课文内容。

2. 拿起笔，朗读课文。标画生字词，结合注释或利用工具书学习。朗读三遍生字词，熟记读音。

痴想（chī）　隐秘（yǐn）　诱惑（yòu）　喧腾（xuān）　瞬间（shùn）

3. 课代表利用课件范读课文，学生认真听，轻声跟读，并标划停顿、重音等，注意语速、语调、情感。

4. 自由大声朗读，注意把握恰当的停顿、合适的语气和准确的情感。

5. 交流课文的主要内容。

这首诗有两节。第一节写"我童年的想望和困惑"；第二节写"我长大后的拼搏和奋斗"。

诗中的"山"比喻实现理想途中的艰难险阻；"海"比喻理想。小组内交流读。

注意把握恰当的停顿、合适的语气和准确的情感。借鉴提升自己的朗读能力。

6. 读准字音。

痴想　隐秘　信念　凝成　诱惑　喧腾　漫湿　枯干　瞬间

7. 小组研究展示的内容，进行排练。

（1）朗读。可以个人读，可以接龙读。

（2）诵读。可以选择自己喜欢的语句反复朗读，熟读成诵。

（读出恰当的停顿、合适的语气和准确的情感；有肢体语言）

（3）字词的拓展，联想。

①痴想　痴心　痴迷　梦想　幻想　空想　理想　痴心妄想

②凝成　凝聚　凝结

③诱惑　引诱　迷惑

④喧腾　喧闹　奔腾

（4）对文本的理解和感悟。

两节诗中的"山"和"海"含义相同吗？

（第一节诗中写的"山"和"海"是现实中的山和海，第二节中的"山"比喻实现理想途中的艰难险阻；"海"比喻理想。）

根据对课文的理解，给课文配画。

第四环节：展示提升

各小组争先展示，如有逻辑性问题需要协调，组长进行协商

1. 课文朗读的展示（标准：杜郎口中学课堂展示课。点评应具体，有根据，能挑战）。

2. 课文内容的展示。（结合学习目标）

第五环节：穿插巩固

1. 板面练习。

例如：飞鹰　搏击长空

2. 我学我用。

痴想：因迷恋而发呆地想。

小时候，夕阳下，我常坐在小树下痴想：我能去月亮上见见吴刚大哥吗？

3. 连词成句。

想望　失望　渴望　希望

能够进入高等学府学习，将来能够报效祖国，是爷爷从小的痴想，可是，由于历史的原因，爷爷的痴想变成了空想。爸爸也有那样的渴望，可是，最终化成失望。因此，爷爷和爸爸希望我能够实现他们没能实现的理想。

4. 个性化板书对文本的理解（略）

（1）充分利用教材提供的习题进行巩固性训练。

（2）注重方法和规律的运用。

第六环节：测评总结

1. 相对小组对应的同学互相检测。或小组为单位进行测评。组长和教师掌握达标情况。（结合课后研讨与练习）

2. 整理笔记，自我总结。

（1）这节课，我又学习了×个生字新词。

（2）我能熟练朗读这首诗，并且知道了它的主要内容。

（3）我达成了本节课第×个和第×个学习目标。

（4）我学习这首诗后的感悟。

（5）我学会了朗读诗歌的方法。

（6）我的困惑。

第七环节：教师创作激发学生创作

山那边是海

小时候　妈妈对我讲

山那边是大海

我爬上山冈　全是失望

大海啊大海

我从小向往的地方

信念啊　凝成的海

如种子扎根心房

大海啊　大海

我不怕一次次失望

翻过一座座山峰

坚挺信念的脊梁

小时候　妈妈对我讲

山那边是大海

海潮夜涌，海浪喧腾

大海啊大海

我长大奔向的地方

攀登过　无数的山

大海就在我眼前

大海啊　大海

我战胜一次次失望

一个全新的世界

在我眼前闪亮

大海啊理想

大海啊理想

我的奋斗

我的理想

（二）让实践丰富课堂

理论联系实际，培养学生各种能力，是自主课堂很重要的形式。

张校长指导学生学习《我们共同生活在一个地球上》这课，在学到日界线西侧是东十二区时，同学们非常不理解，她启发同学们说："同学们，我们一块讨论一下，群策群力，用手中纸、笔做简单的模型，用模型演示，可能比抽象思维要好些。"话音刚落，同学们炸开了锅，分组讨论，同学们你一言我一语。三分钟过后，张钊同学敲着桌子说："同学们，我想把我的做法及理解说给大家。"同学们都专心致志地听着、看着，"拿起一张纸，然后中间对折，这条折痕定为零度经线。"说着，张钊拿起彩色粉笔画出并写出零度经线。然后，在纸的最左边写上西十二区，最右边写上东十二区。同学们在他的指挥下很快完成任务。拿起这张纸，让东、西十二区对接连在一起，这就是'地球'。"弄这个干什么？""同学们，咱们知道地球是自西向东自转的，咱们大家一块用手在'地球'上演示一下。"全体同学按逆时针在"地球"上演示着，"自西向东……自西向东"每个同学嘴里都这样念叨着，"咦，还真是这样的，日界线的东侧是西十二区，日界线的西侧是东十二区。"

（三）让生成深化课堂

课堂生成是学生学习对知识的消化、对方法的内化的体现。我要求每一节课都必须让学生人人有自己的作品呈现。

刘杰同学在一节化学课上总结了知识，生成了自己的口诀：

给试管里的液体加热注意事项：

加热应用试管夹，夹持中上部位佳。

试管容积三分一，液体体积勿超它。

预热之前要注意，先把管外水珠擦。

解读：给试管里的液体加热时应用试管夹夹持在试管的中上部，试管内液体量不可超过试管容积的1/3；在试管受热均匀后，小心地在液体的中下部加热，并不断上下移动试管（防止试管炸裂），试管外的水要擦干（防止试管炸裂）。

试管要倾斜，与桌面约成 45°角，这样可以扩大受热面积；并且试管口不准对着任何人（防止液体沸腾冲出伤人），热的试管不能立刻用冷水冲洗。

物理变化与化学变化的区别与联系：

物理变化不难辨，没有新物质出现。

化学变化也不难，物质本身会改变。

两种变化有区别，有无新物做判断。

两种变化有关联，变化中间有物质。

解读：物理变化和化学变化不难分辨，化学变化是指生成新物质的变化，常伴随有发光、发热、变色、放出气体、产生沉淀等现象。物理变化是指没有生成新物质的变化，多为外形或状态的改变。物理变化与化学变化的本质区别：物理变化没有新物质生成；化学变化有新物质生成。其联系：发生化学变化的过程中一定同时伴随发生物理变化，但在物理变化过程中不一定发生化学变化。

（四）让游戏愉悦课堂

我校的大多学科，游戏在课堂上都有所体现。

英语课的传花击鼓，语文课的词语接龙，诗词倒背，历史课的故事演绎等。

地理课、理化生课也是如此。

比如学习《我国的交通运输业和旅游业》，张校长先让学生在地图上感知主要的铁路干线和旅游景点。然后鼓励同学们自己设计旅游路线。男生扮成铁路枢纽，几个人手拉手组成铁路干线，并且同学们自己解说铁路干线的方向、起止城市。女生扮作各旅游景点，点缀在铁路干线之间。这样一来，学生积极性很高，都抢着来组合铁路线和旅游景点，设计将来成为有钱人后的旅游方案。一周的课程在短短的 45分钟里就轻松愉快地解决了。可谓"学生欢，老师悦"。

（五）让漫画走进课堂

学习资源环境问题时，初三（六）班的崔延光在黑板上画了一个大圆圈说："我画的漫画名叫'牛吃草'。"大家都非常不理解，大圆圈怎么叫"牛吃草"呢？他说："还是听我老崔给大家讲解一下吧，这是一片草场，牛把草吃光了，牛也因此饿死了。"同学们因此哈哈大笑。但笑的同时，也领悟到其中的内涵，我国在资源利用、环境保护方面做得还远远不够，这就更要求我们好好学习，将来为实现可持续发展战略贡献自己的力量！

（六）让歌曲活跃课堂

语文课要求每节课都要有背景音乐。

有些人或许会惊奇，地理课怎么会穿插歌曲呢？两者又是什么联系？事实上运用歌曲进行地理课教学不失为一种形之有效的办法。把歌曲作为导入语，能激发兴趣，让学生轻松自如进入角色。把歌曲作为解说词，学生能够理解得更加透彻；把歌曲作为结束语，能让学生对本堂课回味无穷。

比如，在学到西北的民族时，给学生及时播放了维吾尔族、回族、蒙古族、哈萨克族的民歌片段，学生快速地了解了西北各民族的民俗风情。都跃跃欲试要唱《蒙古人》，要跳新疆舞。在本课最后一环节"心灵放飞"中，有的同学谈到"如果有来生，我要化为一棵胡杨，屹立在中国西北，为西北增添几分绿色，让她成为人人向往的天堂。"此时，又借机播放了一首蒙古歌星腾格尔的《天堂》，同学们在无穷无尽的遐想中结束了本节课。

（七）让激情充满课堂

我们的学生对某种事物或事件有着很强的判断力，并激情四溢。假如，放飞学生灵感，你将有太多的感动。

在学习初二地理《走进西北》这节课时，初二（七）班胡宁同学说道："假如我有来生，我愿化作一棵胡杨，屹立在我国西北，让它成为人人向往的天堂。"

在学习环境问题时，初二（七）班尚玉彤同学说道："假如我是环保局长，我一定做到既要金山银山，又要绿水青山。"

在学习国际问题时，初三（七）班孙蒙蒙有感而发："假如我是一只和平鸽，我会紧握手中橄榄枝，飞遍世界的每一个角落。"

三十二、自主课堂参与无错

学生是课堂的主人，一堂课 45 分钟，要至少有 35 分钟的时间让学生参与讨论、交流、探究、展示。学生参与课堂积极性的高低，参与课堂展示人次的多少，是决定一课堂成功与否的重要因素，积极参与课堂展示既是一种习惯，更是一种能力。在教改过程中，我们曾用以下方法调动学生的参与积极性。

（一）树立参与无错的思想

在教改之初，学生在课堂中展示往往有很大的疑惑：怕出错，怕同学、老师笑话，不敢参与。针对这种情况，我在班内树立参与无错的思想。给学生这样一个印象：只要你敢参与，哪怕是你讲错了，就凭你参与课堂的勇敢精神，我与其他同学也为你喝彩！通过这种方式让同学们打消顾虑，敢于展示自己的才能。

（二）培养参与积极分子

榜样的力量是无穷的。在每个学习小组中，教师要先培养一批积极分子，给其他同学一个榜样带动作用。老师通过座谈会的形式，让这些同学组成课堂展示的排头兵，其他同学在榜样的带动下，也不免跃跃欲试。

（三）一节一统计，一天一评比

我要求每个学习小组的两个组长利用"正"字唱票法，统计出自己负责的五个同学一天中参与课堂展示的次数，依据次数的多少排出名次。参与次数多的同学用红颜色的笔在每个小组的黑板上方表扬出来。对于参与次数少的同学，老师了解情况，进行思想教育，让这部分同学自己定出第二天参与课堂展示次数的目标，第二天进行跟踪。通过这种做法用一个月的时间班级就能形成一个良好的积极参与氛围。

（四）在全班评选课堂参与积极分子

此方法尤其适合刚刚使用"三三六"教改模式或班级刚刚成立时，可以以周为单位，对在课堂中表现积极的同学颁发奖状、奖品，予以鼓励。

（五）评选课堂参与积极小组活动

在此项活动中，我给各个小组制订统一的评比标准，根据各组参与人次的多少、参与积极性的高低、参与质量的好坏评选积极小组。此项活动可以用于一节课的学习小组评比，也可以用于一周的学习小组评比。

总之，在教改中，通过树立榜样、表扬积极、鞭策落后、搞好小组评价等多种方式来调动学生参与课堂展示的积极性。

三十三、自主课堂形成自己的思想

我在河南一所学校，在听课的时候看见他们的黑板上写着"鲁迅是一个文学家、思想家、革命家"。当我看到这几个字的时候，对于课程改革的重要性就理解得更深刻了。当时我就跟他们那的老师说，鲁迅是文学家，为什么是文学家，你列出了鲁迅这一生中有代表性的作品了吗？这"三家"只是让学生拿来背的吗？背过了会填空了有用吗？这一点用处也没有。为什么被称为文学家？这些都可以让学生自己查找原因，这样学生就不会只知其然，不知其所以然。这说明还是老师的思想有问题，就这一个点，如果想四面八方的拓展，三四节课也学不完啊。

知识是没有边界的，其实课程改革就是知识的"辐射"，上挂下联、左顾右盼，而"辐射"的内容可以有以下几个特点：

第一，要深、广、透、彻。我们都学习过，知道鲁迅的家乡是绍兴，那绍兴的地理位置是什么，风土人情怎么样，在绍兴有过哪些著名的人物出现，这些问题都可以涉及，这样一解读课程就解决了。如果我们的数学可以和英语联系上，我们的思品可以和社会热点挂钩，这样的教学就不会仅止于课本上那么一点知识了，那将会为学生打开一片新的天地。

第二，要深刻。我们现在课堂上学生常用三句半、顺口溜把学习的内容和规律总结出来，把做题的注意事项总结出来，这就是深刻。学以致用的问题，把课本上的内容与社会上的一些现象联系起来，这也叫作深刻。我们不能做空泛的教学，做就做有哲理的、有内涵的、有规律性的教学。这样做下来，学生的思想就会打开，老师也会越教越顺手。

第三，让学生有一种高远的眼光。让学生会学习、会判断、会联系，这里的眼光指的就是学习的方法的问题。让学生有思路、有学习的策略，这个策略也是一种远见。如果教学生从初一学到初三，一旦离开老师又不会学习了，那这说明教育方法错了，我们说过，教师教是为了不需要教。我们要做的就是引导学生去探究学习的方法、套路，让学生学会自己学习。

第四，要学生形成自己的思想。让学生对知识有自己独到的见解、有个性，不人云亦云，有自己的判断，有自己的价值观，有自己对知识的解读，形成自己的思想。

三十四、学生永远是课堂学习的主角

我们一定要把老师的满堂灌、独角戏转换过来，把机会让给学生，最最基本的是把时间、空间还给学生。以前 45 分钟一节课，我们提出的是"10＋35"分钟，老师最多占有 10 分钟，不管你是讲、组织课堂还是点评课堂，剩下的 35 分钟属于学生。改革刚开始时，真的是看着时间给老师打分，谁超过 10 分钟谁的课堂就是 0 分。也有的专家说我这样的做法不科学，有点独裁。我说那是因为你在改革这个过程上没有亲身经历过，如果你是一个当事人，你是一个领导者，你可能会同意我这种方法，因为老师们的惯性、传统的教育思想，往往一开口就收不住尾，这节课就过去了。其实课堂也没有什么深奥的东西，只要你让学生们在这个时间、空间当中，把嘴巴张开就是最大的成功。课堂改革最大的标志就是把话语权交给学生，让学生能讲话，课堂就是让学生敢说、能说、会说、愿说。有一句话说得好，"言为心声"，你想说那是因为你对这个问题的解答有思路，那是不可能言之无物的。

在 2005 年，我们学校的老师第一次被外校邀请去讲课，临走前三位老师到了我办公室。我问他们，你们到那以后用什么方式给学生上课啊？他们说就用杜郎口中学的教学模式，让学生自学、预习、写预习笔记、做知识储备，只要他们对这节知识理解得多、挖掘地深入，这节课就算成功了。我对他们说这只是其一，而且这一点还不是重点，因为对方一直以来的课堂模式都是教师讲、学生听，你让学生发言、质疑，让他们争辩、演讲，他们没有这个基础啊。你可以先把自己的一些经历、身世讲出来，当然在讲的时候把自己精彩动人的一面展现出来，同时给学生说这节课不上课，就是开个见面会，先彼此熟悉一下，让他们自报家门，每个同学都到讲台上来把自己的情况介绍一下，并给他们提要求，让他们注意自己的语言表达、面部表情以及肢体动作。也许一开始的学生说得很一般，但随着老师的点评、烘托，慢慢气氛就上来了。现在，我们学校的老师到外地上课都跟人家校方说好，要一节课跟对方的学生进行碰撞、磨合，让我们杜郎口中学的教学思想在学生的心中留下一点印象。我们做这一切的目的都是为了让学生们把封闭的嘴巴张开，营造一个有利于沟通的氛围。对于这一点我们学校的学生编了一个顺口溜："你说我辩，快乐无限。"我们学校的李华英老师也总结了两句话："我原来讲得天花乱坠，学生学得恹恹欲睡。"在这里我也总结了两句话："学生学习的敌人在于依赖，老师教学的最大悲哀在于包办。"学生的依赖性、老师的包办性造成了一直以来如此被动的局面。在课堂上，老师应该引导学生去思考，后来我总结成四个思，"思考、思维、思路和思想"。学生学习的过程是脑力劳动的过程，这四个"思"要关注。

　　四川成都的李镇西校长，大家都不陌生，他到杜郎口来过三次。后来在广州他讲课，我先讲他后讲，他讲了他的一个亲身体会。蒲松龄的《狼》文言文，他用了两种不同的教学方式讲授，第一节是按照自己的老方法，讲得头头是道，分析得非常深刻、具体，甚至连字的古义今义、不同的读音都讲得清清楚楚。第二个班他就用在杜郎口学到的方法教，让学生自己来讲，并让学生自己出试题。第二天把两个班召集到会议室里，同样的时间、同样的试卷，自己讲课的班比让学生自己研究、查字典、讨论最后形成自己试题的班低了 13 分，这是李镇西校长在会上亲自介绍出来的。前几天，河南安阳的小学教务主任说："崔校长我们到你们学校学了，回到学校后也是按照您的那种方式上课，学生怎么回答问题，读课文也是圈圈画画，结果全区考试的时候我们改革的班比别的班低了 6 分。"我说我来举例子：寿光做大棚做得很好，全国出名。现在全国很多蔬菜都是寿光产的，甚至新疆的蔬菜大棚也是从寿光引进的。我们这里也让做大棚，但是老百姓不认可，农村的小队长、镇上的领导下死命令必须把大棚做起来，但是在做的过程中偷工减料。别人的大棚固墙做了 1 米多宽，他做了 30 厘米，别人大棚塑料布上有草帘子，他那没有。到了冬天零下 12℃、零下 15℃，别人的大棚照样长，他的大棚一棵苗也没有，全部冻死了。改革的课堂比传统的课堂所付出的劳动代价更大，因为课堂中一些不能够控制的、不能够预测的问题都会出现，尤其是在课堂中要有针对性地强化学生的训练，所以我们的课堂在监控中，学生的一句话、一个字，学生之间讨论的 2 分钟都是学习成果。有同学在发言时出现了错误，哪个同学走出来等他讲完给他提一个建议。我觉得在讲的过程中出现了错误，进行修改，这样的课堂才有效。那些看不出错误，老师大放羊什么也不管的是做不好的，没有这么简单的事情的。"一放就乱，一收就死"，这都是对教学思想理解不透产生的结果。

　　讲到学生的主体地位，我再给老师们讲一个小故事：我这个年龄在上小学高年级和初中的时候，那时候还是生产队，没有像现在搞承包。有一次参加劳动，看见三头牛拉着一车小麦上高坡，拉不动，这时候一位老大爷反其道而行，卸下了一头牛，让另外两头牛拉车，把鞭子一抽，那两头牛就把一车小麦拉上去了。我赶快跑到大爷跟前问：为什么两头牛比三头牛有劲？老大爷就跟我说，三头牛的时候都想自己少出力，让另外两头牛多出力，当三头牛都这样想的时候就都不出力了。牵走一头后还剩两头，如果再不出力一会儿就剩下自己，那用的力量会更大。我就想了，牛都有这样的思想，更别说我们人了。一些孩子在课堂上打瞌睡、走神儿，就是因为课堂上不参与，没让他站出来。有的同学在课堂上讲不下去了，我们也要告诉老师，这时候老师千万不能站出来。课堂的焦点、亮点、重点就在这里，不能让课堂时间、任务约束自己。这一难点讲不下去，学生就自学、讨论、查阅资料，向网络上、媒体上查，也许在下一节又在这个问题上出现问题，所以教给学生自己解决，就没有解决不了的问题。因为现在解决的都是文本中、课堂中对应的一些问题。一旦学生明白了反复思考、不断查阅资料，因学生互动找到了灵感，脑子一下子开悟的时候，他就超越了解决问题的界限，已经上升到了一种对问题解决的一种思路、方法。还有一点就是学生之间的沟通、交流，远远地大于老师和学生。

　　1977 年我在上高一，第一学期期末，数学测试我得了全班倒数第五名，考了 47 分。过了两天，那位数学老师在校园里碰到了我，问我："你家是哪个村的？""报告老师：我家是杜郎口镇正南八里的崔何村。"第二天，老师让学生到教室里找我到办公室，老师说他明天要去茌平办事，备课也备不出来，例题也讲不完了，让我替他当一次小老师给大家讲例题吧。我听了这句话后兴奋、自豪地说不出话来。之后课间我不出去了，到宿舍里没有灯还学了一个多小时。把这个例题的来龙去脉分析了，把一些运用的方法搞透彻了，后边的练习题就非常容易地做出来了。第二天上课，老师说："同学们今天换一种方式，让咱班的崔其升上来给大家讲一讲例题。"我很仔细地把规律、方法讲得很透彻明了，当讲完下来的时候，听到同学们窃窃私语："今天可怪了，同学讲得比老师讲得听起来容易。"听到这样的话语，对自己更是一种激励。1979 年全班升学考试 55 位只有我自己考上了，当时上的是高中中专，茌平师范。所以从那时候开始，我就有了"课堂的问题就是寻找机会让学生抛头露面，让学生从自己的课桌上走到讲台上，面向大家分享自己学习成果"的想法。

　　现在老师们都已经知道：做老师、做教学、做课堂，信任学生、相信学生、发动学生、依靠学生、发展学生，体现"以人为本"。想到这些孩子在课堂中的那种心灵的感受，其实一个正常智力的人都希望在众人面前得到尊重，都愿显示自己的能力。很多退休的老头走很远的距离带着自己的鸟，累得气喘吁吁的去树林里和别人的鸟比鸟鸣，他说"如果听到别人说我的鸟的叫声好听我很高兴"。每个人不愿做落后的，在学习的过程中我深深地理解到：学生之间虽然口中没有说到超越的话语，但是每个孩子心灵深处都有一种向上的、超越的竞争。谁能够把学生的表达发挥得淋漓尽致，谁就能够调动学生的积极主动性。最近这两年，我觉得课堂的改革是凸显学生主体地位的过程，接着下来就是课程改革，课程改革就是国家教材、地方教材、本县的教材与学校校本，这个当然有关系，但是不是占了很大的分量？最关键的还是依托于课堂对教材的挖掘、延伸。

通过课堂这个平台，培养学生的性情、人格才是真正的教育目的，学生的自信心在建立，通过自己站出来发表自己的观点，甚至别的同学发言之后自己敢于否决，某同学有一个创新做法，另外一名学生有三种创新做法，他们在不断推陈出新，不断超越，形成了这种创新意识。英国首相布朗曾经和老师一起踢球，老师一不小心把球踢到了布朗的左眼上，治疗了2个月的时间瞎掉了，之后老师、父母去劝他让他去上学，他都不去。后来上大学的哥哥买了一把手枪，有6发子弹，叫弟弟去门外的树下打靶，哥哥连打了3发，一发也没中，弟弟连打了两发也没中，哥哥对弟弟说你有优势啊，我打的时候还要闭上一只眼睛，你打的时候就不用了，上帝封锁了你的左眼，你可以专心致志地达到目的。弟弟心想有道理，在打最后一发的时候就正好打中了，在这个事实面前他自己背上书包去上学。后来在多次演讲中，他一直重复着这句话：上帝封锁了我的左眼，让我专心致志地走向我的人生目的地。一些外地转过来借读的孩子刚来时不说话，同桌之间、小组之间不说话，老师问他一些家常的事情，也不说话。后来经过老师和他们沟通，在交流的过程中终于让孩子开了口。在黑龙江，我和史金凤老师、刘贵喜老师一起去上课，金凤老师上完一节课后一个胖胖的男孩子一把抱住了金凤老师的腿说不要老师走，说在其他老师的课上一言不发，在金凤老师的课上不仅发言两次，而且还得到了同学们的鼓掌和老师们赞许的示意。所以走到今天，我也不断地和老师说真正的教学目标有三句话：自主自信、自强不息的性格；勇敢有为、探索创新的精神；团结合作、服务奉献的品质。通过在杜郎口中学这三年的学习，让同学能够把握住人生的立足点，才是真正的教育。这是教学方面我自己的三点体会：学生地位的落实、课堂文本的挖掘和审核，学生性格的健全，在学习过程中人生观、价值观的定位。

三十五、再谈课堂标准

（一）老师的工作

老师的工作是课前做好准备，课下做好整改。老师要把自己作用于课前课后，哪一个老师也不许在课堂里讲话，包括"大家去写板书"这句话，你就是旁观者。不允许老师在学生的板面上修改，如果学生做错了，由另一个学生为他画出来，替他修改。老师画出来值一分钱，学生画出来值一百块，就是这个作用。学生做对了是本分，做不对别人指出来他改正了，这才是作用。

全员无师课堂，就是练学生，课堂上老师拿笔和本子，找个凳子坐下来，出了毛病课下改，因为这是你课前预备得不够，而课堂就全是学生的。哪一个老师掺和，哪一个显示自己，课堂直接打0分。杜郎口的特色是以学生为主体，老师的功能与作用就是把学生的掌控能力、承担能力、组织能力、分析能力、纠错能力练好。有些事不是做不到，就怕你不去探索，不能迈开这一步，不能彻底把这个事情做到位。杜郎口小学也实行一节课学生写三次板面，以前不要说别人，副校长李素洁都说那不可能，说只有杜郎口中学能做到。但是我去了他们学校，看到一半老师的课堂写了三板，原来学生写一板是15分钟，现在学生要6分钟，一个学生写一整板是6分钟，我们学校是3或4分钟，在报告厅这边呈现的都是最晚4分钟，5分钟、6分钟的都没有。老师的水平由学生来证明。

（二）课堂标准

1. 板面15分

一节课要求写三次板面，初一在开学第一个月内可以写两板，两板写得好就等于三板，因为在小学没有训练过，一个月过后就统一规则。初二、初三都是三板，一共是15分，一板5分，三板就是15分，写得不密，有空档，就不能得5分，如果出现错误，学生纠正不过来，这一板就是0分，一个学生得0分就是全班得0分，但是不能为了实现三板凑数就写无关紧要的内容，抓不住重点不行。

我们可以这样实施：第一板咱们可以写课文，课文内容也得分配好，不能每小组都写第一自然段，因为第一自然段大家背诵的时候很容易。而应该一组第一自然段，二组第二自然段，整篇全文都能在板面上呈现；这一节课一组是第一自然段，那么第二天的那节课一组也许就是第四自然段。老师做得不好都是真诚上有缺失，以前有的老师在这方面就存在问题，不是真心为学生的成长而做，不是为提升自己的能力而做，而是为应付那几个人查课而做，这样的人真是没有一点人品，没有一点修养。你在别的单位可以造假，在杜郎口造假是绝对不可以的，谁造假谁坑自己，坑他人。现在我们实际工作中还有一部分人在造假，眼睛就光看着崔校长来了吗，张校长来了吗，考评组来了吗。心不诚，和我们的规格、标准就有差距，诚者、成也。没有做不到，就是因为你有那个邪念。三个板面，有错误的修改不过来，全班都是 0 分。第一板，文本反馈，分层次，分次序，检查学生的全文；第二板重点、要点；第三板，达标测试、考试题、作业题的训练。

2. 表达 45 分

（1）精彩 15 分，全校也没有几个能得 15 分，要么 15 分，要么 0 分，只有几位语文老师课上能得这个分，其他的课上很难得这个分。我们强调很多年了，学生展示时的肢体、声音、面容、气势、韵味都要有，我和张校长转了一圈的课堂，表达到位的寥寥无几，即使有表达的也是在那里背文本，你一看一听就知道了。我曾经说过演讲会，演讲会是感动人的，那不是背文本，而是化解到自己心灵深处的那个文本，然后按照自己的领悟理解表达出来。对于考评组成员，今后我只要再回学校看到课堂没有进展，达不到基本规格，考评组成员一个一个地拿罚款，成在高度，败在力度，不能瞪不起眼睛，平平常常。

（2）八字方针 10 分。背诵前也好，背诵后也好，得有对知识的梳理。我背过了这一段，我是以什么来背过的，我发现了一定的线索进行总结，它是有时间、方位，还是有层次？从哪个方面我记住了这些？线索是什么？来龙去脉是什么？知识的规律、方法和技巧是什么？这才是"思考、研究、分析、发现"。历史也好，地理也罢，它是从大到小啊？还是从小到大啊？还是由近及远啊？在空间方面，是从南到北？在时间方面，时间追溯到什么时候？从古代到现代吗？这就是知识的层次和台阶，任何知识都有规律。如果你不向这方面用心，学习效果就大打折扣。你是用智慧学习还是死记硬背来学习？效果能一样吗？

八字方针大部分老师做不到，如果老师做不到怎么要求学生做啊！思路也好，技巧也好，方式方法也好，规律本质、线路图、方位关系、来龙去脉等，这些东西就是把知识串联起来的。学习的过程是什么，学习的过程是智力增长的过程。八字方针就是智力的体现。

（3）拓展、挖掘、运用、好学、讲解，20分。

表达一共45分，现在就差在表达的精彩性，差在八字方针。这两块占了45分其中的25分。

3. 实效性40分

实效性也就是小测试，这个我就不多说了，一节课也行，一周也行，三天也行，把知识聚拢聚拢，抽出十个学生或者六个学生进行小测试，满分就是40分。

以上的100分都体现出来了，一定按这个实施，按这个呈现，不准有一个学科、有一位老师在这里打折扣。我要求老师一个个在我面前背诵，先从领导班子开始，领导班子带的职称是高级或者特高级，我看课堂和你的职称相符吗？奖二罚一。排名是次要的，我们要实现讲诚信、挑战性、提升性、创造性、超越性，最后达到奇迹性。各位老师达到讲诚信、挑战自我、提升自己、创意创造、有超越、有奇迹，这些人人都做到的话，奇迹就会出现。

与来访学者谈自主课堂

三十六、导学案的取舍

导学案作为学生的学习依托，学生从课堂上接受老师的讲解，始终处在老师支配状态下，总想老师把编写好的导学案发给学生，让学生按照导学案的路线图自学，自己寻找解决问题的方法、做题的步骤、填写题目的答案。在此过程中，学生思考问题，搜集信息，整合资源，查阅有关学习资料，解答疑难问题，积累学业基础，厘清做题思路，把握做题规律，这无疑比老师满堂灌、一言堂、学生被动听讲进了一大步。可是，如果从学生的素质提高，如自主能力、质疑能力、联想能力、探索能力、辨析能力、独立思考能力、创新能力，尤其是自我突破能力、自主求索能力、对事物辨伪存真的观察能力、判断能力等的发展上看，有可能也是一种阻碍。

教学的本身不是老师传授了多少已有的知识，也不是让学生掌握了多少知识，更不是为专门迎接考试准备了、储备了多少备战考试用的、绰绰有余的内容及答案。如果把教学当作为考试准备的一种手段，那将是一种悲哀。有可能导致学生高分低能，导致我们国家在世界之林没有竞争力。课堂的本意，课堂的方式，课堂的目的，课堂的走向，课堂的主旨，课堂的理解，课堂的出发点和落脚点，课堂的遵循，课堂的状态，课堂的价值，关系着我们中华民族的未来。教育兴则国家兴，学生素质强则国民强。如果到今天还有大多数人认为课堂只为考试，考试只为升学，升学只为评价，评价只为功利，功利只为个人，个人才是人生的意义。若如此，中华腾飞休矣，民族振兴休矣，中国未来休矣！不堪想象，不敢预测。现在，我对课堂的理解有三点。

一是通过转变教的方式，变师教为生学，变师控为生主。一个正常智力的人，心理上最大的渴望是被人认可。作为一个学生，最大期盼就是在本课堂上被在场的师生认可，这种认可是通过自己的表现、表演、表达，或写，或吟，或唱，或论，或辩，或作，或创，或争，或演……教师的最大功能就是营造一种气氛，提供更多机会，相信学生、发动学生，让每位同学真正参与到课堂学习中。因为学习过程中最大的动力，一是参与，是知情者；二是展示，是释放者。一切生物都具备两大功能，一是吸收，二是释放。可我们当下教学生，只知学生是吸收者，那就是只给予学生，而没有想到还是一种能力的释放者。任何生物需求的正是这种"我的"价值、"我的"作用、"我的"意义、"我的"存在。导学案虽有其一定的益处，但如果认为此举是贯穿整个教学过程中并且是长期的。那么，这种认识是局限性的，还是没有认识到教学的本质是什么。充其量是一种学生学习过程的指路标。在学生还没有其自己的学习能力、学习愿望、学习需求前，可以提供一种学习的样板。但不要长期化，有导学案是为无导学案做基础的。如果老师在课堂过程中尽早唤醒学生的求知欲、表现欲，并让同学们在学习的过程中成为一种自愿、自主、自觉的学习习惯，形成一种学习的能力，那这样的教师是英明的教师、杰出的教师、伟大的教师或称之为教育家。这也解答了叶圣陶老先生的："教师教是为了不需要教"的科学论断。

二是文本内容的开放性、广博性、联系性。课本是学生学习过程中的一种样本，是参照，是载体，而绝不是一种绝对化的，或是唯一的一种教学内容，因为知识是无限的，知识是全新的，知识是动态的。为此，导学案只能是知识中的一部分，或者说是九牛一毛，大海中的一滴水。导学案作为一种参照、参考无可非议。如果让学生依葫芦画瓢，只要把导学案做完，作业也就完成了任务，则大错特错了。学习是为了积累知识，更是一种学知识、长智慧的过程。学生只有将教材中的内容上挂下联、左顾右盼，联系性、延伸性、开放性、创新性是学生学习过程中不可或缺的。"问渠哪得清如许，为有源头活水来。"如果学生在学习的过程中，好思考、多联系、勤对照、挖本质、找规律，那么学生的洞察力、整合力、分析力、创造力等不求自得。由此而产生的学有所获、学有所悟、学有所用那种快乐感、荣耀感才是学习的根本动力。

三是做到：课堂上以学生为主体，为主人，为主角，在文本的理解上由学知识上升到长智慧，最后达到健全的学生人格，即自主自信、自强不屈的性格，勇敢有为、探索创新的精神，团结合作、服务奉献的品质。教育是一种塑造人的过程，教学是一种完善人性格的过程。如果导学案长期使用，学生的学习还是一种依赖和等待，不可能在学生的心灵里生发出一种进取、向上踊跃攀登的强烈愿望，没有真正解决"要我学"到"我要学"的蜕变转身。教育的最终目的是让学生达到自我上进、争强奋斗、不甘人后的一种勇于担当的人生境界，也只有开放、民主才能实现这一愿望。只有让同学们把思维的神经完全伸张在知识的浩瀚海洋中任其驰骋，才可能把学生潜在的智慧激发张扬。也正因如此，我们认为，导学案是形成学生自主能力前的一种预备、一种拐杖。一旦形成学生的自主能力，那么它就完成了使命。就像拴在婴儿胸部的棉绳，可以帮助孩子学着走路。当孩子逐渐步履蹒跚的会走时，那么那根绳就要束之高阁了。

导学案在起始阶段，为让学生掌握学情，厘清知识脉络，明白知识的框架建构，给学生使用教师编写好的学案是必要的，是适合的，是有价值的。但作为教师，心中一定知道，这只是过渡、是磨合、是准备、是储备、是提交的案例。随着学生的熟悉，可以让学生自己编写导学案，让学生比较师生间导学案的优劣，让其快速发展。这是一种临时性的辅助，绝不是教学中的必备。否则，只是教师教的一种稍微的进步，没有改变老师主持课堂的本质。这样对学生的独立自主、潜能挖掘、性格健全是没益处的。

日本学者佐藤学参观杜郎口中学课改

没有导学案，学生会编写导学案，或根本不用导学案。学生把学习的权利、学习的自主、学习的方法、学习的规律逐渐形成自我的素质与能力。就像前面所论，当学生对学习有一种渴望、一种欲望、一种强烈的心愿，那么适合自己的学习方式才是最好的。我们不应该长期把导学案，即"宝典"列为让学生遵循的有形的魔法。学习没有金玉良言，学习没有制胜法宝，学习没有可套用的秘方绝学。学习是一种体验，学习是一种感觉，学习是一种心灵的激动、感动、打动，学习是一种进入其中，其情也动，其意也切，其感也深，其悟也道的过程。学习不是一种强加，而是一种过程，学习者心领神会，让自己的心理更加舒畅，心态更加平实，心灵更加感动。以学习为快乐，以学习为充实，以学习为幸福。只有如此，学习才会是一种愉悦，而不是一种任务，更不是一种负担。

导学案从有到无，是学生学习成熟的一种标志。当学生愿学习、乐学习、会学习时，那么就意味着真正地从"让我学"到"我要学"，然后到"要学我"。从心理上讲导学案是让完成的一种学习任务，是课堂上的过程、经历，是学习的路线图。由于课改的深入，学生从学习走向了一种追求，一种心灵的解放，一种神情的愉悦。让学生成为学习的主人吧，因为学生渴望；让学习成为学生的一种追求吧，因为他们命运所依；让学习成为学生的一种快乐吧，因为学生的身心发展会提升我们的国民素养。从学生的心理、心态、心灵去研究我们的教学吧，因为只有"以人为本"，才能遵循学生的身心发展规律，让学生更健康，让祖国更强盛，让民族更伟大，让未来更美好！我们期待全国教育教学改革向纵深发展，还我们的学生一种自由、快乐、幸福的状态。不闻不如闻之，闻之不如见之，见之不如知之，知之不如行之。学至于行而止矣！

三十七、自主学习的价值解读

（一）关注生命、关注实践的教育观

这里的教学过程正在成为师生交往、积极互动、共同发展的过程。在这一过程中，教师和学生都是具有独立人格的人，两者在人格上是完全平等的。学生是发展中有血有肉、有思想、有个性的人，课堂教学目标也应由知识本位转向以发展为本位。我们在杜郎口中学的课堂展示上所看到的一切，正是这些新理念在教育实践中的具体体现：民主、平等、和谐的师生关系。

（二）主体自主发展的学生观

为了落实课堂上教师的主导作用和学生的主体地位，杜郎口中学实现了课堂教学的"三个转变"，即学生学习态度要由"供应式"向"超市式"转变，充分发挥学生在知识学习中的自主选择性；教师教学由"注入式"向"发动式"转变，教师在课堂上要由"讲"到"动"，将课堂塑造成"快乐享受的地方，不是被动接受、枯燥无味的看守所"；课堂内容由"纯知识型"向"能力、情感、价值观"转变。

（三）建构主义的学习观

杜郎口中学从课堂预习模块开始，就十分注意根据学生已有的知识经验对新知识进行构建。学生的学习目标是在学生自学文本的基础上，师生、生生共同讨论生成，教师预设的"教学目标"常常因此而改变。杜郎口中学还十分尊重学生的个性化的学习风格，鼓励学生在理解的基础上进行学习，反对死记硬背。

三十八、自主课堂的现实意义

杜郎口新课堂运行模式的构建不但具备一定的理论基础，而且还通过了教学实践的检验。我们认为互动式教学具有以下突出的特点。

（一）杜郎口新课堂运行模式真正体现了学生的主体地位

杜郎口新课堂运行模式充分展示了学生身心发展的特点，还原了学生应有的主体地位，也关注到了其他要素及要素间的相互作用，打破了传统的平面单向传递式教学模式，建立起了立体多向互动式教学体系，真正确定了学生在教学过程中的主体地位，也为学生在教学过程中充分发挥其能动作用创造了良好的教学环境，使教师的主导作用和学生的主体地位得到了较好的统一。

（二）杜郎口新课堂运行模式较好地发挥了教师的主导作用

在杜郎口的课堂，教师是教学过程的指导者、组织者和参与者，在教学活动中起主导作用。改变了过去那种在课堂教学中完全是"教师中心主义"，教师变成了"主演"，强化了教师的教对教学过程的支配和控制作用，把学生当作消极反应的被动客体，无视学生学习的能动作用的状况。杜郎口新课堂运行模式首先认识并摆正了教师和学生在整个教学过程中的作用和地位，明确了教师的职责，也真正发挥出了教师的主导作用。在教学过程中，教师严格遵循教育规律，根据教学原则的具体要求，设计、组织、实施教学活动，根据受教育者个体对象的变化及个体的心理、生理、智能、个性、情感、能力等变化，随时调节和控制影响教学的各种教学诸要素，以适应受教育者变化的要求，实现教学过程的最优化和最佳教学效果，指导帮助学生通过积极主动的学习掌握知识、技能，发展各种能力，形成一定的思想观点、价值准则和个性品质。在整个教学过程中，教师不是活动的"主演"，而是"导演"。教师的教如同向导一样，起着一种把握方向、引导路程、创设环境、优化配置教学诸要素的作用。这种作用才是真正意义上的"主导作用"。教师不再是教学过程中的绝对权威，学生也不再是被动的接收器。

（三）杜郎口新课堂运行模式有效地提高了课堂教学质量和效率

教学观念的转变必然会导致教学行为与教学质量和效益的转变，先进、科学的教学思想必然能促进教学行为的规范和教学质量的提高。杜郎口新课堂运行模式不失为一种可行的教学实践。

杜郎口新课堂运行模式遵循了教育教学规律。它既按照社会要求及反映社会要求的教育教学目标设计、组织教学诸要素；又把构成教学活动的各要素视为有机的整体，并根据教学诸要素中某一要素的变化及时配置其他要素，从而优化整个教学过程。

在整个教学活动过程中，杜郎口新课堂运行模式充分尊重了学生的人格，关注了个体差异，满足了不同的需要，创设能够引导学生主动参与的教育环境，激发学生的学习积极性。

杜郎口新课堂运行模式把教学过程变成了立体多向互动式教学体系。杜郎口的教学活动，课堂已不再是教师表演"独角戏"的场所，也不是教师表现其"绝对权威"的地方，而是教师导演下学生"主演"的大舞台。

杜郎口的课堂教学过程变成了师与生、生与师、生与生相互交往和共同发展的过程，变成了师生之间、生生之间不断进行物质和能量充分交换的过程。杜郎口新课堂运行模式动态地看待教学活动过程和构成教学过程的其他要素，扩大了教学活动中要素间的运行范围，克服了课堂气氛沉闷、学生思维不活跃、教学活动无生气的现象。

杜郎口新课堂运行模式把教学诸要素看成了一个不可分割的有机整体，肯定了它们之间相互联系、相互制约、相互作用的内在关系，努力降低教学各要素间的内耗及要素本身在活动中无动于衷的自耗，始终追求教学诸要素和谐、规范运行下所产生的强大合力和构成系统要素，形成 $1+1>2$ 的整体功效。

众说杜郎口

一、杜郎口可学、可取、可用

王文湛

第一次实地到杜郎口中学，感触很深，杜郎口中学是一所农村的中学，作为一所农村中学，虽然近年来有了很大的改善，但从办学条件上来讲并不是很出名，南方一些经济发达地区，农村初中办学条件比杜郎口好得多的有的是，但杜郎口中学给我留下了深刻的印象。上午我听了两节课：一堂语文、一堂数学，校园我也参观了一下，印象很深，很高兴，很兴奋，很受鼓舞。杜郎口中学的确是个农村初中，师资条件并不是很优越，生源都是农村的孩子，办学条件也是很基本的，但经过最近几年的努力，却取得了一流的成绩。

我听了初三的数学课，讲的是一元二次方程；一堂初二的语文课，讲了三首古诗。课堂活跃，师生互动，学生勇于参与，争先恐后发言，这在其他农村中学是没有的。我去过很多农村中学，那里的学生都腼腆得很，见到生人来都不敢抬头，一问问题全班没有一个敢回答的，而这里的学生是抢着回答，一个同学发言之后，其他同学给予点评，给予鼓励，并指出不足，特别是那些基础差的同学，给他们机会，给他们鼓励。现在农村教育除了辍学、厌学的问题，还有学生把学习不是看成一种乐趣、一种追求，而是一种痛苦、一种压抑，这样的教育，无论如何也搞不好。杜郎口中学的孩子们乐学、高兴地学，把学习看成是一种乐趣，体现了师生互动、学生主体，这是教育的本质。这样下去，农村教育怎么会搞不好？杜郎口中学给全国农村中学树立了榜样，它可以做到，其他地方经过努力也可以做到。不像有些地方的城市的中学，师资水平很高，办学条件很好，学生的家庭环境等各方面都很好，好是好，但农村学不了。杜郎口是可以学的，我觉得推广杜郎口的重点就在这里，可学、可取、可用，符合中国农村的实际，不是高不可攀的。

除此以外，杜郎口中学的管理也很好。我到校园各处看了一下，尽管是在农村，但它很干净、很整洁，包括学生的宿舍。反映一个学校水平的高低，最主要看三个方面：一看学生宿舍，二看食堂，三看厕所，这三个方面杜郎口中学都做得很好。宿舍很干净，学生的被褥叠放得很整齐；食堂也很干净；厕所也是如此。一所农村中学做到如此地步很不容易。今后杜郎口还需要再接再厉，再上一个台阶。

在杜郎口，学生的积极性、主体作用发挥了。我们没有找到一条适合农村改革的路子，农村基本上按照城市的办，农村的孩子考上大学后基本上都留在了城市，是农村农民支付的教育经费无偿的把人才输送给了城市。

我们教育的核心是育人为本。学生为主体，教师为主导。我们学杜郎口中学重点就是学习这一点。一要树立学生的主体意识，我们的教育是为了培养学生，因此必须一切为了学生。要创造适合学生的教育，而不是选拔适合教育的学生。我们的教育必须贯彻以教师为主导，以学生为主体，为学生在学校的全面发展、步入社会后的终身发展奠定基础。

爸爸说放大镜能把纸点燃，可我怎么也点不燃。老师说你把光圈调整到最小，学生很快就点燃了，非常高兴。老师每人发了一张报纸，来点纸赛，一个孩子很快就点燃了。学生说，我点的是报纸上的黑字。因为黑色吸热快。老师又提出你试着把其他东西点燃，学生发现玻璃点不燃。经过老师引导，学生总结出了规律。所以老师的引导作用是不可少的，是保证学生主体作用的前提。

教学顾名思义就是由老师的教和学生的学共同组成，我们只重视了老师的教，而学生的学重视不够，杜郎口中学的创造之一就是把教与学并重，使学生能充分发挥他的积极主动性，积极投入学习中去，把学习当成一种乐趣，一种追求，现在我们的老师还有一些人一直认为我讲你听，我讲你听，小学一节课40分钟，中学一节课45分钟，你老师还有多少时间来讲，所以老师要把自编自导，自导自演变成学生来导来演，要把一部分时间还给学生，让学生参与讨论，提出问题，老师起到画龙点睛的作用，有经验的老师不是重在教学的结果，而是重在教学的过程。

我觉得今天听的两节课，杜郎口中学在这方面还是比较感兴趣的，老师要提启发性、思考性的问题，拓展拔高学生的知识面。学问，学问，学为了问，好的老师越讲，学生问题越多，这引起他们的思考大计。李政道博士讲，没有猜想，没有激情，便没有成就。牛顿讲，若没有大胆的猜想，就不会有伟大的发现，牛顿为什么能发现万有引力定律，是因为他小的时候在苹果树下，发现苹果落地，产生了问题，最后发现了万有引力定律。问题意识是思维的动力，问题意识是创新的，是难能可贵的，校长老师要珍惜爱护每一个问题。

每一个学生都有一定的秉性、爱好，校长老师一定要熟悉，并加以利用，我到外地做报告，我从不拿稿，有时候一讲就是六个小时，有人问我，你是怎么记得的啊？我当时回答说我没有诀窍，要记是有选择的记，选我感兴趣的记，不感兴趣的不记，要扩大你的兴趣面，这样你会记得越来越多。爱因斯坦讲过，兴趣是最好的老师，兴趣是学生学习的最大的动力，我想从以上五个方面来引出育人为本的科学发展观，坚持学生为主体，搞好我们的教育教学改革，这也是我们学习杜郎口的宝贵经验所在。

我国教育改革发展到了一个新的阶段。以全面提高教学质量为核心，建设新的人力资源强国的新的阶段。建设人力资源强国，核心有两句话，一句话是优先发展教育，一句话是实施素质教育。提高教育质量，实施素质教育核心的载体是搞好课堂教学改革，也正因为这样，学习杜郎口才有着更为现实的意义。对于这次学习有没有收获，关键看回去以后对我的工作有没有指导意义，如果说没有，那就要好好学习。总之我们任重道远，责任重大。希望同志们再接再厉，继续努力！

（2008 年 4 月在"中国教育服务中心发展事业部
——杜郎口中学教育培训基地"揭牌仪式上的讲话）

二、把考试忘掉之后剩下的就是教育

张志勇

题记
谁离教育的本质越近，谁就离教育的自由王国越近。

2006 年 5 月，正当杜郎口中学声名鹊起的时候，当全国刮起一阵又一阵所谓"杜郎口旋风"的时候，我按照省教育厅领导的指示，悄无声息地带着一批专家在茌平某宾馆潜伏了下来，目的是寻找一个真实完整的杜郎口中学。

为此，我们每天早上 4 点半到校，晚上 10 点钟离校，分成几个小组，分别通过听课、座谈、观察、问卷调查、与校长访谈等各种方式了解这所学校的改革。的确，当时这所学校在课堂教学改革方面发生了巨大的变化，课堂变得活跃起来了，过去沉默、低效、单一的知识灌输的课堂不见了，学生的生命活力在课堂中被激活了。

但是，专家们对这所学校的改革也有许多疑虑：上课时间过长，加班加点严重，整个改革仍然是围绕着学科、教材、知识的学习与掌握来进行。名为没有课外作业，实质是学生课外时间包括晚上都在统一做各种习题，以便为课堂上的开放做准备。一句话，那时的改革还是学科本位、知识本位、考试本位的，学生还是戴着镣铐跳舞的。

我与崔其升校长专门进行了一天的交谈。我们一方面肯定学校的改革，一方面希望学校回到规范办学上来，逐步从围绕升学考试推进改革真正转变到育人为本上来。

也许正是基于此，有人说，我对杜郎口中学的改革有偏见，这是一种误解。我是希望学校尽快走出知识本位、考试本位、应试本位的藩篱，尽快走上彻底的尊重人、解放人、培养人的教育的自由王国！

所幸的是，杜郎口中学的崔校长带领广大师生一刻也没有停息探索的脚步，更没有辜负我们的期望，它一天一天规范起来，一天一天健康起来，一天一天逼近教育的本质，一天一天走向教育的自由王国。

杜郎口中学正在书写着一所中国农村初中学校的传奇。

每天到这所学校参观考察的少则二三百人，多则两千多人。从 2005 年至今不完全统计，来校参观的领导专家和一线教师达到 85 万人次，遍及全国包括港、澳、台在内的所有的省份。

迄今为止，共有美国、加拿大、澳大利亚、瑞典、韩国、喀麦隆六个国家 300 多名外国友人来学校学习交流。

俗话说，外行看热闹，内行看门道。

7 月 3 日上午，崔校长参加中央新闻媒体教育改革采访团山东教育改革座谈会。他在发言中讲道：

"学生的智慧、高度是我们想都不敢想的。不是孩子们不行，是我们的老师们厚度还不够。""现在，我们对老师的管理不再看备课本，而是看以下三点：一是看教师的硬功夫，语文课要求学生背诵的，教师要先会背诵；要求学生写的作文，老师要先写下水文。再如物理课，要求学生进行小制作，那么老师有多少小制作，等等。二是在课堂上，教师不能看教案，写例题不能看课本，对于课上讲授的知识要烂熟于心。三是老师对课本知识的掌握要做到上挂下联，左顾右盼。一篇语文课，虽然只要你上 3 节课，但老师研究 10 节课的时间也不算多，老师要搞清有关知识的来龙去脉，在教学中要把有关知识辐射开来、延伸过去。让人欣喜的是，我们所有的老师都有了专著，多的有了 4 部专著。这些专著，不是什么理论，是教师对课程、对教材研究的心得等。"

"真正的教育是为孩子终身而奠基的，而不是为了做题和考试，考试和做题的教育是摧残人性的。我特别要求老师，不要再印题了。课堂不能再围绕做题来进行，提高学生的素质才是根本。"

"过去的教学基础不牢，老师老是赶进度。常言讲，从量变到质变，但今天我们的教学要倒过来，从质变走向量变。比如，一篇经典的课文，做不到每个同学都能消化、内化、融化，就不能学习下一篇课文。我们要求学生对每篇文章的学习，都能打下厚实的功底。"

"激发学生的学习动力绝对不是靠什么专题会、励志会，而是要通过开放的课堂激活学生的心灵，让每个学生都成为积极向上的自信的人。""教学的目的，课堂上不管什么学科，一定要把学生自主自信、自强不息的性格，勇敢有为、探索创新的精神，团结合作、富于奉献的品质培养起来。"

"在课堂上，教给学生的知识是死的，是有限的，但是能不能让学生学会找规律，能不能在教师的启发下，让学生有新的发现，这是最根本的。"

……

今天下午，我从基础教育处要来当天座谈会崔其升校长发言的录音，一遍又一遍地播放、收听，我受到的是一种心灵的震撼，这震撼来源于崔校长对教育本质的理解——

崔校长对学生的尊重来源于他对学生潜能的敬畏。他知道：学生的智慧和高度是我们连想都不敢想的。

崔校长对课堂的认识多么精深独到：课堂就是要激活学生的心灵，让每个学生都成为积极向上的自信的人。

崔校长对当下教育的批判入木三分：为了做题和考试的教育是摧残人性的。

崔校长对课程本质的认识具体而深刻：一篇经典的课文学不好，绝不让学生学习下一篇课文。

……

一所因连续十几年全县升学倒数第一、面临着被撤并的学校，到今天成为享誉全国的教育改革名校。它之所以让人尊重，绝不是仅仅因为它的教育质量高了，它的升学率高了，而是它的校长、它的教师离教育的本质越来越近，它的学生离教育的自然生态越来越近，从而离教育的功利、离世俗的教育越来越远，进而崔校长和他的学校也就真挣脱了"教师为考试而教，学生为考试而学"这种功利主义教育的牢笼，迈入了自由教育王国的大门！

正因为如此，这所学校的变革越来越让人敬佩！更重要的是，它正在成为一所让人敬仰的学校！

爱因斯坦曾经说过：什么是素质？当你把在学校学习的知识忘掉之后，剩下的就是素质。7月3日，我听了崔校长的发言之后，脑子里冒出了一句话：把考试忘掉之后剩下的就是教育。

我想，这种忘掉考试之后的教育，带来的必然是教师和学生心灵的解放、潜能的释放；这种忘掉考试的教育，带来的必然是学生更加主动、更加健康、更加全面、更可持续的发展；这种忘掉考试的教育，带来的必然是师生幸福的教育和教育的幸福！

我想，也许有人会问：这种忘掉考试的教育不怕考试嘛！试想，一个将让人的心智得到彻底解放的教育，还怕考试吗！

（2012年10月"杜郎口第二个十年发展战略研讨会"发言稿）

三、农村教改的好榜样

滕　纯

我们今天是慕名而来，今天到学校看了看，听了两节课，感到名不虚传，百闻不如一见，不虚此行，收获良多。

新课改理念中的三维理念就是这个问题，知识、能力、情感、态度、价值观，改变教师的教学方法，改变学生的学习方式，把接受学习、合作学习、探究学习结合起来，怎样提升我们的学生的综合素质，培养学生的创新精神和实践能力，就是素质教育所要求的问题，这些深层次问题也是老大难的问题，需要去梳理。解决了若干重大问题，原生性、开创性、扎根本土的农村教育改革的先进典型这个观点我很赞成。杜郎口中学散发着本土性、原创性、芳香的教学改革新篇章，是充满着民族性、时代性、阳光的农村教改的好榜样。

初中教师是我们各个学段最薄弱的一环，有一个说法：高中、小学、初中分别是"铜头""铁脚""豆腐腰"。初中是"豆腐腰"，最薄弱，制约着我国整个人才链的形成与发展，制约着整个国民素质的提高。国家正在加强初中教育，这是建设社会主义新农村的重要组成部分。农村的义务教育搞得怎么样，可持续发展，构建和谐社会，这是一个重大关键所在。

杜郎口改革，所谓本土性，就是诞生在鲁西北平原大地上，辛勤探索将近十年。古代讲做事，五年一小成，十年一大成，还有十年磨一剑，这是对有成就的表达，是很不容易的。杜郎口是在本土上发生的。

所谓原创性，尚没有理论的借鉴，另外也没有别的学校搞过这个东西，是我们自己原创的。我干了一辈子教育，今天过76岁了，我在国内到过大约200多个县市，全国2 000多个县市我到过十分之一，我到过国内1500多所学校，听了2 000多节课，到国外考察了20多个国家和地区，就我的眼界，从未看过三面黑板的课堂，而且三面黑板都是充满的，不是虚设的，每面黑板都写得满满的，还不够，还有很多学生没有机会写上去，这是全新的。在国外看到的小组合作模式虽不是插秧式的，但是在这样的时空，这样的一个空间，这样的一个课堂，却是全新的。

学生在这种课堂动起来、活起来、效果好起来，充分调动学生这种状况，我听了2000多节课也没有遇见过，调动学生也没有这么普遍。我做了一下统计，在语文课的一篇课文《变色龙》中，学生根据课文穿插了六个课本剧，在这个过程中即从课本出发又不完全放开课本，学生根据对生活的理解，有迁移、有拓展、有创造，学生普遍动起来了。其中每个孩子都写了自己的文字，我发现了两个材料，当然还有更精彩的没有发现，我回去一定要记下来，不然我回北京就不知道了，好的发言怎么好？到北京同样讲《变色龙》的老师，不是讲生成性吗？你的课堂学生是不是有这些东西？没有吧！生成性就是在课堂当中生成的，现在讲生成，讲学生成长，这就是成长记录，不能小看。

当然教师的前期工作很大，50多个学生昨天晚上已经预习了，都写了，我们老师没有时间事先看完，所以教科研要跟上，把教师的创造、学生的创造记录下来，这是非常宝贵的材料，最有说服力的材料，因为时间关系这两个学生写的我就不念了，给大家听了，也可以看出来这孩子妙语连珠，出口成章，口头表达能力很好。语文教学无外乎两个能力，一是口头表达，二是书面表达，你看既说又写，课前都写在黑板上统统看，既发展学生的口头表达能力，又发展学生的书面表达能力。拓展了词汇量，词汇量很大，特别是能结合课文，给学生提供再创造的空间，经典之作，含义博大精深，对人生的启迪，新的领悟。越是经典的东西，对我们创造的空间越大，比如说，《四书五经》我每年读一遍，年年不同，每年读一遍，速度就快了。很多东西都读过，但总要看到新的东西，比如：数学课 10 道题是综合训练题，有 10 个同学想当老师似的那样在那里讲，有的同学俨然是一个老师，很自如，每道题讲完以后都有十几个同学争先恐后要讲，能得到发言机会的大致有四五个人，数字是要统计的。我们今后听课就要这个东西，生成性东西。教师体现他的教学智慧，把学生创造力、想象力的东西都记录下来，作为我们教改成功的具有说服力的数据。当然，杜郎口中考上线率已经提高，上线率 90%，这也是个检验的标准，但是还是要看这些数据，还要体现学生的思想、精神，体现对知识的应用和学生的创造力。

民族性，为什么发生在山东齐鲁大地？和山东有孔子、孟子很多圣贤有关，我们就想到你们的课堂注重学生交流、讨论。当年孔子的教育就是学生的对话讨论和交流，不是孔子的一言堂、满堂灌，而是回归自然，当年孔子就是在大堂里杏坛围着坐，不是像插秧似的学生背着手听老师讲，可以自由表达，这就是孔子当年教学的精髓，在你们这里体现了。后来就是唐宋，唐宋"八大家"之首——韩愈，作《师说》："师者，传道授业解惑者也，闻道有先后，术业有专攻。""闻道有先后"过去是讲老师"闻道"在先，学生"闻道"在后，现在是信息社会了，学生"闻道"可能比老师先，另外韩愈先生又讲"弟子不必不如师，师不必贤于弟子"，这就是道理嘛！当年崔校长意识到了，当老师的讲得不怎么样，学生讲得不错呀，这最早萌发了教改的初衷吧，确实是这样的，学生教学相长，另外《学记》里也讲："学然后知不足，教而后知困。"学生学了后，感觉不足了，他就奋发了，老师也是教的感到困难了，他就钻研了。有形无形的历史文化传统影响着我们。

到了现代，陶行知讲"六解放"，你们现在也是讲解放呀，解放儿童的口、手、大脑、时间。另外，陶行知主张实行"小先生"制，在学生中选"小先生"，因为在学生当中，总有比较聪明的，比较后进的。他就比较善于用聪明的孩子，来帮老师辅助后进的学生——"小先生"制嘛！这就是陶行知的教学思想，在他这里找到了我们思想的渊源。

毛泽东的教学思想到现在还影响我们。毛泽东主张启发式，杜郎口中学的课堂充满着启发式，不是灌输式。毛泽东讲部队里"官教兵""兵教兵""兵教官"，杜郎口这里都有啊！学生也能弥补教师的不足，启发老师，可以发现老师的口误，等等。其实老师因为某种场景，不是知识缺失，他可能表达不准确，学生就提出来了，这都是很有可能发生的。民族性就是我们的教育思想，不是照搬照抄西方的，可贵就在这里。改革开放以来，可以这样讲，学习西方是对的，但是现在看来发扬民族精神还不足，我们教改内容，引用西方的教育理论，实际上我们也是建构主义的。

时代性，体现了、触动了我们当前教育改革的深层次问题。对实施素质教育感到困惑，怎么去实施？体现了时代教育的主旋律，也就是素质教育，体现了对人的主体性的呼唤。杜郎口中学在我们的课堂里面充分展现了主体性，构建了新的师生关系，改变了教师的教学方式，现在看，学生动起来以后，老师的主导地位还要加强一些。学生的学习方式也改变了，这就是我们教改体现的时代性。在这一切的背后，这种精神我感到就是"人穷志不短"。我们学校虽然简陋，简陋是"明志"的，何陋之有啊！校不在"高"，改革则名。不改革，就不行。教不在多，启发则明。杜郎口中学论教学设备，跟实验中学、城关中学比差得很多，但是办学有个基本的办学条件，没有基本的是不行的，学校办学条件硬件和软件是正相关的，但也不是绝对的。比如说，我们鲁西在山东省是经济欠发达地区，但不是注定我们教育就一定不行，教育有相对独立性，教育与经济不是正相关，经济发展应该是促进教育的发展，但南方很多有钱的地方并不重视教育。

只要我们有理想、有追求，尽管条件有些简陋，教改一样也可以做大文章，我们杜郎口中学就是这么一个鲜明的案例。我归纳的"四性"也不一定准确，就是一种全新的教学理念，全新的课堂形式，我们不用模式，用模式就太固定化了，因为我们还在不断发展，正如你们一节教室的教学标语："理想是人生的太阳"，确实是这样的。有了理想，我们就可以摆脱黑暗，摆脱愚昧，我们的生活就会充满阳光。

（2006 年 4 月 8 日在"杜郎口中学调研座谈会"上的发言）

四、和时代、世界发展一致的教育

李锦韬

滕老讲了他的想法，到了杜郎口我很受教育，滕老说得确实好，这就是我们想学习的。因为看了这篇报道所以来，因为有些事没有过来。杜郎口中学确确实实是在实施新课改。在素质教育上是突破性的发展，也是教育上自主教育改革的一个典型。确实，我认为在当前的新形势下，在建设当前的社会主义新农村，特别是加强农村义务教育这个中央重大会议上，杜郎口中学确实是领了时代的风骚，创了世纪的辉煌，我认为是这样，在这方面我感觉很突出。

第二个想法，我到了杜郎口中学以后，我感到这个学校充满了生机和活力。他有一种新的运行指导机制。学校把传统教育思想的精华和新时代的教育思想融合在一起。同时这个先进的教育思想在杜郎口中学体现出了自主创新的教育思想和自主创新的结合，这个点很突出，没有自主创新，新的教学思想实施不了。杜郎口中学在这方面体现的非常好。可以说是在课堂上看到了整个。从头到尾都激活了学生的自尊心、自信心，学习的兴趣和开发学生内在潜能体现得非常充实。从教师教学情况看，确实在教学上想学生之所想，急学生之所急，教学生之所需，解学生之所困。评教师，以学评教，这是注重教师的发展。这一点也是一个创新。

第三方面，杜郎口中学体现了学校教师的共同发展落在了实处。在这种机制下教师得到了很大的提高。杜郎口中学的新环境、新处境，能够促进教师发展，促进教师提高。所以教师不断得到发展、得到提高。在环境和这个机制下，机制好了可以使人变得聪明，机制不好了可能会使人变懒惰。杜郎口中学的机制对老师都有一个向上的动力，而且造就了这些老师，在老师和学生共同发展这方面，杜郎口中学做得非常好。

杜郎口中学的教育实践也确确实实揭示了学生身心发展的规律，体现了我们所说的教育规律的落实，最重要的是把学生主动性、创造性、积极性开发出来了。就这一点来说，我们很多的教育却是压抑了学生的潜力，而杜郎口中学是开发了学生的潜能，而且素质教育在杜郎口中学落在了实处，这一点我认为是值得学习的。

另外，杜郎口中学课堂，虽然他是本土性、原创性的，但是它和时代、世界的教学发展的方向是一致的。比如说目标达成全面性，一进课堂就看到黑板写的句子，以及教室内整个的布置。而且在课堂上当作要求体现出来的，都体现出教学目标达成的全面性，包括情感意志、知识传授能力的培养，方法的训练，这些方面融合在了一起，这一点是很不容易的。现在，教育很多就是传授知识，为了升学，为了能上线，学生非常压抑、沉重。在杜郎口中学看到非常活泼的学生，感觉到非常有兴趣，学生非常有活力，这种现象是了不起的。

互动方式的多变性，在这里体现出来了，生生之间互动、师生之间互动，原来说互动要勤，全员动，但更重要的实质，互动要出现在矛盾当中、冲突当中，学生得到发展因为学生激烈的争论，而且有很多的逆向思维、创造力、新的方法出现，这也是一种创作。所以，这种互动方式更突出地体现了学习情景的合作性，这种合作性在培养人的未来品质方面很重要，现在时代更需要很多的合作，从小就要培养孩子的这种品质。

另外，在课堂上，在学生当中，感到价值取向的个性也体现出来了，学生事先预习，在课堂上要接受任务，然后提出自己的见解。每个学生在原有的基础上都有发展，而且小组学习和个人预习、学习相结合，也是时代的一个特点。我们认为，杜郎口中学很多地方体现了世界教学方式、方法发展的一种趋势，反映出来的是按教育规律办事。我认为，杜郎口中学是杜郎口和聊城共同创造的，但是更应成为全国的财富，来宣传推广杜郎口，特别是在建设社会主义新农村形式下，杜郎口中学的经验更值得重视，更需要推广，为全国的教育改革做出了重大贡献。所以我陪滕老来这里的目的，也想挖掘经验在全国开现场会，因为以前在洋思中学开过现场会，在这以前在 11 个地方开过现场会，推广了一些经验，培养了一批优秀的人才，因为通过这个活动，接触面比较广，能够在互相交流、互相碰撞过程中达到一定的高度。

还有一个情况我想说一下，就是杜郎口中学办学如何充分利用教育资源？杜郎口中学发展到今天已不再是过去的杜郎口中学了。市、县教育局和教育部给予认可重视，而且给整个地区带来了很多效益。所以，教育资源包括人、财、物，时空性，特别是社会的空间性怎么和外界结合起来，更大的发挥效益，并利用名校的品牌对整个地区的经济发展做贡献，怎么去体现并利用这个效益去创造更多条件来发展学校，这个方面要研究。

特别提出课堂教学当中，不同的学生在原有基础上学有所得，怎么进一步体现出来，作为科学研究提升一下子。我看到学生提高很快，但不同程度的学生在课堂上都怎么学有所得？学有所得怎么体现？在这方面应该研究。因为杜郎口中学发展过程中很有时代意义，但是其间必然不能一下子就能完善，但是我们要追求更高的效益，所以要研究课堂和学校如何实现可持续性发展，在这方面需要研究，这样才能更进一步为全国的教育改观做出更大的贡献，所以我提倡要进行深入的科学性的经验总结。我希望杜郎口中学的教改能不断地发展，为我们提供学习的机会，在推动全国的初中教学改革过程中做出更大的贡献。

（2006 年 4 月 8 日在"杜郎口中学调研座谈会"上的发言）

五、杜郎口经验值得学习

田慧生

自 2001 年起，国家在中小学推行新课程改革已经十年。伴随贯彻落实《国家中长期教育改革和发展规划纲要（2010—2020 年）》，中国教育正处在一个新的改革活跃期，以促进教育公平和提高教育质量为主，追求好的教育、理想的教育。

2004 年年底，杜郎口经验刚刚引起人们关注的时候，我曾经深入这个学校听了多节课，当时进到课堂给我第一印象，杜郎口课堂是多年来在国内中小学教室没有见到过的。当时进到课堂感觉进到乱哄哄的集市，课堂三面墙都放了黑板，进去看不到老师、看不到讲台，初中学生个子比较高，老师个子比较矮，找不到老师。看完以后形成表面印象，然后跟崔校长、老师座谈，听他们介绍情况。后来我明白了，我觉得杜郎口课堂教学改革，如果说今天大家认可它，它成功在于做到关键一点，在课堂上真正相信学生、尊重学生，通过他们自己改革一整套模式，把学习权利、学习空间、学习欢乐还给学生，让学生真正在课堂能够自主学习、成为学习主人。这个也是这么多年课改追求的核心价值目标。可能一开始推进改革的时候并不清楚自己做什么，崔校长刚才讲得很朴实，充满感情，但是我相信从他们一开始起步的时候，推进这项改革并没有意识做什么事情，没有想到这样改革成为我们课堂教学改革的一面旗帜，能够引起四十多万人到学校参观考察，给我们带来那么多启发、思考。

我看过很多搞开放教学、开放的课堂，但是没有像今天看到的如此彻底的课堂，杜郎口的改革确确实实抓住了教育教学最核心的问题，真正把学习的空间、学习的权利、学习的快乐、学习的自由还给了学生。你们把大家的教育理想真正地在课堂实现了。这是杜郎口中学最大的贡献。

当前课堂改革和教学改革深化阶段面临最关键的问题，杜郎口中学用实践回答了这个问题，在很大程度上解决了这个问题，是了不起的一个创举，确实我很受教育、很受鼓舞。我从事教改十几年，互动教学，孜孜以求，也是想让课堂上学生动起来，想让学习的空间、学习的权利、学习的快乐、学习的自由还给学生。但做起来难度很大，第一次在你们这里看到，比较彻底地实现了这一理想。

换一个校长、一个学校它就不一样，崔校长在这里能够搞出一些独特的、别人想做做不了的，在你这个地方能够成为现实，这是一个校长的责任，这是一种使命和责任。起码作为一个学校的领导工作很到位，能够真正对课堂和教学负起责任来，真正抓在教学的根本环节上，执着地坚持下去。一个学校只要大方向不错，校长有这样的责任感和付出，那么学校它不发生变化那是不可能的。

我们的理念和思想不可能比别人高明多少，其实新思想很多。经过几年新课改的冲击，任何一位教师都有新的教学理念。新理念、新思想结合学校实际把它整合起来，真正形成校长和教师的独特见解，深刻的理解，最重要的是形成自己的一套教育智慧，这就需要我们当事人努力了。所谓当事人：从管理者角度看是我们校长；从教学角度看是我们教师，怎么转化成他们自觉的、深刻的见解，并且能够积极地实践？崔校长在这一点上确确实实是有过人之处。每一条都很扎实，很具体。其实反映了教育管理者对教育的认识，包括你提出从落后学生抓起，不让每一个学生掉队，这些认识其实都很朴实。

这项改革可以说在不自觉状况下，在学校陷入绝境的时候才提出的。崔校长刚才讲很多具体的事例，改革起源就是因为学校当时课堂教学效率质量低下，教师整体状况、水平比较低下，因为教师讲得不如学生，或者学生会教师讲错了，从时间入手，后来形成"10＋35"模式。追求把学习地位还给学生，让学生做真正的课堂主人，这一点值得大家学习，至于这种模式，结合各个学校情况可以继续探索。祝愿杜郎口中学在教改方面走得更远、更好。

（2006 年 5 月在"全国教育研究方法学术研讨会"上的发言）

六、重读杜郎口经验

刘　坚

现在，很多人都到杜郎口中学参观学习，参观之后，老师们议论纷纷，有的老师说杜郎口真正做到了以生为本，也有的老师说，杜郎口中学用表面的热闹绑架了学生的自主。真实的情况是什么呢？我觉得老师们有机会就要多进杜郎口中学的课堂，在课堂中你才有可能了解更加真实的杜郎口教育教学改革。

温家宝总理 2007 年在北京郊区视察一座农村学校，在看到学校的教育教学改革时，他谈了这样一段话："要变单纯灌输式的教育方法为探索创新式的教育教学方法，在注重教师主导地位的同时，更加注重培育学生的主动精神，鼓励学生的创作思维。"

课程改革十年前启动，杜郎口中学从一所农村中学成为一所课改名校也走过了十年。课程改革最为核心的是教学方式、学习方式、评价方式、管理方式的改变。杜郎口中学的教学实践很重要的一点就是把学习的主动权还给学生，促进学生的学习方式、课堂组织形式发生重大改变。但这还不是杜郎口经验的本质，因为比方式更重要的是课程改革的文化，这种文化最核心的是民主与科学。

什么是民主？去年我们发起过一个"重读杜郎口"的倡议。杜郎口课改有很多本质的问题，它的背后是一种文化状态，比如尊重每一位学生，使每一位学生有机会上台展示。一个人在十四五岁的时候就有机会和同学争论，有机会和同学分享自己的想法，有机会向教师挑战，甚至是向书本挑战，当他长到 25 岁、35 岁、45 岁的时候，他就会向人类的未知领域挑战，会向人类约定俗成的结论挑战，这与国家提倡的民族创造性不断涌流不就正好结合起来了吗？历史学家们说封建文化的本质就是等级文化，这和民主、开放、科学、平等、对话协商是格格不入的。这就是我们为什么如此看重杜郎口、如此充满期待、如此尊重的原因，这样的探索对这个国家、这个民族太重要了。

重读杜郎口让我们有机会不断前进、不断追问，让我们直面很多地方学习杜郎口过程中存在的"先天不足"。以知识学习甚至升学考试为唯一目标，以"做题"为重要载体和主要形式，学习如何加班加点落实知识点，所有的学生都在看哪个小组解题速度快，课堂的分享变成了事先从书本上、教参上、复习资料上找到标准答案，准备好了，然后在课堂上分享，这是目前在学习杜郎口的一些学校经常能看到的一种现象。表面上课堂方式在变化了，学生主动了，但主动学的还只是标准答案。

这也应该是站在杜郎口课改十年的节点上大家所应该共同关注并讨论的问题。

人们还在思考：制度创新的优势是否已经用到了极致、燃到了尽头？课程改革引导我们关注教育的一些永恒话题：知识本位与人本位，学科与经验，结论与过程，讲授与探究，教师与学生，共同要求与选择性。

知识本位与人本位是课程改革必须思考的一件事情，这也是国家教育发展追求的目标，因此在基础教育层面、在杜郎口教学改革层面，我们要不断思考知识本位、人本位到底如何取舍。杜郎口中学在基于人本位的背景下，在还学生主动权的背景下，还有多少空间？在学科知识和学生经验的问题上，是不是已经做得很好了？发现式并不一定是主动学习，接受式也并不一定是简单的机械灌输。刚才说的有的学校以"做题"为重要载体和主要形式，那样有思维的发散吗？有探究吗？有独立思考吗？我们应该如何向前走呢？这些问题，在大胆实践与探索中，相信大家都能找到答案。

（2012年10月"杜郎口第二个十年发展战略研讨会"发言稿）

七、农村教改新星的打造人

陈培瑞

山东省茌平县杜郎口中学以其令人惊讶和感佩的教改奇迹成为齐鲁教育星空中一颗新崛起的耀眼的明星。这颗新星吸引了无数探索者的目光和络绎不绝的考察者。在探索者的行列里，自然少不了山东省著名教育"星探"陶继新。本报今天发表的《农村教育改革的拓荒者》是陶继新以记者特有的敏感、独特的视角和充满激情的文字总结提升杜郎口中学教改经验的又一篇力作。

杜郎口中学原是一所名不见经传的庄户学校，他们的教改之旅，脚踏农村教育土壤，开拓农村教改之路，历尽曲折坎坷、艰难困苦，终于走出了一条行之有效的新路子。如今的人们在赞赏、探究新星之时，自然追问谁是新星的打造人？是怎样设计的？怎样打造的？经历了怎样的过程？陶继新撰写的长篇通讯给予了生动的回答。

崔其升其人，看上去，土得掉渣，没有多少高深的理论，也不健谈，但他有一片浓浓的农民情，一颗跃动的教育心，一股坚韧不拔的老牛劲。他和他的同事们在贫瘠的教育土壤上所开拓的教改之路颇有些平淡，颇有些传奇，颇有些辉煌，颇有些悲壮。

中国农村这片天，也是炎黄的天；这片地，也是炎黄的地；这群人，也是炎黄的人。在全面建设小康社会的今天，这片天，同属社会主义蓝天；这片地，同属社会主义大地；这群人，同属奔小康的人。缩小乃至消除城乡教育差距，让农村孩子享受优质教育，实现城乡教育的公平，这也是建设小康社会的应有之义。"生产发展，生活宽裕，乡风文明，村容整洁，管理民主"，这是党和国家描绘的建设社会主义新农村的新蓝图。在这新蓝图里，农村智力开发应是浓墨重彩。农村学校是浓墨重彩的主阵地。在这主阵地上，崔其升和他的同事们勾画了浓浓的一笔，美哉，善哉，奇哉，壮哉！

（2006 年 2 月 27 日《现代教育导报》第 1 版）

八、农村教育的拓荒者（摘录）

陶继新

在并不太宽的通往山东省茌平县杜郎口中学的路上，几乎天天络绎不绝地行驶着各色各样的小轿车和大客车，里面载着来自不同地区的学习者。他们慕名而来，而又满载而归。他们开始也许还有某种疑虑，而学习的归途上，不仅疑云消弭，而且不无惊叹地议论着崔其升这位创造了农村教育奇迹的校长，以及大步行走在教育教学改革之路上的全校教师与学生。

记者不单单是这个学习队伍中的一员，而且用文字记载了自己的所见所闻、所感所思。尽管这只是崔其升校长及其师生教育教学改革的一个掠影式的描述，然而可望广大读者能够窥一斑而见全豹，从中感受鲁西这片大地上教育改革春雷滚动的声响。

改革需要大胆的创新精神，也需要稳定的人文环境。在 1997 年 4 月 28 日，崔其升走马上任杜郎口中学校长之际，正是这所学校以乱闻名且教育教学质量步入低谷之时。县里已经将这所学校划入了撤并学校的行列。

崔其升走进杜郎口中学的第一年，只是学校改革发展的奠基阶段，大刀阔斧的教育教学改革并没有如火如荼地进行。但他完成了由乱到治的历史使命，为其以后的大胆改革奠定了基础。

崔其升在一次又一次的听课中发现，现有的接受式课堂教学，至少有半数以上的学生学无所得。从表面上看，他们在课堂上正襟危坐，认真听课；实际上，有的学生根本没有听懂，甚至没有听，有的则漫不经心，不时地做着小动作，心早已飞到了教室之外。所谓"为了所有学生"的教育，只不过是掩人耳目的口号而已。对这种有形无实的课堂教学不进行彻底改革，素质教育"皮之不存"而"毛将焉附"？

崔其升决定将课堂教学评价作为改革的突破口，将好课的评价基点定位于学生的动。量化指标的评价触动了教师的灵魂，他们开始思考一种前无有之的行动——由原来注重教师单独的教转移到关注学生自己的学。

崔其升通过上好示范课、过关课和跟踪课这"三课"，让全校教师一步一步向课堂教学改革之路上逼近。

在上好"三课"的同时，"一谈二警三停"的相应惩戒措施也在实施。

三年的改革尝试，不仅使学校摆脱了被撤的困境，而且结出了令人欣慰的果实。到 2001 年秋，一向在全县中考倒数第一的杜郎口中学，已经步至中游地带。更为重要的是，教师的改革意识大大增强，学生自主学习的积极性越来越高，课堂一扫往日的沉闷与单调，澎湃激荡起改革的活力与生气。崔其升和老师们，开始领略未来发展的一线曙光所赐予的特殊美丽。

2001 年秋季，国家课程改革在一些地区的推展，给了在改革之路上摸索的杜郎口中学以极大的鼓舞。以前所进行的许多教学改革举措，始料不及地与新的课程改革的理念不谋而合；不少教育教学改革探索上若明若暗的东西，通过对新课程理念的学习，也一下豁然开朗、洞若观火了。这使崔其升更加坚定了一个信念：继续改革，向深度开掘，使杜郎口中学再度飞跃。

如果说以前的课堂教学改革是牛刀小试的话，此后的改革则是"大动干戈"。用崔其升的话说，杜郎口中学的改革正处方兴未艾之际。

2002年之秋，崔其升对课堂时间做出"10＋35"的硬性规定，即教师所讲时间等于或小于10分钟，尽量减少知识性语言，或者说完全不涉及对教材内容的陈述。学生自主活动不少于35分钟。教师只要在一节课上讲解超过10分钟，即被判定为失败课。从形式上看，只是把一节课的时间重新分配了一下，可教学理念却有了一个质的变化。

2004年秋天，杜郎口中学教师的课改理念已经发生了重大变化，教育教学质量有了很大的提高，中考成绩已经跃居全县第二名，他们完全有资格品味所取得的丰硕果实了。可是，崔其升是一个永不满足的人，他的课堂教学改革是彻底的，任何一点对学生自主学习有影响的行为都将被他视作"眼中钉，肉中刺"，不拔则寝食难安。在长期的听课研究中，他发现一个不为人们注意的现象，就是教师一站讲台，往往自觉不自觉地就找到了以前独霸讲坛的感觉，情不自禁地多讲起来。这无异于对学生的自主学习形成影响。他认为，只要学生通过探索可以学会的东西，教师都不要讲。所以，他提出了取消讲台的大胆设想，而且随之付诸实施。

这样一来，教室前面的讲台没有了，师生同在一方空间，同处于一个平面。每个班级都有一幅自己的标语："我参与，我成长，我快乐""课堂大舞台，人人展风采""新课堂，我主张""我的课堂我主宰，我的人生我把握"，如此等等。写出的是学生那份走向课堂教学主人地位之后的雄心壮志，以及一展才思的无限快乐。其他方面的变化更是令人惊奇：教室前后及背光面三面都是大黑板，教室中间是纵向排成的三排课桌，学生分组排位，对面而坐。而且课堂形式多种多样，甚至五花八门，"台上"学生或表演，或辩论，或歌唱，或讲解，或朗诵，小品、课本剧、诗歌、快板、歌曲、绘画、小组展示等多种形式交相辉映；"台下"学生或蹲，或站，或坐，或跪，地上、课桌上、板凳上挤成一团。学生的发言几乎不用举手，站起来就说，说完自己坐下另一个接着说。由于学生的参与热情很高，常常会遇到两个人甚至几个人同时站起来发言的情景，这时老师也不调解，学生同时说上一句半句的，就会有人让出来。这样的课堂：没有老师的呵斥和监督，没有老师的"谆谆教导"。这里的课堂完全是学生的舞台，其精神之抖擞，精力之集中，思维之活跃，令所有步入课堂的听课者都为之激动不已。

自 2005 年春始，杜郎口中学一方面收获着教育教学改革的实践成果，一方面也在对历年来的尝试与探索进行理论上的梳理，特别是在有利于学生自主学习方面，进行了更加深入的改革。在山东省教育科学研究所专家的引领下，崔其升与全校教师共同归纳出了预习、展示、反馈这一课堂教学改革的基本教学过程。在这三个过程中，充分体现了课堂教学改革的立体式、大容量、快节奏的特点，教师的导引与学生的自主学习，都走向了自觉的层面。

崔其升校长及其杜郎口中学在课堂教学上一步步深入改革的时候，学生的整体素质有了极大的提高。尽管他们没有将目光盯在考试成绩上，可成绩的提升也就有了水到渠成之势。学校不仅中考整体成绩名列前茅，而且出了一名中考"状元"，报考重点高中茌平一中的 268 名学生中，被录取者竟高达 267 名。用崔其升的话说，改革不是让学生越考越差，而是全面发展，学生的思想品格、交往水平、实践能力，包括考试成绩在内等，都会越来越好。是的，这所曾一度是教育教学上的"双差"校，一跃成为茌平县初中教育的"东方明珠"，于是，聊城市把杜郎口中学树为初中教学改革的样板校，省教科所称其为农村教学改革的先进典型。近两年间，前来参观学习者已达 35 000 多人。

那么，崔其升校长及其杜郎口中学教育教学改革的探索给予我们的启示究竟是什么呢？

（一）"生于忧患"

杜郎口中学地处农村，办学条件一般。教室没有电化设备，食堂非常简陋，学生宿舍系双层通铺，十五六个学生并排睡在一起，120 多人同住一个宿舍。比之城区一些重点中学特别是贵族学校，真可谓天壤之别。可是，这里的绝大多数学生精神焕发，非常自信，刻苦努力，品学兼优。

这令记者想起了孟子的一句名言："生于忧患，死于安乐。"在一间教室里，记者看到了墙上张贴着这样的标语："我们是老百姓的孩子，我们的父母天天盼着我们成才，我们拿什么报答他们？争气！"杜郎口中学的老师们常常站在这个角度上去教育孩子们："这个社会是靠能力吃饭的，没有能力，不能展现自我，就没有机会。"

这些孩子的父母多是迄今仍然比较困难的老百姓，学生除了考学，只能重复父辈的"故事"。所以，他们没有考虑自己生活学习环境多么艰苦，而是考虑如何报答父母的养育之恩。但许多农村学校的孩子并没有太多这方面的思考，这份最原始的动力，是通过校长、老师们的不断的鼓动与激励，才生发出一种巨大学习动力和精神力量的。

（二）大胆相信学生

崔其升认为，当今教改最大的问题，还是相信不相信学生的问题。杜郎口中学成功的最大启示，就是在相信学生方面大胆地迈开了一大步。他们将学校的指导思想确定为："相信学生、依靠学生、解放学生、发展学生。"相信学生，学生就会还我们一个惊喜。我们往往说学生的潜能巨大，实际上学生的潜能比我们想象得还要大。

学生需要尊重，渴望得到认可。相信学生如果从美丽的装饰走向实际的行动，他们的潜能就不仅不再沉睡不醒，而且还会涌流不止。所以，崔其升将赏识教育列入课题研究之中。要求教师关爱学生要从友情开始，让教师从师道尊严的思维惯性里，步入师生平等相处的朋友关系中。教师在与学生交往的过程中，要认真了解学生的内心世界，对学生各个方面的精彩表现，积极向上的精神风貌，不但要及时发现，还要让他们现身说法，从而增强他们的自信。教师的相信与学生的自信，进而形成一种美丽的循环。这样，学生就可以从疲乏战术中解放出来，走进主动快乐学习的园地。拥有自信且快乐学习的学生，给予老师们一个又一个始料不及的惊喜。学生学习成绩与自学能力的提高，又有效地促进了性格的发展，进而形成良好的习惯，他们可以在做任何事情的时候都可以自主开发，勇敢地面对，"我会做，我能做，能做好"不但成了他们自信的口头誓言，更游弋于他们的心理与行动之中。学生认为学习不再是困难和枯燥的事情，而是人生长河之中的精神享受，以及学生阶段的人生任务。

（三）提升教师素养

杜郎口中学的实际师资水平比较低下，非但师范类大学本科毕业生只有一人，就是真正师范类的专科毕业生也只有六七人，绝大多数教师来自电大等非正规大学，他们的文化功底相对薄弱，专业知识比较欠缺，教育视野较为狭窄。

　　崔其升无法改变教师的现有学历结构，可他知道培育教师比改变学历结构更为有效的道理。所以，在提升教师的整体文化素质和科研意识方面，他不但以前努力地做过，而且以后还要一如既往地做下去。

　　崔其升对记者说，为了提升教师群体教育科研水平，他们正在全校营造浓郁的教科研气氛，期望全体教师尽快走进教科研领地。一是继续举办论坛，并在组织形式与研究内容上向纵深发展。由原来以校为单位的论坛形式发展到今天以学科组为单位的论坛形式。老师们在论坛上谈自己的成功做法，寻找教学研究中的失误与不足，研究教学改革的对策。研究氛围日浓，成功收获日多，教师的科研能力不断提高。二是强化实际操作。课堂是学校工作的主阵地，虽然目前学校尚无条件安装摄像头，但却坚持节节有听课，课后有研究。从学校、学科、年级、班组四个层面，全方位地了解老师教学与学生学习的状态。三是坚持写拓展笔记。这种成长笔记式的文字记载活动，是老师们结合自己的工作及时写下来的真实感受与成败得失。如是天天有记录，也就必然天天有学习，天天有思考，天天有进步。四是关注学生的预习笔记。这是学生记载预习成果的一种笔记，是学生自主完成且有自我反思的一种学习方式。教师将其及时检查并存档，对于教师的教与学生的学，都有很大的借鉴意义。五是对教师的上课每天进行反馈，在这个基础上，评选学校的名师，目前已经评出 33 位名师，他们的脱颖而出，带动了更多的教师走向教科研之路。

　　教师文化水平与科研能力的提高，为杜郎口中学的进一步改革注入了源头活水和持续发展的不竭动力。

（四）坚持决定成功

　　记者在采访中发现，杜郎口中学的教师与学生有一种面对困难的勇气，有一种永不言败的精神。这与八九年前处于困境中的境况迥然不同。究其原因，是崔其升有一种"坚持就是胜利"的精神，他认定了改革之路，就一往无前地走下去，其间有人反对也好，告状也好，调查也好，他都不管，他只管将改革推展得越快越好，越彻底越好。

　　常言道："行百里者，半九十。"事实上，中国历史上的改革真正成功的比率并不太高，改革者开始多是雄心万丈，可一遇到挫折与阻力，就先从心理上败下阵来，行动上的改革随即付之东流。崔其升认为，最为艰苦难行的时候，也是快要抵达成功的阶段了。他不愿将改革前功尽弃，认为坚持是走向成功的法宝。于是，只有坚持，坚持，再坚持！这种改革的韧性，慢慢地也影响到了学校的老师与学生。渐渐地，就形成了一种知难而进的学校文化。这种文化便有了"化"人的特殊力量，有了征服一切的特殊魄力。

（五）"土办法"解决大问题

杜郎口中学的课改经验是原生性的，采取的办法是"土办法"，但它所开拓的成功之路却是一条新课改扎根穷乡僻壤且又能够开花结果的本土化之路。它回答了在面广量大的欠发达的农村能不能推广新课改的重大问题，也回答了大家最关注的新课改能不能保持高升学率的敏感问题，还回答了新课改能不能惠及"学困生"，不使其辍学的焦点问题。学生创造了在经济欠发达的农村成功推行新课改的经验。

"冰冻三尺，非一日之寒。"一直关注与支持杜郎口中学改革的茌平县教育局谢金国副局长非常感慨地对记者说，从朴素的改革意识到明确的改革方向，从零散的尝试到整体改革，杜郎口中学经历了一个漫长的实践和探索过程。这个过程，体现了杜郎口人坚定的改革决心和对教育理想的不懈追求。

（2006 年 2 月 27 日《现代教育导报》第 1 版）

九、重读杜郎口（摘录）

余文森

在教育史上，提高教学效率效果有几次重大的变革，第一次是捷克教育家夸美纽斯创立的班级授课制，它把一对一的个别化教学变成为一个教师同时对几十个学生进行施教的群体教学，教学效率得到了极大的提高。第二次是德国教育家赫尔巴特提出的课堂教学的阶段论，它把以教师为中心的班级课堂教学程序化、模式化，从而极大地提高了课堂的效率。在赫氏之前，虽然实行了班级授课制，但是老师并不知道课怎么上，夸美纽斯对班级教学制的轮廓做了大致的勾画，但对班级教学制的核心——上课论述不多。所以那时只有教学效率（相对个别教学），却没有课堂效率，因为没有规范化、格式化就不可能有效率。赫尔巴特认为，一个教学过程总是分成一些阶段和遵循一定的步骤的。这样，教师就能有计划、有步骤地进行教学，而不会出现混乱无序的现象。赫氏的理论让老师们领悟和掌握了课堂讲授教学的步骤、门道和技巧，课堂教学的效率效果因此得到了提升。第三次是美国教育家杜威提出的学生中心论，杜威认为以赫尔巴特为代表的传统教学理论似乎对教学问题考虑得很周到、很全面，却唯一遗漏了一个最重要的因素——学生，教学的中心不在教师，而在学生，所以他认为教育教学中心要来一个转移，就像宇宙中心要从地球中心转到太阳中心一样，要把教学中心从教师转到学生，这是教学领域的"哥白尼式的革命"。在教学思想发展史上，这是一个历史性转折。

杜威的理论和实验极大地激发了学生的潜能和学习的主动性、积极性、创造性，就像我们现在在杜郎口看到的一样，但是杜威的学生中心论却导致了美国基础教育质量的普遍下降，原因在于杜威及其追随者没有提出和形成以学生为中心的具有普适性的教学模式和程序。

杜郎口的贡献就在于创立和形成了一套以学生为中心的教学模式和程序，实现了杜威和赫尔巴特的有机整合，从而既极大地调动了每个学生的主动性、积极性，又全面地提高了教学的效果和效率。

提高课堂教学效果和效率从根本上说依靠每个学生的努力和进取，每个学生的学习状态才是课堂教学效果和效率的源泉和根本，杜郎口的每个学生在每一节课都是活动着的、思考着的、阅读着的、交往着的、互动着的、展示着的，总之，课是活的、学生是活的，而且关键是有序地活着，这就是杜郎口模式。

杜郎口找到了在现有教育体系特别是在统一课程标准、统一教科书、统一考试下课堂实施素质教育的突破口。在班级授课制特定的时空里，构建和形成了以学生为主体、以学习为主线、以展示为特征的教学模式。在教学论发展史上，这同样是了不起的贡献。

（2010 年 4 月杜郎口中学调研反馈式报告）

十、我们日本学校没有你们成功

佐藤学

　　这是一所非常优秀的学校，我看了非常感动。我在中国也见过不少学校，但是像你们学校学生这么专心地学习，这么愿意学习的学校还是很少的。看了学校刚才上课的状况和你们的介绍，我觉得现在和您刚开始来这所学校的时候肯定有很多变化，尤其是课堂。我觉得你们学校让学生成为学习的主人翁，能做到这一点，我觉得非常棒，而且也非常感动。我们在东京也进行教学改革，进行教学改革的目的也是让学生成为学习的主人翁，在你们学校我们也看到了和我们教学改革很相近的地方，所以我深受感动。

　　我个人觉得你们学校的教学模式和做法对于经济条件比较差的学校或者问题比较多的学校肯定会非常有效。不管在美国也好日本也好都有这样的先例，比如在日本，某些经济比较差的地区或者问题比较多的学校，这种教学改革对于培养学生的自信心和人格是非常有效的，这也是一种验证。

　　在我们日本的××学校和××学校也进行教学改革，但是感觉没有你们学校这么成功。为什么我们没有取得这么好的成功呢？刚才我一边看课一边考虑这个事情，你们的课堂以学生为中心，让学生开展课堂，通过学生自己展示以及合作交流讨论，使学生的自信心以及各个方面都得到了提升。日本在近代化之前其实也有这种状况，就像以前的私塾，老师不怎么讲，学生自己做，这方面是一样的。您在做这个改革的时候，肯定没有想过要遵循私塾这样传统的教学方法，只不过在潜移默化中继承了一些传统的习惯，在中国和日本都曾经有过这样的教学形式，现在看到您做的这么成功，我觉得很感动。

　　中国和日本都是儒教的文化，欧洲虽然不是，但是其实也是这样的文化形态，就是以学生学习为中心，我觉得在您的课堂上能够实现学生为中心的优秀的学习传统非常棒。比方说刚才的英语课是以背诵为中心，理解英语意思是很重要的，但是背诵也很重要。刚才看到您的英语课，我觉得学生们做得非常好。我们也在日本进行了共同体的学校改革，我们一般会把课堂分为两部分，前半部分我们根据教科书来设计课堂，叫作"共有的学习"，现在你们的课堂和我们的前半部分是非常相像的。我们后半部分是挑战的课题，我们叫作个人的学习或者个人内容的混合化。我们也是小组学习，但是和中国的还是有些不一样。中国是合作学习，小团队学习。您刚才给我们介绍了，学习是学生自己的事情，我非常认同您的这个观点。除了学生自己的学习，是不是还应该有学生之间的合作和讨论，学生可能得到的会更多。

今天看的这几节课以背诵为主，其实学习分两种，一种是通过背诵获得知识，第二种是通过学生相互讨论交流实现的。在现在这种课堂上，学生想的说的很多都是一样的，这就有均一性了。如果我们用小组合作探讨的方式来学习，学生的想法也许就是多样性的，也能更促进他们的学习。现在的方式也是很好的，但是如果您有兴趣的话，我希望能够在更高层次再调整一下，把小组合作和思考探索都融入进去。

你们的桌椅排列非常好，我们日本是凹字形，稍微不太一样，但是几个人一个小组的组合和日本是一样的。课堂四周都是黑板，这样也非常好。我们日本是四个学生坐一起有一块小黑板，但是我们的思路是一样的，本质和追求都是一样的。近几年我也走访了一些比较薄弱的学校，也尝试做了很多改革，来到杜郎口中学发现我们做的很多事情都是一样的。

（2014 年 4 月 3 日参观杜郎口中学后的讲话）

十一、我心目中的崔其升

李镇西

（其实，这篇文字的标题本来是《保卫崔其升》的，后来犹豫再三，还是换成如此平淡的标题。但换了标题，文章的每一个字我都没有换。我内心深处确实想的是"保卫崔其升"。我知道写下"保卫崔其升"这五个字极有可能又会招来反感，但我要说，"保卫崔其升"绝不是我耸人听闻。我这样说也不是针对人们对他的质疑与批评的，而是另有所指。我也恳请朋友们耐心读完我的文字再做评论，包括批评，好吗？）

（一）一个"好皇帝"

已经离开杜郎口了，但我的思考一直没有停止，心里一直萦绕着三个字："崔其升"。

这几天，看到朋友们在我的《再访杜郎口》系列文字后面的不同观点，我很高兴的是，没有一条是恶意谩骂。有一些不同观点，我认为是"想当然"，有一些则是从理论出发的抽象推理，或从教育经典"尺子"出发的比照（比如，铁皮鼓简单地用苏霍姆林斯基来打量杜郎口，在我看来有点理论"冒酸"，是典型的"从本本出发"——怎么可能让"理论"去硬套鲜活长青的"生活之树"呢?），也有不少批评和质疑，我基本同意。只是我在《善待杜郎口》中说过，就目前而言，应该多说杜郎口的好处。但是，多说杜郎口的好处，并非意味对其局限或不足就视而不见。

我今天也不是专门谈杜郎口的不足，而是想说说透过我所看到的现象所想到的可能相对深层次的东西。我想超越我的"怦然心动"，谈谈我的"若有所思"。

还是回避不了对崔其升校长的评价。我依然毫不讳言，我对崔其升的崇敬超越其他任何基础教育改革者（这些改革者的名字可以说出一大串，相信各位也会想到）。

他是一位有魄力同时又谦逊低调的改革者，是一条有不屈脊梁且刚正不阿、宁折不弯的汉子，是一个至今没有被世俗污染的纯粹的真人!

当然，他同时也是一个"皇帝"，只不过是一个"好皇帝"。我曾经当面调侃他："你是一个'好皇帝'!"我还开玩笑地叫他"皇上"。虽然是调侃，其实也是说出了我对他在杜郎口中学的定位。说他是"皇帝"，是因为在杜郎口中学，几乎没有其他学校所拥有的健全的制度体系，一切都是他说了算，所谓"现代法治观念"几乎没有体现。他自己也说，制度不也要人去执行吗?他的确有点像"皇帝"一样一言九鼎，雷霆万钧。

但他是一个"好皇帝"，他对老师的一切要求都是从自己开始的，而且远比对老师要求严格，可以说他对自己到了苛求的程度。老师们认可他的"人治"，固然有法治意识尚待充分苏醒的因素，但更多的是对崔校长人格魅力的发自内心的崇敬。有人曾经把杜郎口中学比作朝鲜，也有人把杜郎口中学视为当年的大寨或大邱庄——这些比喻其含义是不言而喻的。但我要说，这个比喻似是而非。崔其升绝不是金正日，不是陈永贵，不是禹作敏！他有事业心，但绝无权力欲。以权谋私和他绝缘。他心地善良，从不整人，虽然经常批评人；他品格正直，不会权术，虽然有时也不得不在"潜规则"面前表现出某种屈从的、无奈的狡黠。他的身体可以说是相当糟糕——29岁就患上糖尿病，现在已经很严重，但他已经并继续用自己的生命在润滑着杜郎口中学的运转机器。多年前，他在全校大会上向全体老师公开宣布："如果我的工作量低于学校任何一个人的两倍，我就没资格做这个校长！"写到这里，我再次非常心疼。离开杜郎口中学之后，我给他发了短信："其升好兄弟，我心疼你的身体！一定要多保重啊！"他回信："大哥，你的吩咐是对我最好的爱护，我一定按您说的去做！"但我知道，为了他所钟情的事业，为了他一往情深的学校、老师和学生，他肯定会"言行不一"的。

他批评违纪者毫不客气，但他其实心地善良到了极点。我听到了许多他关心老师的故事，这里不再赘述。记得当年学《县委书记的好榜样》，其中有一句对焦裕禄的评价："他心中装着全体人民，唯独没有他自己！"这话完全可以用来评价崔其升校长对杜郎口中学的奉献。他批评起人来，有时甚至要骂粗话，但他的柔软心肠，使他为老师们着想真的到了无微不至的地步。比如，被人广泛诟病的参观收费的问题，孤立地看，许多网友的批评都是对的，但就崔校长来说，这是在特定中国国情的背景下，不得已采取的为改善学校条件，为提高老师和学生生活质量而打的"擦边球"。他对我说："学校收取的每人次60元的参观费用，我们首先是投到了学校餐厅的建设，这么多外地参观人员，多的时候能有5 000人，我们必须保证他们的吃住，而这么多人来参观学习，学校的老师得额外花费时间和精力，他们也必须有相应的酬劳。"这话不好听，但是大实话。可能有的老师不知道，杜郎口中学离杜郎口镇都还有几里路，学校周围都是农田。老师们来学校参观，如果学校不解决食宿，真的还很难找到地方吃饭和睡觉。我刚才说了，网友们对此的批评是不无道理的，毕竟学校不是景点，但学校修食堂和公寓，这本来是国家应该投入的，现在成了崔其升操心的事。当然，这笔费用不仅仅是修食堂，还包括我前几天说到的为老师和学生改善学习生活条件。为此他不惜承受无数责骂——只要为了学校和老师还有学生，他哪怕"身败名裂"也在所不惜！想想，如果中国所有校长，都有崔校长对老师们和学生们的如此真诚的爱心，中国的教师才真正会有尊严的生活！（说实话，我现在甚至都想学习他也收参观费——当然，还仅仅是"想想"而已，我没他那个胆量。）

上次来杜郎口中学，我亲自看到一位干部在大会上谈到自己工作还做得不好，没有为崔校长分担工作而自责地禁不住流下了眼泪。可能在一些有"现代观念"的朋友看来，这是"愚忠"，是"臣民意识"，但我要说，这是老师们对崔校长人格魅力的由衷折服，以及由这折服所产生的忠诚。可以这样说，现在崔校长这样的校长，在中国已经不多见了。包括我，和他的差距实在太大。毫无疑问，崔其升校长的一些观点和一些做法，显然和我所信奉的民主、自由、法治、宪政等观念是相悖的，但具体到特定的环境，特定的人，我真的理解他的种种局限性。

（二）表面风光的背后

杜郎口中学现在可以说是名满天下了，最近几年，从中央到地方的电视台、电台、报纸、杂志等媒体的宣传可以说是铺天盖地，国家教育部、中国教育学会、中央教科所、山东省教育厅和教科所等单位也对杜郎口中学的改革予以了高度的评价。但是，杜郎口中学在当地的处境，可以用得上一句老话："墙内开花墙外香。"这里，我得提到一个不便公开姓名的人。这次我来杜郎口，看到一个体制内的官员已经在杜郎口中学蹲点将近一年了。为了保护这位官员，我不能在这里说出他的名字。甚至是否将他写进我这篇系列文字，我也是犹豫过的，这也是为什么前几篇《再访杜郎口》我一直没有提到他的原因。但今天，我觉得要深入剖析杜郎口中学，是绕不开他的——征得他的同意，我今天隐去他的姓名写下他对杜郎口中学以及崔其升的观察和感受。

此人三十多岁，刚才说了，他是一个体制内的官员，但这是一个有良知的"另类官员"（为了表述方便，下面我用S君指代这位官员），我昨天对他说："我对你最高的评价，就是你最不像副×长！因为你的心还没有被官场锈蚀！"我还说："如果你继续这样有良知，你的仕途也就至此为止了。"他说："我本来就没有打算继续干下去！"是这样的，他本来也是茌平县本地人，在这里读小学、读中学，在这里参加工作，直到"成长"起来。后来因为某种原因，去南方创业几年，去年回到家乡被委以别人很羡慕的什么什么"领导职务"，他居然不愿待在办公室而愿意扎到基层。听说了杜郎口中学，他第一个反应是不相信，用他的话说："我对茌平包括杜郎口太熟悉了，对这片土地的政治生态太熟悉了，怎么可能出现这样的神话！"因为怀疑，因为不相信，他决定亲自到杜郎口中学，而且不是走马观花地来"视察工作""听取汇报"。他一头扎进学校，一待就是将近一年——据他说，他还会继续待下去的。他是去年九月来杜郎口中学的，到现在近一年过去了，他对我说："我不得不承认，一切都是真的！这里的确是真教育！老崔不简单，创造了奇迹！"

注意，他这里说的"奇迹"，还不仅仅是，或主要不是一般人理解的"教育的奇迹"，而是指崔其升在如此险恶的环境中，居然硬是把他的理想变成了现实。此话怎讲？S君告诉我："茌平县的政治生态太险恶，一些当官的都热衷于个人好处，就想着如何拉关系，如何搞钱，如何往上升迁，对教育根本不热心，崔其升做事之难，超出了人们的想象！"听到这里，我不由得庆幸我所在的教育局领导对我是多么的宽容，对我的学校是多么支持。他告诉我，即使现在杜郎口中学闻名天下，每天前来参观学习的人如潮水般源源不断，可在当地，根本就没有一所学校在学杜郎口中学！官员们不感兴趣。S君说，上级有关部门也发过学习杜郎口中学的文件，但都是"号召""提倡"，而实际上没有任何实质性推进的行动，相反，一些领导还找杜郎口中学的茬。比如，杜郎口中学的升学率一直名列前茅，从来没下过前三名，但并不是每次都第一，因为有的学校想方设法撵走"差生"，于是升学率自然就提高了；而杜郎口中学从来不撵一个学生，所以有时候仅从"升学率"来说，表面上并不是第一，其实是真正的第一。这样一来，某些领导就幸灾乐祸："呵呵，杜郎口不是怎么样怎么样吗？这次怎么不是第一呢？"有的领导嘲笑崔其升是带着一帮"菜包子"（指他学校的老师们是土里土气的大笨蛋）。其他校长也没有学杜郎口中学的兴趣，只想把自己的位置保住，学校不出事，就行了。因此，在这样的环境中，崔其升无疑是一个另类中的另类！他被防范、被冷落、被嫉妒、被诽谤……都是因为他在这片土地上太与众不同，包括一些人在网上编造谣言诋毁他，都源于此。

他的纯洁与高尚，照出了一些人的秽浊与卑劣！

生活中的崔其升不善言谈，甚至有些木讷。但一上讲台，他就像换了一个人一样。我听过崔其升两次报告。他的报告既不像有的专家学者那样有深刻的思想，也不如我的报告有一些感人的故事。他的报告，给人的直观感受是他的一腔正气，还有他的语言朴实、简洁而掷地有声，同样给人以深深的感染与震撼。这是人格的力量。

S君给我说了一些事例，然后痛心疾首："崔其升真的不容易啊！他其实是一个非常孤独的改革者！"是的，他既要面对全国各地一些人的误解，包括一些学者专家的不屑，还要承受身边的各种排斥与挤压，这是怎样悲壮的改革者？他曾为某些官员的行径义愤填膺。那天我问他："学校收的参观费你们要上交吗？"他说："全部交给教育局！如果我们要用，再打报告申请，不过有时候还要给某些狗官进贡，比如给他一千两千，才能够把这钱要点回来。""狗官"二字，崔其升说得咬牙切齿，我感到了他的疾恶如仇，以及他为了学校利益而不得不屈从"潜规则"的无奈和痛苦。有一次，上面的一些官员带着一大批人到学校来"视察"，一顿饭就是好几千元，最后要学校买单，因为觉得学校有钱。崔其升觉得自己又被讹钱了。心里气愤，但又不得不"屈从"。我可以想见老崔内心的痛苦。这究竟是谁的悲哀？

不过，所谓"孤独"，所谓"悲凉"，所谓"悲哀"，只是我们的感受。崔其升不但意志超人的刚强，而且心胸格外宽广——当然，他深知官场的龌龊，他的眼里是容不得一粒沙子的。对于所有的误解或诽谤，他都是淡淡一笑，从不解释。对于网上铺天盖地骂他和杜郎口中学的帖子，他从来不看。他说："管那些干啥？有那个精力，我还不如多操心操心学校的事呢！"在他看来，去为自己解释，还不如弯腰拾起校园的一片纸屑有意义。而且，我所知道的他所遭受的委屈，都是听他身边的人说的，他从没对我说过。除了改革之初，他曾经为改革阻力之大以至家人的生命安全都受到危及时曾经落泪之外，那以后他从来没有为什么误解或污蔑而生过气。他的境界是有些人无法理解更是永远不可能企及的。

（三）纯真而朴实的突围者

面对现在媒体的一些夸张的宣传，他也是不同意，甚至反感的。他一直反对"复制"杜郎口中学的说法，他反复说，每个学校有每个学校的情况，不能全盘照搬；何况杜郎口中学的做法也很不成熟，还有许多不足。他的原话是："我不同意用'复制'这个词，我也反感被叫作'杜郎口模式'，一说起模式，就是一种固定的形式，但杜郎口中学不是静止的，每一天都会有新的变化，它不可能被完全复制。"面对中肯的批评，崔其升是虚怀若谷的，他不是那种听不进不同意见的人。比如，前几年，学校下午第四节并没有学生的各种课外兴趣活动，后来崔其升接受了批评和建议，才开始了学生的课外活动。应该说，崔其升是清醒的。崔其升眼中的杜郎口中学，和媒体上的杜郎口中学，是有区别的，有时甚至是两码事。遗憾的是，我们许多人因为对"媒体杜郎口"反感，便把这种反感迁移到崔其升身上了。

崔其升朴实的像个老农民，纯真的像个小孩子。他是一个善良无比的人，甚至是单纯得有点傻乎乎的人。他总是把所有的人当作好人，尽管经常因为天真、因为轻信上当受骗。但他并不因此而变得多疑起来，失去对人的信任。下次别人来了，他照样以善良待之。S君给我讲了崔其升的一个故事。有一次崔其升从北京西客站准备打的去首都机场，结果马上来了许多出租车司机很热情地问他到哪儿去，有人甚至还来拉他，帮他提包；当时崔其升很感动，觉得不愧是北京人啊，首都人民真热情！于是他就上一个司机的出租车。车开到半道，司机突然要崔其升给三百元钱，不然就下车。崔其升当时就懵了，他万万没有想到"首都人民"会这样！崔其升就是这样的善良，但受骗之后，他依然不会有"防人之心"，他仍然善待别人。

他是真正的"大智若愚"。虽然我刚才说他像农民般朴实、像孩子般纯真，但他其实有着大智慧，不然一所濒临倒闭的农村学校怎么可能成为全国许多教育者朝拜的"圣地"？他的记忆力惊人。前不久他翻开一本语文教材看了一篇文言文之后，叹息道："现在记性真不好了，一篇文言文我要读三遍才能背下来！"我们目瞪口呆。但是，崔其升这不是幽默——我一直感到他的缺点之一就是缺乏幽默感，他真的很苦恼，因为青年时他读书完全可以过目不忘，就是现在，记陌生人的电话号码，也是他的一绝，常常让人惊讶不已。只是他的智慧都是通过农民般踏实的行为和孩子般认真的行动表现出来的。他不是那种善于"提炼"、善于"挖掘"、善于上升到"理论"的夸夸其谈的人。目前关于杜郎口中学的所有总结提炼，包括"三三六"呀，"模式"呀，都和崔其升没有直接关系。

我绝不同意崔其升的"人治"。前面几篇《再访杜郎口》中，我写到的他因为学生用的教鞭不合格，而处罚班主任和年级主任，还有为了表扬出差吃盒饭的老师而临时决定奖励其一千元，这些罚和奖都是即兴的，没有任何制度依据。我是不同意的——当然，对此崔其升也不同意我的"不同意"。我还是认同这样的常识：从长远来说，制度比人更重要。因为如果仅仅是靠人的道德，这是靠不住的；而制度可以避免"人"可能带来的种种弊端甚至恶果。我也把我这个想法对崔其升说过。不过，对目前的杜郎口中学来说，因为崔其升具有非凡的人格魅力和崇高的道德品质，所以他"随心所欲"的管理，比换一个人后靠"制度"管理也许更有效。问题是，崔其升退休之后呢？会"人亡政息"吗？因此，至少崔其升现在应该有制度建设的思考，应该让杜郎口中学朝制度管理过渡。

不过，写到这里我其实很矛盾：在目前的中国，好多改革成功的学校，几乎都有一个铁腕强人，搞"民主管理"的往往难以成功。别的不说，就以我为例，我真诚地在自己任职的学校搞民主管理，不能说没有效果，但我们的课堂改革包括各个方面都存在执行力不强的问题，局长也委婉地批评我"太软弱"。我这里当然不是否定我所追求的民主管理，但在某些时候某些地方，就工作推进和效果来说，校长的魄力与强力推进的"霸道"，至少是一种可以理解的策略。民主制度需要土壤，在土壤没有形成之前，孤立地搞"民主"，到最后很可能什么都做不成。

我见到过太多的"教育典型"和"教育改革者"，因此，当初我第一次从媒体上听说杜郎口中学的教改经验时，我第一个反应是：又一个"大寨"诞生了！心里很是不屑。想，在这个炒作时代，凡是吹成神话的所谓"典型"，我都有理由怀疑其真实性和非教育的动机，甚至炒作背后的利益因素。我的确也看到一些所谓名校校长，一旦"出名"便失去了自我，吹牛浮夸毫不脸红，而且贬低同行〔在今年上半年一个全国校长论坛上，某名校校长面对几百听众，在夸耀了自己学校为中国基础教育做出的巨大贡献（这的确是事实，我对这所学校非常敬重）之后，公开诋毁杜郎口中学是"骗子学校"，说杜郎口中学"白天作秀，晚上作假"〕。但是，在我的视野中，迄今为止，崔其升是唯独——注意，我用的是"唯独"这个词——一位在如此险恶的环境中用生命突围并创造奇迹的教育理想者，而且他的教育是真实的，是朴实的！这个真实和朴实，自然包括和他的魅力人格糅杂在一起的种种不足和局限性——抽调了他的种种局限性，他还是崔其升吗？他本来不是神，你却非要把他当作"神"来吹嘘，连他的不足你都要学，这是他的错，还是你的错？在我的视野中，目前到杜郎口中学来参观学习的老师，绝大多数都是自发的，从来就没有一个是教育行政部门用枪押送着来的。可有人却因此而怪崔其升，这公道吗？

表面上看，崔其升和他的杜郎口中学目前占尽春光，风光无限，其实，如前所说，老崔现在腹背受敌。在中国这片土地上，在现今"中国特色"的背景下，居然出现了崔其升这样纯正的教育改革者，我实在不愿意看着他悲壮地倒下，因此，我最近写下一系列文字为他辩护，我真诚希望我们每一个理想不灭、良知犹存的教育者，支持杜郎口（包括指出其不足以完善它），宽容崔其升（包括提醒他的局限性），保卫真正的改革者。崔其升做到了我们想做却不敢做或不能做的事，实现了我们想实现却无力实现的教育理想，因此，保卫崔其升，就是保卫我们自己——

保卫我们追求的教育理想，以及我们心灵深处的教育良知！

[《话说崔其升——再访杜郎口之五》，

选自《教育在线·悦读》(2010 年 6 月 27 日，总第 18 期)]

十二、为中国教育而自豪

邱学华

21 世纪初，在中国北方出现一所杜郎口中学，它是山东省荏平县一所薄弱的农村初级中学。原来由于管理混乱、教学质量差，已濒临绝境，经过十年的艰苦改革，一跃成为名闻全国的典型学校。特别是杜郎口中学的课堂教学有着颠覆性变革，被誉为"原生性、开创性、扎根本土的农村教育先进典型"。一时间，杜郎口中学名声大噪，慕名参观者络绎不绝，几乎每天都有上百成千人，创造了一个神话，是教育史上又一个奇迹。

我到杜郎口中学，看到了四周都是黑板的教室，学生争先恐后地上台当小老师讲解，学生积极主动投入，课堂气氛十分活跃，真正看到了我苦苦追求的理想课堂。我被眼前的情景震撼了，久久不能平静，脑子里闪出一个念头：杜郎口经验是中国当代著名教学流派。

我在《蔡林森与洋思经验》一书的序言中已阐明了我对教学流派的观点。所谓流派，简单来说一是要"流"行，二是要自成一"派"。杜郎口经验已在全国流行开来，近几年已有来自全国 31 个省市、自治区和港澳台（地区）的 40 余万人次跋山涉水、千里迢迢来到这个偏僻的农村中学考察。邀请杜郎口派人去介绍经验和上示范课的电话不断。几乎每个双休日，崔其升校长都要带着教师在全国各地到处奔走，讲了 300 多场，听众达 20 余万人次，所到之处座无虚席，受到热烈欢迎，真有点明星赶演唱会的架势，成为教育领域一道靓丽的风景线。全国很多知名媒体，如《新华社内参选编》《新华每日电讯》《中国教育报》《中国教师报》《人民教育》《山东教育》《当代教育科学》等，都做了长篇报道。杜郎口经验扎根本土，土生土长，具有开创性，没有洋腔洋调，特别是它的课堂教学特色，绝对是原创性的，当然是自成一派。因此，杜郎口经验作为当代著名教学流派是当之无愧的。为此，我又协助崔其升校长编写了《崔其升与杜郎口经验》。

　　我们要重视中国人自己创造的东西，深入地研究它，热情地扶植它，不要老是跟着外国教育理论屁股后面转，开口布鲁纳、闭口赞柯夫。杜郎口经验才走过十年，还必须在教育实践中不断完善，不断发展。它肯定还存在许许多多的问题，正是有了问题才需要我们去研究。有些人对杜郎口经验不屑一顾，说他们搞的是应试教育，并调侃说他们好比一个病入膏肓的人，遇到了一位胆大的走访郎中，服了一剂神秘的中草药。其实这种调侃并没有贬低杜郎口，恰恰证明杜郎口经验是扎根本土的，是货真价实的中国货，能把病入膏肓的病人都治好，而且效果好，已达到神奇的地步了。

　　值得一提的是，《中国教师报》在杜郎口中学成立了全国教师培训基地，组织全国各地的教师到杜郎口中学实地考察培训，并不断帮助杜郎口中学总结经验；组织18个省、直辖市、自治区的30所学校成立教育共同体，共同学习和研究杜郎口经验。

　　历史经验清楚地告诉我们，外国教育理论只能借鉴，不能照搬，它不解决中国教育的实际问题。我们要重视植根于中华教育思想的自己的教育理论，要热情扶植自己的教育典型。杜郎口经验和洋思经验是中国教育的奇迹，解决了国际教育界长期解决不了的问题。我们应该对中国教育充满信心，让我们为中国教育而自豪吧！

（2009 年 5 月《崔其升与杜郎口经验》序）

十三、崔其升究竟超越了什么

李炳亭

　　如果把崔其升等同于"杜郎口"，我相信大多人不会有什么异议，但如果把崔其升或"杜郎口"等同于"课改"，恐怕有人不一定会心悦诚服。自从 14 年前崔其升另起炉灶重建课堂教学开始，尽管杜郎口早已成为无数人心目中高山仰止般的教育殿堂，然而争议和非议就从未停止过。

　　有人撰文质疑说，"怎么能抑制教师的讲授时间呢？"甚至还有媒体这样嘲笑，杜郎口的课堂不过是"萝卜炖萝卜""压缩饼干"云云。崔其升对此很是漠然，却私下里对朋友讲，用"牛肉炖萝卜"比喻课堂简直是荒诞的，谁是萝卜又谁是牛肉？这是典型的角色不平等和对学生的人格歧视。他们之所以这样说，是囿于认知局限，因而总陷在传统的教学观念里，痴迷于对教材的过度开发，总在教学是"技术"还是"艺术"间首鼠两端、纠缠不已，他们的教学里哪里有什么学生主体。他还说，有些人的思考仍只停留在教学层次上，他们暂时还看不透当前教育的根源性问题，也看不懂杜郎口改革的本质是什么。

"教学的根本首先是教学关系"，但教学关系的重构，在一向极其重视"教"的大多数人的教育观念里，一直被视为教学的禁区。杜郎口的价值恰恰在于他们挑战了这种观念，重构了全新的教学关系，也意味着他们继洋思中学对课堂"结构调整"之后，完成了对教学改革的根本性突破，即变"教中心"为"学中心"、变"师中心"为"生中心"，正是始于杜郎口颠覆性的探索，中国的课堂教学步入了一个崭新的"学中心"时代。

然而，教学改革仅仅是为提升"效益"吗？

《基础教育课程改革纲要》明确指出，改革的本意是为了"改变过分重视对知识的传授"，一言以蔽之，当课改只为了"知识"和"效益"而发生时，那么，这样的课改显然是功利的甚至是"反课改"的。

如果说杜郎口的改革是基于重构全新的教学关系，并由此形成了一套以教学关系为核心的"杜郎口体系"，我们还可以称之为"杜郎口教育学"。"杜郎口教育学"的本质究竟是什么呢？它具有普适性吗？他触及了哪些深层次的教育问题？

田保华说，杜郎口的成功根本是因为校长是崔其升。他还说学校与学校的差异其实就是校长与校长的差距。他建议学习杜郎口的学校，不是简单地去临摹杜郎口模式，而应探索杜郎口中学的机制、文化和杜郎口人所特有的那股"杜郎口精神"。

著名特级教师李镇西老师也认为，杜郎口之所以成功的秘密在于崔其升，学习杜郎口照搬照抄去的是"模式"而不是崔其升。学习杜郎口的关键是要学着"像崔其升那样"当校长，成不了"崔其升"那样的人，就做不成杜郎口那样的教育，李镇西认为当前中国教育的问题就是像崔其升这样的校长太少了，他还撰文著述呼吁有良知的教育人要"保卫崔其升"。

崔其升，究竟是怎样的一个人？

在杜郎口中学，老师们"迷信"崔其升并不是什么不可告人的秘密。问题是老师们为什么偏偏就"迷信"他，难道就因为他是校长？

"别人是用心做事，他是用命做事。"杜郎口中学副校长张代英每次谈起崔其升都用手抹泪。她说崔校长患有严重的糖尿病，明明知道不能过度劳累、不能生气上火，可他却总是一天天连轴转，常常是顾不上吃饭休息，哪怕工作中有一点小瑕疵都不放过。张代英看在眼里，知道他的脾气，也不敢太劝他。她悄悄找到崔校长的爱人高老师，两个人想一起劝劝他，没想到刚一开口，他就不耐烦地嚷道，"工作干不好，要命何用？从当这个校长的那天，我早就把命豁出去了。"高老师捂着嘴再也忍不住了，两个人抱在一起无助地大哭。

崔校长的工作信条是"入木三分找差距，精益求精谋发展"。刘贵喜老师说："他就是我的镜子，我总能不断在他身上找到自己的不足，如果我不拼命干，就对不起崔校长！"刘贵喜老师教两个班的数学课，兼任初三年级主任，并跨学科担任着外语、物理两个学科的学科组长。即便是这样，刘贵喜也有几次被处分"停课"。2011年，学校推进"0分课堂"评价，规定凡是学生"不快乐"的课堂一票否决。刘贵喜那天的课是试卷处理，不知怎么崔校长突然进来，扫了一眼，课就被画了"0分"。记者好奇地问她，难道你就不辩解？没想到刘贵喜老师说，那只能说明我的课并未能做到每一分、每一秒都是好的。刘贵喜说，在杜郎口中学，老师们都形成了这样的价值观，"第一是本分，第二是过失"，因而工作都抢着干。

徐利老师是全国优秀教师，他是数学学科组长，也是杜郎口中学教学的代表性人物。在杜郎口中学，徐利老师有过"三下四上"的传奇经历，他曾经三次因故被"撸下来"，又在哪里跌倒从哪里站起来。徐利说："我被拿下的主要原因就是因为'会讲'，自以为当教师就要讲得精彩。殊不知，教育哪里仅仅是为了展现教师的教学艺术，而是应基于学生的认知，放手让他们在体验中发现知识、享受成长。"他说，就是在这样的磨砺中一点点超越了自己。徐利说自己一点也不怨恨崔校长，相反却充满了感恩，他说跟着崔校长不仅学会了教学，也学会了做人，"如果不是他的严苛和责任，我只能是一个讲得精彩的'平庸'的教师。"

在徐利眼里，崔其升是一个大公无私、专注执着，有强烈使命感和精神洁癖的教育圣徒，"他感召着我们中的每一个人。"徐利说，很多人都学杜郎口，然而不少人根本没认识到，学杜郎口首先得学"杜郎口精神"，崔校长就是精神、标尺、格局，是杜郎口的"魂"。可徐利老师没有说，他的成长本身也是一种精神。

（2014年5月14日《中国教师报·现代课堂周刊》第6版）

十四、坚毅执着、勇于担当的崔其升校长

徐国喜

走进杜郎口中学的任何一间教室，都会看到在教室前方黑板上方极为醒目的八个大字"以人为本，关注生命"。这八个大字正是杜郎口中学的办学理念，它不仅仅写在教室的墙壁上，更体现在学校校园文化的建设上，体现在杜郎口中学所有教师的教学行为中。

最能体现"以人为本，关注生命"这一办学理念的还是课堂。杜郎口中学的课堂形式多种多样，甚至五花八门，"台上"学生或表演，或辩论，或歌唱，或讲解，小品、诗歌、歌曲、绘画、小组展示等多种形式交相辉映；"台下"学生或蹲，或站，或坐，井然有序。学生发言完全不用举手，站起来就说，说完自己站回原位，另一个接着说。由于学生的参与热情很高，常常会遇到两个人甚至几个人同时站起来发言的情景，这时老师也不调解，学生同时说上一句半句的，就会有人让出来。教师真正成了导演，学生个个都是主要演员。教师更多的时候是在倾听，但关键时刻又及时追问、点拨、评述。这样的课堂，没有老师的呵斥和监督，没有老师的"谆谆教导"。这样的课堂，学生不再是整齐划一、举止呆板的木偶，而是一个个朝气蓬勃的生命体，一个个有血有肉的个体。这样的课堂，完全是学生的舞台，其精神之抖擞，精力之集中，思维之活跃，令步入课堂的我们都为之激动不已。

"以人为本，关注生命"这一耳熟能详的办学理念，为什么在杜郎口中学能得到如此淋漓尽致的体现？我们一边观察，一边思考；一边交流，一边感悟。有五个方面令我们印象深刻。

11月19日中午1：40，我们聆听了崔其升校长的报告。随和的举止、朴素的言谈，道出了崔校长从1997年4月上任后"九年辛苦不寻常"的课改经历！

到杜郎口中学上任之初，崔校长曾遭遇过这样不寻常的经历：有人在他的家门口用砖头压上恐吓信："就你逞能？如果妄动，后果自负！"某天半夜三点多钟，有

人朝房顶上丢大石头，孩子吓得睡不着觉；学校周围附近的电线杆上贴满小字报，控告他经济上贪污，作风上有问题，并详细罗列了他的"十大罪状"……崔校长迎难而上，治校先治乱，短短一年时间，使学校的管理发生了天翻地覆的变化。

学校管理上去了，可课堂教学却几乎没什么变化。上任第二年，他开始深入研究课堂教学，除了把自己摆在教师的课堂上，他还定期亲自去授课。中学的那些课程，除了英语，他都教过，不仅教，还给老师们上公开课。他甚至创造过一整天穿插听课20节的纪录，他每一年的听课都在1 000节以上。他掌握了全校教师的授课情况，包括教学态度、教学方法、与学生的亲密度、受学生的欢迎程度、讲课的主要特长与存在的不足等。他的结论只有一个——改革！他的决心只有一个——解放孩子，还课堂给孩子，让孩子们做自己课堂的主人。

要搞改革谈何容易？没有现成的经验可以借鉴和参照，没有专家的理论指导！他们要在这片土地上，靠着自力更生，走出一条布满荆棘、充满挑战的希望之路，这是怎样令人难以想象却又不得不深为钦佩的气魄和大勇？这无异于一场艰苦卓绝的"教育长征"！

首先，崔其升校长带领教职工共同拟订出杜郎口中学第一份比较系统完整的《课堂评价标准》，涉及教师上课、备课、业务学习等几个方面，这个《课堂评价标准》的出台，标志着杜郎口中学课堂教学改革全面拉开了帷幕。

其次，砸讲台撤讲桌，从根本上构建杜郎口民主平等的课堂氛围，把课改进行到底。

除了在课堂形式上进行改革外，他还明文规定，一旦在课堂上发现教师再有讲课现象，除了本人要接受重罚外，他还发明了"株连政策"，即同时由讲课老师、班主任、年级主任、学科组长一并捆绑受罚。

为了保障课堂效果，学校设立了教师论坛。论坛每周六下午都拿出四个课时，要求每个人都"论"都"谈"，讲一周的收获和教训，反思自己的课堂，总结自己的心得，大则大到纵横捭阖，细就细到和风化雨……正是通过教师论坛等一系列手段，崔其升将一支"杂牌军"转化成了科研型精锐教师队伍！

崔校长成功了！现在，杜郎口已成为全国课程改革的一个窗口，成为教育界一道亮丽的风景线；每天到杜郎口中学参观学习的领导和教师络绎不绝，学校每天仅考察费收入就数万元，学校成为区域经济的创收财源，茌平县城和杜郎口镇的宾馆饭店零售等服务业也因杜郎口中学而财源滚滚！

可站在讲台上做报告的崔校长，却丝毫没有一点儿成功者的沾沾自喜、春风得意。当讲到改革过程中的种种困境时，他语调坚毅而执着；当讲到学校的老师如何克难奋进、风雨同舟时，他双目湿润，满脸柔情，充满信心；当讲到当前的现状时，他谈的不是成绩，而是种种不足……我想，正是这样的人格魅力，成就了崔其升校长及杜郎口中学今日的成功与辉煌吧！

（2012年11月《把人的发展真正写在学校教育的旗帜上
——赴杜郎口中学、昌乐二中、潍坊中—考察学习报告》博文）

附　录

一、发表的著作

1. 《杜郎口解密·让学生动起来》，山东电子音像出版社，2008 年 1 月。

2. 《走进杜郎口自主学习教学模式》，山东电子音像出版社，2008 年 1 月。

3. 《崔其升与杜郎口经验》，中国林业出版社，2010 年 3 月。

4. 《杜郎口精彩有效课堂原创者说——我的管理方略》，东北师范大学出版社，2011 年 8 月。

二、发表的文章

1. 《杜郎口经验的形成与发展》，《中华教育研究》，2008 年 2 月。

2. 《杜郎口中学我的教育主张》，《学校教育》，2008 年 5 月。

3. 《校长要有公心和正义》，《新世纪文学选刊》，2008 年 8 月。

4. 《唤醒思维　激活潜能》，《教育科研》，2008 年 10 月。

5. 《困顿中的奋起 上》，《教育文学》，2009 年 3 月。

6. 《困顿中的奋起 下》，《教育文学》，2009 年 5 月。

7. 《一所农村学校的追求》，《新世纪文学选刊》，2009 年 5 月。

8. 《每天都在同自己较劲》，《新世纪文学选刊》，2009 年 6 月。

9. 《让学生动起来一》，《新世纪文学选刊》，2009 年 7 月。

10. 《让学生动起来二》，《新世纪文学选刊》，2009 年 8 月。

11. 《让学生动起来三》，《新世纪文学选刊》，2009 年 9 月。

12. 《让学生动起来四》，《新世纪文学选刊》，2009 年 10 月。

13. 《让课堂活起来》，《新世纪文学选刊》，2009 年 11 月。

14. 《杜郎口的改革，不仅在课堂》，《中小学管理》，2009 年 11 月。

15. 《教育创新是我们永不止步的追求》，《新中国 60 周年教育回顾与展望》，2011 年 1 月。

16. 《校长是课堂教学改革的第一责任人》,《湖北教育》,2011 年 2 月。

17. 《做理想课堂的舵手》,《湖北教育》,2011 年 3 月。

18. 《做领导要有风格》,《湖北教育》,2011 年 4 月。

19. 《管理就是提高素养》,《湖北教育》,2011 年 5 月。

20. 《工作就是做人》,《湖北教育》,2011 年 6 月。

21. 《"为公"应成为每位教师的核心价值观》,《湖北教育》,2011 年 6 月。

22. 《工作就是做人》,《湖北教育》,2011 年 10 月。

23. 《知识不是告知》,《湖北教育》,2011 年 11 月。

24. 《课堂背后的管理》,《初中教育研究·名人专栏》,2011 年 6 月。

25. 《有效课堂的三个标准》,《湖北教育》,2011 年 12 月。

26. 《我眼中的"无师"课堂》,《中国教师报》,2012 年 10 月。

三、教育思想集锦

从学生全面发展来说,我们的课堂教学也是优秀的,是非常有价值的。我们的课堂把更多的机会让给学生,让学生勇敢探索,让学生表现、参与,任何一个学生讲错了题都不会被讽刺、挖苦、呵斥,不扼杀学生的创造意识。学生在课堂中积极思考,大胆发言,培养了自信、合作的精神,这对学生的一生都很重要。

我们把课堂教学由传统的教师讲授为主转变为学生自主学习为主,把课堂还给学生,彻底消除了教师满堂灌。学生自主地、快乐地学习,在学习中体验到生命的价值;在快乐自主的学习过程中,也形成健全的性格。这是我们最成功的地方。

学校的一个重要任务,是要让学生获取知识,但把这个定位于学校的主要任务,是错误的。我们培养的学生,应该学会做人、学会做事、学会生存,健健康康成长。学生懂事,性格健全,学习是迎刃而解的问题。

"快乐学习,幸福成长",这八个字是我的办学宗旨。我们现在只是解决了学生厌学问题,但还没有使全部的学生达到真正把学校生活当成非常自由、自主、自豪这样的境界。

——《快乐学习,幸福成长》2006 年 8 月思想决定行为，指引行为。

我们要三"思"而后行：一是思维的敏锐性。行由思来指导，要有敏锐的洞察力，不麻木不仁。用自己的眼睛去看，用自己的脑子去想，然后生出智慧，生出方法，找出措施。二是思考的求精性。要有前瞻性，形成自己独到的思想，从能做事到会操心，时刻思考怎么做精品，要有品位。三是思想的创新性。用创新求发展。工作的质量没有极限，与时间赛跑，在每一分钟里创新。

—— 《关注生命以人为本，深挖教材举一反三》2009 年 2 月

当今的教学应该由教师的灌输变为学生的探究，教师的一言堂变为学生的百家鸣。课堂上的标准答案变为多元化解答，万紫千红，五光十色，活灵活现，标新立异。精英式变为大众化，纯知识走向知识能力情感的和谐统一，整齐划一变为适应性、多层次的因材施教，安分守己变为超市自选。教师从主演变为导演，由传统走向创新，由经验走向科研，由现成走向生成，由教师变为学生，由师长变为朋友。学生由接受知识的灌装桶变为有个性、有思想的主人，由接受学习变为自主性学习，由对考生的准备变为对人生的理解，由内向羞涩变为大方乐观，由自私狭隘变为公益开朗。让学生在完整的学习过程中：独学、对学、群学，听说读写，演唱画作，争问抢答，争先恐后，启迪感染，跃跃欲试。

在学习过程中学生能真切地感受到自己的存在，自己的尊严，自己的才干，自己的实力，自己的潜力，自己的创造，自己的作品，自己的专利，自己的发明，自己的智慧。领悟到学习是自己的事，自己有理想、有能力、有勇气、有自信完成一切应完成的事情。

课堂的定位应是给学生指明人生的航道，人生的坐标，人生的梦想，而绝不仅仅是死记知识。学生主体地位的内涵就是在学生心灵里种下"我能行，我能做，我会做，我做好"的金种子。

—— 《我的自主教育思想》2009 年 9 月

教育的最终目的不是传授已有的东西，而是要把人的创造力量诱导出来，将生命感和价值感唤醒。

学生是具有主观能动性、多方面发展需要和巨大发展潜能的个体，是教育活动的积极参与者，具有强烈的求知欲和表现欲。

学生在活动中学习，在主动中发展，在合作中增智，在探究中创新。

教学内容要由唯知识走向生活，突出生活体验与生命感知；教学过程变以教师为中心为以学生为中心，让学生主动学习，独立思考，尊重学生的个性与见解；教学方法要变生硬灌输为培养学生主动积极学习；教学形式变共性教育为小组合作学习、自主学习、探究学习。

打破传统教学束缚学生手脚的做法；遵循现代教育以人为本的理念，给学生发展以最大的空间；把培养学生的创新精神和实践能力作为教学重点。

改革课程实施过于强调接受学习、死记硬背、机械训练的现状，培养学生搜集处理信息的能力、获取新知识的能力、分析和解决问题的能力以及交流合作的能力。

课堂的生命力来自对事件和事实的感受与体验；来自对问题的敏感与好奇；来自情不自禁、丰富活跃的猜想与假设；来自不同观点的碰撞与争辩；来自探究过程中时而山穷水尽，时而柳暗花明的惊险与喜悦；来自对昨日文明成就的赞叹和对未来文明进程的憧憬。

——《我的自主教育思想与实践》2010 年 3 月

理想的课堂，应该是由封闭到开放、由学生被动接受到主动探究、由学生死记硬背到亲身体验、由重结论到重过程、由粗略到精细、由题海到规律、由知识到实践、由单一到多方位、由理论到直观、由墨守到合作、由体罚到尊重的课堂。教师应该用心经营好每一节课，让学生乐于学习，陶醉到学习当中。

——《做理想课堂的舵手》2011 年 3 月

做人重在一个"情"字。在课堂上这个"情"就是学生的情趣、情感、心灵，学生对这节课的兴致、兴趣有多少。其实走到今天，我不用在课堂上待到下课，我在里面待五分钟，我就知道这节课效果是高还是低，是好还是差。学生的表情、学生的言谈举止都可以表现出来。甚至有的学生忘记时间，自己这道题没答出来、没有展示出来、没有让大家看见，他心里就会有一种不舒服的感觉，带着遗憾下课了。我要的就是这种效果。所以学生的学习状态变化了，由旁观者变成了课堂的主人、主角、主体。在我们这里判断一个老师的优秀与否是在课堂上看你这个老师对学生的调度，学生的情感、心灵的震撼有多少。老师的角色在于启发、诱发、引发、开发、激发，你要让学生的思维被唤醒、被打动，心灵有悸动，有真情的流露。我在外边参观别的学校的时候，看到课堂上学生有睡觉的。有时候我在想为什么现在学生上课的兴致没有了？是因为他在学校里待一个星期、一个月，他一直是个局外人，他没有表达、没有说话、没有书写、没有受到其他人的关注。其实这个教学理念并不复杂，就是让每个同学被更多的人关注，当他受到大家关注时，他就有精神了。

———《杜郎口改革的内涵》2011 年 3 月

推行课堂改革，最主要的就是把课堂的话语权交给学生，让学生开口讲话。具体地说，就是让学生敢说、能说、会说、愿说。言为心声，只要学生开口说，那一定是对某个问题有自己的思考，说的内容也不可能是言之无物。

学生学习的最大敌人在于依赖，教师教学的最大悲哀在于包办，正是学生的依赖性和教师的包办性造成了今天许多课堂出现如此被动的局面。让学生把封闭的嘴巴张开，营造一种有利于沟通的氛围，让学生"你说我辩，快乐无限"，这就是课堂改革应该实现的目标。

———《把课堂的话语权交给学生》2011 年 5 月

　　国家教育督学罗崇敏曾来到我们学校，在他的一部专著中提到 1977—2007 年三十年间全国招考的 144 名状元，没有一位在参加工作若干年后成为自己行业的杰出人士，而 1 000 多位省级状元至今没有出现一位科学家或院士，没有一位在自己工作中做出了杰出的贡献。近几十年来在国际数学奥林匹克竞赛中国获得了 24 个冠军，但他们都没有在数学领域有建树、有发明和专利，这就是现在中国教育的可悲。我们对学生的自主学习、独立性思考，学生们对观点进行交流、碰撞、互相借鉴、启发，尤其要在知识的研究上有自己的思路、见解、观点、论证和思想，有生成，有应用，这不仅解决了学生们在学习期间知识的储备，更重要的是为学生以后走向社会准备了全面、完美的素养，让学生成为有社会责任心的人，形成自主、自信、自强不息的性格，奋发有为、探索创新的精神，团结合作、服务奉献的品质。

——《教学改革的意义》2011 年 9 月

　　教育教学是人与人交往善待、相互磨砺、相互激发、共同成长的工作。教师的高高在上、师道尊严、霸道地位，是制约教育发展的最大问题。教师把自己定位为平等的学习者、学生人群中的一分子、朋友、挚友、伙伴，只要这样，教育教学也就成功了一大半。现在的社会，与其说学生渴望得到知识，还不如说学生渴望友情、平等、尊重。知识是一种学术，友情是一种心灵。两种分量孰轻孰重，明了简单，可大多数教师走不出死胡同，标自己、显权威、亮地位。我想，什么时候学生可以检查教师、提问教师，那时教育才意味着巨大成功。

——《我眼中的"无师"课堂》2012 年 9 月

　　我的人生理念就是：做第一是本分，做第二就有愧。我这一生争强好胜，小时候就是这个脾气。小时候不懂事打架，一个小孩子也打不过我；在河里游泳，哪一个也比不过我；我写的字在我这个年龄段的人来说是比较好的，但小时候自己的字很不成样子，就自己撕掉，一本二十多页的本子只剩下两三页。我们学校现在这种观点跟我的思想有关，学生练习表达，不到位就要进行整顿，其他的事情就先放一放，做事情就要做到优秀。做到与做不到都是小事情，有没有这个心、有没有这个眼光，这是最重要的。今天上午在镇政府有 23 个部门做述职报告，只有我自己在那里如数家珍，把咱学校的特点、成果、优势汇报了一遍，在我讲的十几分钟里，掌声响起了七次。其他的人有的看着稿子读都读不熟练，这是什么？是不是要做就做到第一？

前几天齐鲁名校长会议上，校长们要一个一个地上台演讲，我曾在各个省市讲过那么多次，但是为了那天的演讲还是睡不着觉，第二天的三点就起来坐在沙发上开始准备演讲的内容，结果在现场 15 分钟的答辩时间内，我非常流畅地讲了下来。我的水平很一般，但是心里就想着做事要做到杰出，这种定位我比大家高。我们现在技能方面不差，差就差在心胸的开阔、眼光的高远、对人生规划的鸿鹄大志不够。从二十几岁到五十几岁是人生的黄金时期，不能平平淡淡地生活，所以希望大家以后形成一种自我发展的、自觉向上的、自我要强的能力，有了这样的气魄，大家会更向上。这样一代一代地发展下去，对下一代也是很好的。谁是孩子最好的老师？一个是遗传基因，另一个是言传身教，要在这种氛围里进行感染融化。

——《教职工品德修养》2012 年 11 月

教育教学与学校教育工作的目的到底是什么。知识是载体，课堂是媒介，这些不可缺少，但是绝对不是绝对的、唯一的，只是定格、定位，通过这种方式让学生成就了所必须具备的健全人格，为什么我一再主张课堂的时间、空间、机会、自由自主、当家做主、主人翁地位以及主角都归于学生。到什么时候杜郎口的改革比较成功？当孩子不再在老师的嘱托下、家长的要求下以及任何人对他的指挥下，把学习当成了自己在学生阶段一个重要的职责，"这点活我承担""这点活我思考""这点活我自学""这点活我思考研究分析发现""这点活我查资料""这点活我查案例对证"，跟其他同学比一比能不能把握住事情内在的规律和本质，能不能由此及彼，辐射出更多的知识，或者进行创作生成了更多的作品。

真正意义上的大家名师是把学生培育成独立自主的人。

——《做适合学生发展的教育》2013 年 10 月

人生就是挑战自己，向自己的错误做殊死斗争，你过去为什么不杰出，原因就在于此！

人生由格局所定，任何人、物，基本上在层次上差开档次，你人生信条是什么层次？

命运操在自己手中，严格苛求自己，吃常人不能吃的苦、受常人不能受的罪才是杰出人的风格，你准备好了吗？

善良是一切美德的综合，教育最根本的宗旨便是师生关系，你如何成为学生信仰崇拜的那一位？

正义是高尚的写照，明辨是非并扬善惩恶，先从自己做起，自我教育是最高境界，教育他人是积德行善，你怎么认识？

干第一是本分，做第二就有愧，做优开心，做劣莫大耻辱，成绩让别人说，不足让自己找，你反思了吗？

利益本身是自己价值的体现，自己的作用、自己的表现、自己的贡献是唯一思考并身心追求，利益不是自我考虑的，你想通了吗？

任何小事都有深层次原委，精细无处不在，人活动的处所，人看到的、触及的，都要有规格，你认识到了吗？并坚持做了吗？

课堂是每个学生声情并茂、开心快乐的地方，你导演得怎么样？怎样开展？

知之始己，自知而后知人，管理、教学、做人、行事最根本的就是做最好的自己，课堂上教师是学生学习成果的首席，你承诺否？

——《人生感悟》2014 年 8 月